인성교육을 위한

영유아 교사 인성론

홍 순 정

창지사

머리말

최근 어린이집에 근무하는 교사들이 좀 억울하다는 내용을 호소하고 있다. 유아들과 열심히 활동하고 있지만 어린이집에서의 불행한 사건이 보도될 때마다 모든 교사가 죄인이 된 느낌이라고 한다. 또한, 부모와 사회의 의심 가득한 눈초리가 따갑다고 한다. 대부분의 교사는 건강하고 열성적이지만 극소수는 과중한 업무 중에 순간적으로 폭발하거나 잘못된 방향감으로 시달리는 경우도 있을 것이다. 그러나 단 한 번의 실수라 하더라도 유아에게 두려움과 상처를 주는 일이 있어서는 안되며, 이것은 영유아 교사의 엄중한 책무이기에 우리 모두 긴장하지 않을 수 없다. 어린이집과 유치원은 하루 긴 시간 유아가 생활하는 곳이기 때문에 부모로서 어린이집과 유치원에서 일어나는 일과 교사의 행동을 날카로운 눈으로 주시하게 된다. 어떠한 상황에서도 우리가 지켜야 할 선, 그것은 유아의 행복과 안전을 보장해 주는 일일 것이다.

인성교육에 대한 연구를 진행하면서 유아기에 일어나는 일이 개인의 성장과정에서 너무도 중요하기에 영유아기 인성교육에 더욱 관심을 갖게 되고 이들을 지도하는 교사의 인성과 건강한 행동의 중요성을 절실하게 느끼게 된다. 우리는 어쩌면 교사에 대해 가장 아름다운 인간의 모습, 성인의 모습을 기대하고 있을지도 모른다. 교사의 인성과 인성교육에 대해 논의하려 한다면 그 시작과 끝을 알 수 없을 만큼 광범위하고 다양할 것이다. 어린이집과 유치원에서의 인성교육과 영유아 교사의 건강한 태도와 행동을 중심으로 관련된 연구들과 실천방향으로부터 논의를 풀어가 보기로 한다.

본서는 제 I 부와 제 II 부로 구성되어 있다. 제 I 부에서는 인성과 인성교육에 대한 이론적 기초, 바람직한 품성덕목에 대한 이해, 영유아기 인성교육, 유아발달과 행동, 부적응 행동에 대한 이해 등을 포함하고 있다. 제 II 부에서는 교사의 역할과 자질, 인성, 윤리 문제와 함께 영유아 교사의 직무, 직무 스트레스, 그리고 자신을 관리하고 성장시키는 데 도움을 주는 스트레스의 이해와 대처, 자기관리 방법들에 대해 다루고 있다. '우리는 어떤 사람이 되어야 할 것인가?', '교육에서 어떤 사람을 길러 내고자 하는가?'의 문제는 우리가 살아가는 동안 언제나 마음에 품고 있는 연구 문제일 것이다. 영유아기 인성교육과 교사의 인성론은 이제 논의의 시작이며, 함께 생각하며 채워나가야 할 부분일 것이다. 누군가의 첫 번째 선생님으로서의 영유아 교사의 책무는 무한하다. 유아를 사랑하고 존중하는 교육을 실천하는 교사로서의 자부심을 가지고 연구하고 스스로를 성장 · 발전시킬 수 있기를 바란다.

인성교육에 대해 언제나 함께 생각하고 고민해 준 인성교육문화 연구소 연구원들과 현장에서 유아교육에 헌신하는 교사들에게 감사의 마음을 표한다. 자료 뭉치들에 불과했던 원고를 짧은 시간 내에 정리해 준 친구들과 창지사 여러분에게 특히 감사의 말씀을 드린다. 영유아교육과 인성교육에 관심을 가진 연구자, 예비교사, 현직 교사들에게 함께 생각해 보는 기회가 될 수 있기를 기대해 본다.

2017년 겨울 대학로에서

홍순정

차례

제 I 부

인성발달과 교육의 이론적 기초

CHAPTER 01

인성발달과 교육

근래 사회적 제반 문제와 교육에서의 문제가 심각하게 인식되면서 인성교육이 새롭게 주목받고 있다. 정보화 · 세계화 · 다문화 사회에 따른 사회구조의 변화로 인해 가치관의 혼란과 부적응 행동양상이 곳곳에서 나타나고 있다. 가정의 구조와 기능에도 변화가 오면서 가정에서 갖는 안정감과 교육 기능이 축소되어 감을 볼 수 있다. 교육 현장에서는 과도한 교육열, 심한 입시 경쟁 등으로 학생은 정서적 불안, 스트레스, 따돌림, 학교폭력, 우울증을 경험하고 자살과도 같은 극단적인 행동까지 나타난다. 초중고 학교교육에서 인성교육을 강화해야 한다는 사회적 요구와 필요성이 커지고 있다. 이러한 맥락에서 인성발달의 기초가 형성되는 영유아기 인성지도의 중요성이 함께 강조되고 있다. 누리과정과 표준보육과정에서도 질서, 배려, 존중, 협력 등의 덕목을 반영하면서 기본생활습관과 사회관계 영역을 중심으로 바람직한 인성 관련 덕목들이 강조되고 있다. 영유아기의 인성교육과 함께 영유아가 유아교육기관에서 생활하는 시간이 길어짐에 따라 어린이집과 유치원에서의 부적절한 유아지도 사례들이 드러나면서 교사의 인성에 대한 관심과 대처의 필요성 또한 크게 부각되고 있다. 유아의 인성발달과 교사의 인성은 함께 논의될 필요가 있다. 먼저 인성과 인성교육의 개념과 내용을 살펴보기로 한다.

1 인성과 인성교육의 개념

우리가 인성교육이라고 말할 때의 인성교육은 무엇을 의미하는가? 생각해 보면 말하는 상황과 대상, 맥락에 따라 그 범위와 내용은 매우 광범위하고 서로 다름을 볼 수 있다. 인성? 사람 됨됨이? 좋은 사람? 좋은 사람을 길러 내는 것? 어떤 사람이 좋은 사람이며 어떤 특성을 길러 주어야 하는가?부터 왜, 어떻게, 누가, 어디서에 이르기까지 그 논의는 무한하다.

인성은 사람을 총체적으로 파악하는 개념으로서 인격, 성격(personality), 품성(character), 인성 등이 함께 쓰이고 있다. 인격은 법률적이고 도덕적인 개념으로 이성적인 주체로서의 인간을 의미한다. 성격은 심리학적인 개념으로서 한 개인이 보이는 비교적 일관된 행동특성이나 기질을 의미한다. 여기에는 옳고 그름의 판단이나 사회적인 윤리와 가치기준이 개입되기보다는 개인의 특질과 기질, 정서, 행동양식이 중심이 된다. 품성은 도덕적 가치판단을 기초하는 개념으로서 품성이 개인적 특성이라는 점에서는 성격의 일면과 관계지을 수 있으나 도덕적이고 올바른 삶을 존중하고 실천할 수 있는 개인적 특성이라고 할 수 있다. 또한, 인간으로서 지켜야 할 올바른 가치, 윤리적 가치, 도덕적 가치의 형성과 실천 능력을 의미한다. 즉, 인간적 가치의 문제, 옳고 그름의 문제, 사회적 가치의 문제와 깊게 관련되어 있다. 좋은 품성을 이루는 덕목 요소들을 발달시키는 것은 인성교육에서의 핵심 개념이라고 볼 수 있다.

역사적으로 초기교육에 대한 논의는 모두 인성교육에 관한 것에서부터 시작한다. 공자의 인격교육사상, 맹자의 도덕교육사상, 순자의 도덕교육사상, 율곡의 인성교육사상, 다산의 도덕교육사상 등 동양의 교육사상 교재들을 보면 인성이 교육의 가장 중심 과제였음을 알 수 있다. 서양에서의 교육에 대한 논의도 인성에 대한 관심에서 출발한다. 플라톤과 아리스토텔레스의 교육에 대한 논의 역시 그러하다. 인성교육은 바로 좋은 교육의 특성으로 말해지고 있다. 교육에 대한 사회적 요구와 내용이 점차 분화되어 가면서 교육과 인성교육에서의 강조점이 변화되기도 하였다.

실제로 교육 현장과 사회에서 이루어지는 인성교육의 사례들을 보면 예절학습, 악기 배우기, 운동하기, 영화 보기, 동식물 기르기, 쓰레기 재활용하기, 유교문화 체험하기 등 국어, 수학 등의 교과목 학습 이외의 내용이면 모두 인성교육의 이름으로 이루어지고 있는 것을 볼 수 있다. 그러나 이런 단편적인 각각의 활동이 바람직한 인성의 발달과 형성에 어떻게 도움이 되는지 생각해 볼 필요가 있다. 우리가 하는 활동이 인성발달에 도움이 되기 위해서는 교육 관련 요소들이 어떻게 관계 맺고 어떤 환경과 조건 속에서 이루어져야 하는지 전체적인 그림을 가지고 체계적으로 연구될 것이 필요하다.

이처럼 인성교육은 그 개념의 다양성과 함께 품성발달의 측면에서, 도덕교육·가치교육의 측면에서, 성격의 측면에서, 시민교육의 측면에서 논의되어 왔다. 이에 더해 사회적 관계 속에서의 행동양식, 자기관리의 문제도 중요한 요소로 언급되고 있다. 인성이 개인의 특성이라는 점에서 개인의 특질과 기질, 정서, 행동양식이 관련되며, 또한 인간으로서 지켜야 할 올바른 가치, 윤리적 도덕적 가치의 준수와 실천과 깊게 관련되어 있다. 인성교육의 개념은 다층적이고 복합적인 차원에서 논의될 수 있으나 좋은 품성을 발달시키는 품성교육이 중심이 된다. 학교의 인성교육에서는 학생이 삶의 도덕적·윤리적 문제를 진지하게 다룰 수 있도록 준비시키며, 책임 있는 시민 의식을 지니고 도덕적 행위를 할 수 있는 성숙한 인간으로서의 기초를 마련하고자 한다. 따라서 좋은 품성을 이루는 덕목 요소는 무엇이며, 이들이 어떻게 서로 작용하는지 이해하는 것은 매우 중요한 문제일 것이다.

이처럼 인성교육은 광범위한 교육적 접근을 포함한다. 품성교육을 중심으로 전인교육, 봉사학습, 사회정서학습, 시민교육 등을 포함할 것이다. 이 모든 것은 유아, 아동, 청소년이 책임감 있고 배려심 있고 바람직한 시민으로 성장하도록 돕기 위한 것이기도 하다. 갈수록 유아와 아동이 어린이집, 유치원, 학교에서 많은 시간을 보내기 때문에 유아교육기관과 학교에서의 인성교육이 중요하다. 교사, 교직원, 부모, 학생, 지역사회 구성원, 교육과정과 학교의 문화 모든 요소가 인성발달과 교육에 영향을 주게 된다.

2 인성교육의 동향

인성교육에서 다루어지는 품성덕목들은 좋은 품성의 특징을 중심으로 오랫동안 많은 논의가 이루어져 왔다. 심리적 · 윤리적 가치와 인간으로서 갖추어야 할 덕목들, 사회적 · 환경적 요소, 관계와 자기관리의 요소들이 포함되어 있다. 덕목은 좋은 품성을 정의하는 기준을 제공한다. 그러한 기준 없이 품성의 개념은 주관적이 되기 쉽다. 품성과 덕목은 심리적 요소들의 측면에서 규정된다. 이는 선을 알고 희망하고 실천하는 과정이다. 예를 들어, 정의의 덕목을 갖기 위해서는 먼저 정의를 이해하고(상황에서 무엇을 해야 하는지 - 품성의 인지적 측면), 그다음 정의에 대해 관심을 두고 정의로운 사람이 되기를 원하고, 다른 사람들에게 공정하게 대하고자 하며, 이런 기준에 못 미칠 때는 죄책감을 느끼게 된다. 또한, 부정의 앞에서 정의적 · 도덕적 분노를 느낄 수 있는 능력을 갖춘다(품성의 정의적 측면). 셋째로, 정의의 실천이다. 대인관계에서 정의롭게 행동하며, 더욱 정의로운 사회와 세계를 만들기 위해 시민으로서 노력해야 한다.

그렇다면 인성교육이란 무엇인가? 좋은 품성덕목들을 인지적 · 정의적 · 행동적 측면에서 발달하도록 지속적으로 노력하는 것일 것이다. 이는 학교생활의 모든 면에서 의도적으로 이루어져야 한다. 교사가 규칙과 훈육을 다루는 방법부터, 교육과정의 내용을 지도하는 방법, 생활지도 등의 제반 활동에 이르기까지 지도되어야 한다.

리코나(Lickona, 1991)는 주요 품성덕목으로 존중과 책임감을 강조하면서 이와 함께 정직, 열정, 공정, 용기, 자기조절, 도움, 관용, 협동, 자존감, 민주적 가치를 논의하고 있다. Heartwood Institute에서 개발한 프로그램은 7개의 덕목인 존중, 신의, 정직, 사랑, 정의, 용기, 희망을 중시한다. 베넷(Bennett, 1993)은 열정, 책임감, 정직, 우정, 노동, 용기, 자기조절, 인내심, 신의, 신념을 중시한다. 좋은 품성의 기초를 형성하는 중요한 핵심 윤리적 가치로서 자신과 타인을 위한 존중, 책임감, 공정성, 정직, 배려를 중시한다. 열정과 너그러움을 강조하는 프로그램도 있다.

한편, 우리 전통사상을 바탕으로 하는 덕목 연구들에서는 유교의 충효사상을 중심으로 추상적이고 복합적인 행동 요소들이 제시되기도 하였다.

인성교육의 중심 과제인 품성교육의 새로운 관점으로 도덕적 품성덕목과 함께 실천적 덕목의 중요성이 인지되고 있다. 윤리적 가치와 함께 학습의 효율성, 수월성, 윤리적 가치 실행에 필요한 기술을 발달시키기 위해 노력, 근면, 인내 등과 같은 실천덕목을 발달시켜야 한다고 본다. 이 두 측면은 서로 상호 보완적이다. 윤리적 덕목은 우리로 하여금 서로 공정함, 존중, 배려로 대하게 한다. 실천적 덕목은 우리의 윤리덕목을 행동하게 하고 긍정적 변화를 가져온다. 문제를 극복하고 관계를 회복한다. 다른 사람을 위해, 더 높은 가치를 위해 나아가기 위해서는 좋은 의도를 갖는 것만으로는 충분치 않다. 우리가 최선을 다할 것이 요구된다. 실천적 덕목은 윤리적 덕목에 비해 인성교육에서 관심을 받지 못했다.

홍순정 외(2016)는 기본 덕목과 실천적 덕목의 개념을 반영하면서 인성교육의 주요 덕목으로 존중, 배려, 정직, 정의, 책임감(기본 가치 덕목), 친절, 예의, 근면성실, 인내와 관용, 자기관리, 대인관계, 열정(실천적 덕목) 등을 들고 있다.

우리나라는 전통적으로 인성교육이 교육에서 가장 비중 있는 영역이었다. 그러나 학교교육에서의 강조점이 변화됨에 따라 인성교육의 모습도 달라져 왔다. 근래 우리 사회에서 학교폭력 등의 청소년 비행이 사회적으로 심각한 문제로 대두되면서 인성교육 강화에 대한 요구가 새롭게 높아지고 있다. 정부가 2012년 2월 학교폭력근절 종합대책을 발표하는 것을 계기로 인성교육에 대한 주의가 환기된 이후, 종합적인 정책연구들이 진행되기도 하였다. 또한, 「인성교육진흥법」이 2015년 1월 20일 제정, 2015년 7월 12일부터 시행되면서 인성교육이 의무화되었다. 특히,

인성교육 정책에 관한 중요한 연구들에서 인성교육을 통해 전수되어야 할 덕목이 설정 · 제시됨으로써, 미국과 유사하게 품성덕목 중심 교육의 비중이 커지고 있다.

미국의 인성교육을 간략히 살펴보면, 현재 미국 학교에서 실시되는 인성교육의 하나의 동향은 인성이라는 개념이 폭넓게 해석된다는 점이다. 인성덕목을 '도덕적(moral)'인 것과 '수행 · 실천적(performance)'인 것으로 분류하고 전자에는 공정성, 관용, 공감, 박애 등의 윤리적 가치를 그리고 후자에는 근면, 노력, 절제, 인내 등의 수행가치를 포함시킨다(이성호, 2014; 홍순정 외, 2016).

실천적 가치의 경우, 윤리적 가치라기보다는 삶에 대한 자세나 태도로서 이는 윤리적 가치와는 달리 가치 중립적인 것이다. 인성교육의 목적은 단순히 '옳은 일을 하는 것'을 넘어 삶에 '최선을 다하는 것'까지 포괄한다. 또한, 학교의 인성교육 프로그램은 책임감, 의사소통, 배려 등을 중시하는 사회적 · 정서적 학습 프로그램과도 중복된다. 사회적 · 정서적 학습은 5가지 핵심역량(자기인식, 자기관리, 사회적 인식, 인간관계기술, 책임 있는 의사결정)의 함양을 통해 성공적이고 효율적인 개인의 삶과 감성적으로 성숙한 공동체 생활을 도모한다. 이러한 사회적 · 정서적 학습의 교육적 기대효과는 지적이고 자신감 있으며 타인을 배려하고 사회적 책임감이 강한 인간의 육성이다. 미국의 인성교육은 개인적 삶의 효능감과 사회적 기술을 동시에 강조함으로써 개인과 사회 간의 조화와 균형을 추구한다고 볼 수 있다(염철현, 2012).

미국 학교 인성교육의 또 하나의 추이는 교사 역할의 증대이다. 이는 교사에 의한 '직접적 지시(direct instruction)'로 교사가 가치나 규범 등을 제시함으로써 학생을 지도하는 것을 의미한다. '이야기 들려주기' 등의 직접적 지시 방법은 유아 · 초등학교 수준에서 널리 사용된다. 이야기 들려주기가 학생의 주의집중, 개념적 이해, 상상력 증진, 기억 등에 효과적이기 때문이다. 또한, 이야기 들려주기는 정서적인 자극을 가져와서 학습을 더욱 능동적인 경험으로 전환시키는 장점이 있다. 교사 역할의 증대와 더불어 인성교육에 관한 교사교육 역시 미국 인성교육의 주요 추세로 대학의 교직양성 과정과 각종 현직 연수를 통해 체계적으로 제공된다. 그리고 구체적이고 다양한 훈련 프로그램이 인성교육 전문기관과 대학은 물론 개별 학교들에 의해 개발되고 있다. 실제로 인성교육에 대한 교사교육은 교육의 효과를 증대하는 가장 중요한 요인의 하나로 들고 있다(이성호, 2014).

1990년대부터 부활한 미국의 인성교육은 문제해결을 위한 일시적인 방편이 아닌 매우 광범위한 교육개혁운동으로 본다. 인성교육은 인성형성의 결정적 시기인 유아기 때부터 자신에 대한 이해를 바탕으로 남을 배려하고 존중하면서 서로 협력해 나갈 수 있는 기초적 능력을 함양할 수 있는 방향으로 나아가야 할 것이다.

그러나 실제 유아교육 현장에서는 인성교육을 실시하는 데 있어 여러 가지 문제점이 대두되고 있는 실정이다(이원영 외, 1992; 계영애 · 강정원, 2001; 이경민 · 이정화 · 이경선, 2006; 김영옥 · 장명림 · 유희정, 2009). 좀 더 자세히 살펴보면, 교사의 인성교육에 대한 신념과 교수학습 방법 및 정보의 부족, 인성교육에 대한 다양한 정의 및 교육내용으로 인한 혼선, 중요 인성덕목의 교육적 수행 미비, 유아 인성 개발을 위한 구체적 실천 전략 부족, 현장 유아 인성교육의 토대 구축을 위한 경험 부족 등의 문제점이 지적되고 있다. 그러므로 인성덕목에 대한 명확한 개념과 유아와 구체적으로 다룰 교수자료의 개발이 다양하게 시도되어야 함이 시사되고 있다.

유아 인성교육 프로그램의 인성교육 덕목의 연구동향은 협력, 배려, 존중, 나눔, 질서, 효, 순으로 연구가 많이 이루어졌다. 유아 인성교육 프로그램의 효과성에 대한 연구동향은 유아를 주변인으로 하여 친사회성, 리더십, 정서조절, 자기조절 등의 순으로 나타났다. 관련 연구들은 유아기가 기본생활습관의 형성과 인성형성의 중요한 시기임을 말해 준다. 영유아의 인성형성에 영향을 주는 부모와 교사의 중요성 또한 강조하고 있다. 구체적인 덕목을 실현하기 위한 방법으로 본보기, 덕목과 관련된 정의 등의 지시적이고 체계적인 방법, 그림책의 활용이나 토의활동을 활용한 다양한 교수 방법의 적용과 이를 체계화한 프로그램 개발의 필요성 또한 강조되고 있다.

유아교육 현장에서도 인성교육이 기본생활습관과 통합되어 일상적으로 영유아의 생활지도로 간접적으로 이루어지는 경우가 많다. 인성의 덕목을 중심으로 덕목의 내면화를 도와줄 수 있는 좀 더 체계적인 교수 방법이 필요할 것이다(홍순정 외, 2016).

3 인성교육의 지도방안

그간 인성교육은 교과와 지적 교육 영역 이외의 것을 다루는 것으로 막연하게 인식되어 왔다. 실제 인성교육 아래 행해지는 내용도 매우 다양하다. 또한, 인성교육을 중시하면 지적 영역의 교육이 소홀히 된다고 여겨지기도 한다. 올바른 인성교육의 방향과 내용에 대한 연구와 실천이 필요할 것이다.

좋은 품성의 덕목들은 모두 매력 있어 보이고, 충분히 공감하지만 이들 지도에 대해 중요한 질문을 제기하지 않을 수 없다. 오랫동안 제기되어 온 가장 어려운 문제인 '덕목은 가르칠 수 있는 것인가?'의 문제이다. 플라톤의 메논(Meno) 편에서 소크라테스는 이 문제를 제기하고 그 가능성에 대해 강한 의혹을 품는다. 그러나 덕목을 가르칠 수 없다면 어떻게 습득될 수 있는가? 그 후의 대화인 프로타고라스(Protagoras) 편에서 소크라테스는 이는 학습되어야 하며, 교육은 어떤 방식으로든 있어야 함을 인지한다. 그러나 이것이 어떻게 이루어지는지에 대해서는 설명하지 않고 있다.

품성교육에 대한 많은 연구자는 지시적 수업이나, 주입식 방법은 바람직하지 않다고 지적한다. 덕목은 우리가 수학을 가르치듯이 가르칠 수 있는지의 논쟁을 솔직히 펴는 입장과 그때의 방법은 주입식이며, 교육은 아니라는 점에 대한 비판이다. 어쨌든 대부분의 부모는 직접적인 방법으로 가르치려고 시도한다. 예를 들어, "친절하게 대해라.", "동생을 때리면 안 돼, 다정하게 대해라.", "엄마에게 그렇게 얘기하면 안 돼." 등의 언급은 덕목의 행동을 직접 지시하는 것이다. 이렇게 하는 것이 잘못 교육하는 것인가? 이 접근의 지혜와 효율성에 대한 판단은 아동의 연령과 우리가 이러한 지시를 어떻게 계속 유지하는가에 달려 있다.

아주 어린 아동의 경우에도 대부분의 합리적인 부모는 그들의 지시에 대해 "때리거나 괴롭히는 것은 좋지 않다.", "네가 그런 방식으로 말하는 건 엄마를 기분 나쁘게 하는 것이다." 등의 설명을 함께할 것이다. 물론, 일부는 별 도움이 되지 않는 부적절한 지적을 하기도 한다. 부모와 같이 교사도 지적하거나 설명을 하게 된다. 여기에서 이러한 메시지가 잘 전달되어 어린이가 수치심이나 죄책감을 느끼지 않도록 하는 것이 중요하다.

인성교육연구자와 교사는 각 연령에 적합한 덕목을 결정하고 이를 어떻게 격려할 것인가를 정하는 일에 관심을 두게 된다. 덕목에 대한 직접 교육법을 사용하는 경우 또 다른 요인을 고려할 필요가 있다. 상황이 구체적이고, 즉각적이며 설명이 주어져야 하는 것뿐 아니라 사전 조건도 맞아야 한다. 어린이는 배려와 신뢰의 관계 속에 있는 성인의 말을 더욱 잘 듣는다. 또한, 아이들은 주변 사람들을 보고 듣고 배우게 된다는 점을 상기할 때 영유아 인성교육에서는 부모와 유아와의 관계, 교사와 유아와의 관계, 부모와 교사의 행동이 매우 중요한 요소가 될 것이다. 또한, 배려와 도덕교육에서 중시되는 다음의 요소들을 보면 인성교육의 지도 방법에 대한 시사를 받을 수 있다.

- 본보기가 되는 성인이 배려의 관점을 가지고 있어야 한다.
- 반성적 사고를 격려한다.
- 개방적 대화 : 정보를 제공하며 더 깊은 사고와 숙고를 격려하고 의사소통을 촉진한다.
- 실천 : 함께 활동하며 다른 사람의 필요를 이해하게 된다. 배려 능력을 기르기 위해서는 배려의 활동을 해 보는 것이 중요하다. 지역사회 봉사나 활동과 각자의 실천에 대해 이야기해 보는 활동 등을 하도록 한다.
- 확신 : 확신은 내적 기초를 단단히 해 준다. 이것은 비판이나 종교교육에서 볼 수 있는 권위-복종, 규제 등의 행위와는 다른 것이다.

이처럼 성인의 본보기, 반성적 사고, 개방적 대화, 실천 경험, 내면화를 통한 확신 등이 방법적 요소들로 제안되고 있음을 볼 수 있다.

우리가 중요한 품성 요소로 논의해 왔던 덕목들을 어떻게 지도할 것인가?의 문제는 학생이 그러한 덕목을 접하고 인지하고, 이해하고 실천할 수 있는 능력을 발달시키고자 함이다. 즉, 덕목을 어떻게 내면화할 것인가의 문제이다. 덕목에 대한 인지, 이해, 실천, 선택과 행동에 대한 반영적 사고와 반성의 과정을 통해 바람직한 가치와 덕목을 내면화하고 실천할 수 있는 능력을 발달해 갈 수 있을 것이다. 각각의 과정을 좀 더 살펴보기로 한다(Center for Character and social Responsibility, Boston University에서 제안).

① 인식(awareness) : 인식은 교사와 다른 사람들이 덕목을 설명하고 규정함으로써 생겨나고 교육의 언어와 품성교육의 방법을 토의하면서 얻어진다. 학생은 교사가 존중, 친절, 근면 등의 단어를 사용하고 학생에게 이들 덕목의 중요성을 환기할 때 이들이 중요함을 인식하게 된다.

② 이해(understanding) : 덕목의 이해는 학생이 '아하~ 그렇구나.'하고 알게 되는 경험을 할 때, 덕목에 맞게 생활하고 개인적인 행복과 다른 사람의 행복을 가져오는 선택을 할 때 일어난다.

③ 행동(action) : 행동은 학생이 좋은 습관을 형성할 때 가능하다. 행동함으로써 품성덕목의 이해를 보여 준다. 정의로운 행동을 함으로써 정의롭게 되며 용감한 행동을 함으로써 용감해진다. 행동은 덕목을 실천하는 것이다.

④ 반영적 사고(reflection) : 반영적 사고 또는 반성은 선택과 행동에 관한 숙고이다. 그것이 좋은 결정이었나? 아니면 나쁜 결정이었나? 왜 그런가? 다음에는 다르게 무엇을 할 것인가? 등의 반영적 사고는 덕목을 내면화하는 데 필수적인 자기지식이 발달하도록 도와준다. 이는 도덕적 합리화 능력을 길러 준다. 덕목의 형성은 우리가 잘 선택하고 행동할 수 있도록 해 주는 마음과 감성과 행동의 좋은 습관들로 이루어진다. 덕목을 기르는 것은 학생이 충만한 삶을 이끌도록 도와주며, 이는 인성교육의 중심이 될 것이다. 덕목의 내면화는 단

지 일련의 습관을 습득하는 것을 넘어서 점차 지혜를 얻어 가는 과정일 것이다. 행동하고 우리가 한 일에 대해 반성하고 우리의 잘못으로부터 배우고, 열정, 존중, 정직과 같은 덕목으로 이루어진 삶을 어떻게 살아야 할지 더 깊게 이해하게 되는 것이다.

이제 그동안 논의되어 온 인성교육의 일반적인 제 접근들을 정리해 보고 이를 통해 영유아기 인성교육에 대한 시사점과 적용을 살펴보기로 한다.

4 인성교육의 제 접근

살펴본 바와 같이 인성 개념은 다층적이고 복합적 차원에서 논의되고 있다. 학문적 관심과 접근 방식의 다양성으로 여러 정의가 내려지고 그 속성이 다양한 관점에서 제시된다. 인성교육의 방향은 인성에 대한 이해와 해석을 바탕으로 하며, 인성을 선한 것으로 보느냐 악한 것으로 보느냐에 따라 그 방향이 달라진다. 인성을 어떠한 차원에서 어떤 방식으로 해석하고 규정하느냐에 따라 인성교육의 문제는 다르게 전개될 수 있다. 몇 가지 주요 접근을 살펴보기로 한다(이원희 외, 2010; 홍순정 · 김재춘, 2013).

1) 성장 심리학의 접근

성장 심리학(growth psychology) 또는 건강 심리학은 인간 본성의 병리적 현상에 관심을 두지 않고 건강한 측면에 주목한다. 올포트(Allport)는 성숙한 인성을 다음의 특징으로 설명하였다.

- 성숙한 인성은 자아의식이 확장되는 특성을 지닌다.
- 성숙한 인성은 자기와 타인과의 따뜻한 인간관계를 인식한다.

- 성숙한 인성은 정서적 안정감을 지닌다.
- 성숙한 인성은 현실에 바탕을 둔 지각을 한다.
- 성숙한 인성은 과제 수행에 필요한 기능과 능력을 갖춘다.
- 성숙한 인성은 자기를 객관화할 수 있다.
- 성숙한 인성은 통합적 인생관을 추구한다.
- 인성교육의 방향을 성숙한 인성을 발달시키도록 도와주는 것에 두는 것이다.

2) 품성교육의 접근

품성교육(character education) 또는 인격교육은 학생이 삶의 도덕적 · 윤리적 문제를 진지하게 다루도록 준비시키는 데 관심이 있으며, 궁극적으로 책임 있는 시민 의식을 지니고 도덕적 행위를 할 수 있는 성숙한 성인으로 발달시키는 것을 목적으로 한다. 현대의 인성교육은 종래의 도덕적 원리와 객관적 도덕에 입각한 도덕교육과는 달리 성교육, 약물교육 등과 같은 실행 중심의 교육과 밀접한 관련을 맺고 있다. 품성교육의 주요 방향은 적극적인 학생 참여, 자아의 인지적 · 정의적 · 행동적 차원의 통합을 통한 개인적 성장의 기회 부여, 일관성 있는 행동을 안내하는 가치의 준수로 설정된다. 그리고 이러한 방향이 효과적으로 전개되기 위해서는 다음의 몇 가지 사항이 고려되어야 한다.

- 모든 교과에 효과적으로 품성교육을 수행해야 한다.
- 학교와 지역사회의 협조체제가 필요하다.
- 민주적이고 긍정적 · 자율적 교실 환경 조성이 중요하다.
- 교사의 솔선수범과 모범이 요구된다.
- 품성교육을 실천 중심의 교육 차원에서 이해해야 한다.

3) 사회화의 접근

개인의 인성은 그가 처한 사회 문화적 환경의 영향을 받으며 형성된다. 사회 문화의 고유한 특성과 체제를 공유하고 학습하는 과정에서 독특한 인성특질이 형성된다. 교육은 사회 구성원을 그 사회에 적합하도록 교육하여야 하며, 사회의 목표는 보편적 가치를 가르치는 것에 두어야 한다. 도덕적 인성은 사회생활에 의해 형성된다. 개인이 도덕적 존재가 되기 위해서는 자신의 이기심을 버리고 사회에 헌신하여야 한다. 인간은 사회 속에서 생활하면서 다른 사람과 일정한 사회관계를 맺게 되고, 또 이 사회관계의 망 속에서 일정한 사회적 지위를 갖는다. 사람이 사람답게 된다는 것은, 또한 인간이 자신의 정체를 확립한다는 것을 뜻하기도 한다.

이와 같은 사회 문화적 입장에 의하면 인성교육의 방향은 다음과 같이 설정될 수 있다.

- 사회 문화적 전통을 이해한다 : 전통과 정신적 가치, 표준, 규범을 인지하고 준수한다.
- 사회적 가치와 규범, 그리고 행위양식을 내면화한다 : 사회적 가치에 비추어 자신의 사고방식과 행동 방식의 주관성과 특수성을 조정해 나간다.
- 성인사회의 표준적 행위를 모방한다.
- 개인의 생활을 집단적 가치에 비추어 반성하고 점검한다.

4) 도덕교육의 접근

도덕교육은 '도덕성'을 기르며 '사람으로서 지켜야 할 도리'를 키우고자 한다. 인성교육을 도덕교육적으로 접근하는 방식에는 도덕성 내용을 가르치는 데 중점을 두는 방식과 도덕성 형식을 중시하는 방식이 있다.

- 도덕성 내용을 가르치는 교육은 특정의 도덕적 규범들과 가치, 덕목, 품성을 기르는 것인 반면, 도덕성 형식을 가르치는 것은 도덕적 판단과 관련된 합리적 추론 능력을 길러 주는 것을 의미한다.

- 도덕교육의 내용을 덕목으로 보는 방식을 비판하는 콜버그(Kohlberg)는 도덕교육에서는 도덕적인 문제 사태를 분석 · 평가 · 선택할 수 있는 합리적 능력을 길러야 한다고 주장한다.

5 인성교육의 실천적 전략

인성교육은 교과내용의 학습보다는 교사의 행동, 학교의 일상생활, 단체생활, 비공식적 시간 등 의도하지 않은 측면들에 의해서 많은 영향을 받는다.

이 같은 인성교육의 일반적 특성을 감안해 인성교육의 실천적 방법을 알아본다(홍순정 · 김재춘, 2013).

1) 교과지도를 통한 인성교육

인성교육과 교과를 가르치는 활동은 별개의 것이 아니다. 교과를 가르치는 활동의 본질적 가치는 결국 인성 함양에 있기 때문이다. 교사가 교과를 가르치며 인성교육에 기여할 수 있는 가능성을 중심으로 살펴보기로 한다.

- '교과를 가르친다'는 의미를 교육목적과 관련해 연구할 필요가 있다. 교과를 가르치는 일은 교과내용을 상세하게 전달하는 데 그치는 것이 아닌 그 교과 지식에 담겨 있는 기본적 아이디어와 사고방식을 이해하는 데 있다. 해당 교과에서 사물과 현상을 이해하는 안목을 형성하도록 교과를 가르치는 것은 결국 그런 안목에 맞게 인생을 살아가는 것이며, 인성교육의 가치를 의미한다.
- 학교 단위 인성교육 프로그램은 통합 교과적, 횡(橫)교과적, 전 교과적 접근 방식을 따라 편성 · 운영되어야 한다. 또한, 기존의 학교 교육활동 속에서 인성교육적 요소를 인지하는 방법을 활용해야 할 것이다. 이러한 점에서 교사

는 인성교육의 잠재적 교육과정으로서의 특성을 강조하여 학교교육 전반에 걸쳐 인성교육이 추구될 수 있도록 프로그램화하는 노력이 필요하다. 인간의 인성은 도덕적 가치관에만 국한되어 있지 않으며, 어문학, 예술, 심지어 수학이나 과학교육을 통해서도 발달될 수 있기 때문이다.

- 교육의 과정과 관련하여 총체적 접근이 필요하다. 교육목표 설정은 물론, 교육내용 선정과 조직에서도 '결과'로서의 지식뿐 아니라 '과정'으로서의 지식도 고려하여 학습자가 가치를 효과적으로 내면화할 수 있도록 해야 한다. 수업과정에서는 교사와 학생의 공감적 이해와 관계가 필요하다.
- 인성교육에서 평가는 선발이 아닌 발달을 근본 목적으로 하며, 실천 수행에 초점을 맞춰야 한다.
- 교과 수업과 관련해 개별화 교육, 구성주의적 수업, 융합교육(confluent education), 도덕과 수업, 수업행동 관리기법 등이 인성교육의 방법으로 적절하게 활용될 수 있도록 한다.

2) 특별활동을 통한 인성교육

특별활동은 교과와 상호 보완적 관계 속에서 학생의 심신을 조화롭게 발달시키기 위한 교과 이외의 활동이며, 기본적으로 집단 활동의 성격을 지니고 있으나 집단에 속한 개인의 개성, 자율성, 창의성의 발달에도 목표를 두고 있다.

특별활동의 영역별 특성을 살펴보면 다음과 같다.

① 자치활동 : 학급회와 학생회 조직과 운영을 통해 사회성을 기르고 자신이 맡은 역할 수행을 통해 자주성을 기른다. 또한, 토론회 등을 통해 민주시민의 자질을 기른다.

② 적응활동 : 예절, 준법, 질서, 절제, 청결, 정리정돈, 근검절약 등 기본생활에 필요한 덕목들을 습관화할 수 있도록 하며, 친교와 협동생활을 통해 자신의 성격과 문제를 이해하고 정체성을 확립한다.

③ 계발활동: 전통예술과 민속놀이를 통한 예절교육과 자신의 흥미, 취미, 적성에 맞는 여가문화 활동을 통해 자신의 심성과 성격을 훌륭하게 키워 나가는 수양을 한다.

④ 봉사활동: 일손 돕기를 통해 사랑과 협동정신을 기르고 양로원을 방문하여 경로효친사상을 배운다. 더불어 불우이웃 돕기를 통해 협력하고 더불어 사는 공동체 의식을 가질 수 있다.

⑤ 행사활동: 국경일이나 각종 기념식을 통해 의례의 중요성을 인지하고 발표회나 전시회를 통해 창의성을 기른다. 문화재나 명승지 답사를 통해 조상의 얼과 공경심을 느끼도록 한다.

3) 상담 및 생활지도를 통한 인성교육

상담과 생활지도는 총체적인 인격발달을 도모하는 데 있다. 인성교육을 가장 효과적으로 전개할 수 있는 영역이기도 하다.

(1) 상담을 통한 인성교육

상담적 원리를 학교에 적응하여 학생의 인성교육에 도움이 되도록 하기 위해 다음의 몇 가지를 고려해야 한다.

첫째, 상담적 원리는 모든 교사에게 필요하다. 교사는 상담자적 태도를 학생과의 일상적 상호작용에서 적용할 필요가 있다.

둘째, 상담자의 기능 중에서 치료 및 교정보다는 예방과 발달적인 측면을 강조할 필요가 있다.

셋째, 상담자는 어려움을 겪는 학생의 발견, 평가, 정보 제공, 행동변화, 의뢰의 기능을 중요시해야 한다.

일상생활에서 상담적 원리와 태도를 적용하는 것은 중요하다. 특히, 교사는 학생과의 대화에서 수용적 반응을 보이고 공감적 분위기를 형성해야 한다. 또한, 학생에 대한 일관적이고도 수용적 존중의 자세가 유지되어야 한다.

상담의 종국적 기능은 예방과 발달에 있으며, 유아와 학생들이 성장하고 성숙할 수 있도록 격려하고 지도하여 자아실현의 토대를 만들어 주어야 한다.

(2) 생활지도를 통한 인성교육

생활지도에서는 학생이 일상생활에서 해결해야 할 여러 가지 문제를 자력으로 해결할 수 있도록 도우며 저마다 가지고 있는 흥미, 적성, 능력, 성격 등의 품성 특성과 잠재력을 이해하고 발견하도록 한다. 생활지도는 모든 학생을 대상으로 하며, 개인의 존엄성과 개성발달에 초점을 두고 자기발전을 격려하며 예방에 역점을 두어야 한다.

4) 특별 프로그램을 통한 인성교육

지금까지 개발된 인성교육 프로그램들은 주로 성격심리학과 상담의 학문적 배경을 가지고 이루어져 왔다. 인성이 다차원적 모습을 지니는 것이라면 다른 접근 방법들과 상호 보완할 필요가 있다. 특히, 품성덕목에 관한 연구를 바탕으로 품성 가치들을 내면화할 수 있는 프로그램들이 개발되고 적용될 것이 기대된다.

6 인성교육 관련 교육 프로그램

가정과 학교 사회 전반에서의 폭력문제, 환경문제, 인권문제들과 관련하여 인성교육과는 다른 이름으로 제안되었던 교육 프로그램들을 보면 평화교육, 인권교육, 도덕교육, 가치교육, 반편견교육, 환경 · 생태교육 등 매우 다양하다. 내용적으로는 유네스코를 중심으로 한 국제이해교육, 환경교육, 인권과 민주주의 교육, 정치교육, 문화 간 이해교육, 갈등해소 · 공존을 위한 교육, 도덕교육, 가치교육 등으로 분류해 볼 수 있다. 유아교육에서는 폭력방지를 위한 교육, 공격적 행동의 지도, 반편견교육 등을 볼 수 있다. 또한, 이처럼 독립된 이름으로 묶지는 않았지만 유치원, 초 · 중등학교의 교과과정, 특히 사회 교과를 중심으로 관련 내용들이 다루어져 왔다. 사회지식과 구조의 이해, 대인관계 중심의 기술, 또는 당위적인 도덕성 측면에서 다루어지고 있다. 평화교육에서도 평화의 개념이 점차 전쟁이 없는 상태뿐만 아니라 모든 유형의 폭력이 없는 사회, 사회정의와 인간의 기본적 권리, 삶의 질과 행복이 보장되는 그러한 상태를 추구하는 보다 적극적인 개념으로 논의되어 가고 있다. 따라서 평화교육의 접근 방법도 평화를 위한 잠재력을 키우는 총체적인 접근과 평화문화 형성을 위한 교육이 탐구되고 있다. 해리스와 모리슨(Harris & Morrison, 2003)은 각국에서 실천하고 있는 평화교육의 유형을 묶어 다섯 개의 유형, 즉 국제이해교육, 갈등해결 프로그램, 폭력예방교육, 발달교육(인권교육, 다문화교육, 반편견교육), 비폭력교육으로 분류하여 설명하고 있다. 그 후 좀 더 간결하게 주제별로 인권교육, 환경교육, 국제교육, 갈등해결 프로그램, 발달교육을 중심으로 논의하고 있다. 이들 교육 프로그램에서 추구하고 다루는 덕목들은 많은 부분 인성교육의 품성덕목들을 서로 공유하고 있음을 볼 수 있다. 인성교육은 이들 프로그램의 기초가 될 것이다. 이들 프로그램과 인성교육의 관계를 살펴보기로 한다(홍순정, 2007).

1) 갈등해결 프로그램

갈등해결 훈련은 어린이가 대인관계의 갈등을 건설적으로 해결해 가도록 돕는다. 근래 또래관계에 관련된 기술의 발달은 제반 교육의 중요한 측면이 되고 있다. 학교관계자들은 학교에서 대인관계의 폭력을 지적하고 협상, 감정이입, 대안적 토론 등의 해결 방법과 같은 기술을 가르치기 위해 갈등해결 프로그램을 실시한다.

2) 폭력예방교육 프로그램

폭력예방교육 프로그램 실시자는 어린이가 학교에서 보이는 폭력적 행동과 학교 수업과 학습을 어렵게 만드는 적대적인 행동에 관심을 가진다. 또, 안전한 학교 환경을 만드는 것에 목적을 둔다. 특히, 미국의 경우에는 매년 40만 건 이상의 학교 내에서의 범죄행위와 총기사고가 보고되고 있다. 폭력예방 전략을 추구하는 교사는 싸움, 거리 범죄, 학교에서의 비행 청소년, 성폭력 등에 관심을 둔다. 어린이에게 편견과 고정관념이 어떻게 적의 이미지를 만드는지 검토해 보게 한다. 화를 조절하는 기술에 대한 교육은 학생이 싸움을 피할 수 있도록 도와준다. 폭력예방 프로그램의 핵심은 청소년에게 싸움의 대안을 제시하는 것이다. 싸움과 폭력도 인성교육을 통해 예방할 수 있다고 본다.

3) 인권교육

인권교육에서는 정치적인 억압으로 일어나는 부정의와 인간의 고통, 비참함, 사회의 분쟁, 편견 등에 대해 언급한다. 권리의 묵살과 억압을 제거하려는 것이 많은 폭력적 갈등의 핵심이다. 인권보호기구들은 성, 장애, 성적 편견으로 차별을 받는 사람의 권리를 보호해야 한다고 주장한다. 인권이 체제적으로 보호받지 못하는 국가에서는 학생들로 하여금 폭력문제에 대한 국제적 관심과 수준을 이해하고 발전시키도록 도와줄 수 있다.

인권교육의 실제에서는 모든 사람의 기본적인 권리를 존중하는 방향으로 전개될 것이다. 여기에는 집단 간의 적대감과 고정관념을 줄이기 위해 다문화의 이해가 포함된다. 이스라엘과 팔레스타인 어린이들이나 인종적 · 종교적 증오를 전환시키고자 하는 곳에서는 이러한 교육을 통해 문화적 편견과 집단 간의 증오와 적대감을 없애고 상호관계에 대한 관점과 방식을 변화시키고자 한다. 이러한 접근은 타인을 적이나 싸움의 대상으로 삼으려는 경향에 대해 우려한다. 여기에서 갈등은 각자가 속한 집단의 정체감을 기반으로 하여 자신이 속한 집단과 다른 집단을 적대적인 관계로 간주하게 된다. 문화전통의 이해로 이러한 적의 이미지를 바꾸며, 고질적인 갈등과 관련된 잔혹한 행위를 부인하거나 무관심하게 두지 않도록 한다.

4) 환경교육

세계적으로 지구 온난화 현상과 더불어 각종 생물 종의 멸종, 공해의 폐해 등이 증가함에 따라 외국의 위협으로부터 국민을 보호하기 위한 군사안보에 대해서만 다루는 것은 불충분함을 느끼고 인류가 자연환경에서 보호받고 양육되는 생태학적 안전에 바탕을 둔 개념 역시 필요함을 인식하게 되었다.

학교에서는 생태학적 인식과 배려를 가르침으로써 학생이 파괴되어 가는 자연과 이에 따른 사회적 · 생태학적 문제를 인식하고 그에 대처할 수 있는 책임감을 갖도록 한다.

5) 다문화교육과 반편견교육

'편견'이란 '공정하지 못하고 한쪽으로 기울어진 견해'를 뜻한다. 올포트(Allport, 1954)는 이를 "한 개인이 어떤 집단에 속해 있다는 이유만으로 그에 따라 갖게 되는 좋고 싫음의 태도"라고 하였다. 이와 같이 '편견'은 충분한 근거도 없이, 잘못되고 불완전한 정보에서 나온 일반화에 근거를 두고, 적절한 지식이나 이유 없이, 사실적 지식 없이 집단이나 개인에 대해 갖는 부정적 태도임에도 불구하고 인류가 집단생활을 시작한 이래로 오늘날까지 사회문제로 계속 제기되어 왔다.

그러므로 유아에게 차이에 대한 정확한 지식과 자료를 주고, 편견이나 고정관념에 대해 비판적 사고를 할 수 있도록 도와줘야 한다. 또한, 사회의 편견이나 고정관념 때문에 부정적인 자아개념이 생길 수 있는 유아를 보호하고, 긍정적인 자아개념을 형성할 수 있도록 도와야 한다.

이와 관련하여 1980년대 후반부터 다문화교육(multicultural education)에 대한 접근과 시기를 같이 하면서 반편견 교육과정(anti-bias curriculum)이 등장하였다. 더만스팍스(Derman-Sparks, 1992)는 차이(differnce), 다양성(diversity), 존중

(respect), 수용(acceptance) 등의 주요 개념을 공유하는 다문화주의와 반편견을 함께 고려하는 것이 바람직하다고 보았다. 다문화교육이란 문화적 다양성을 가치 있는 자원으로 인식하여 지원하고 확장하려는 교육으로 다양한 문화, 민족, 성 그리고 사회적 계층의 배경을 가진 어린이가 교육적 기회를 공평하게 누릴 수 있도록 하는 총체적인 노력이며, 다양한 인간행동에 대한 이해라고 할 수 있다. 다문화 교육과정에서는 각각 다른 문화를 가르치기 때문에 어린이는 각 문화를 존중하게 된다(이경우 외, 1994).

6) 비폭력교육

비폭력교육은 어린이의 마음에 평화의 이미지를 심어 주는 교육이다. 젊은이에게 비폭력에 대해 가르치는 것은 인류가 각각의 다른 점을 이해하고 함께하며 환경을 보존하며 사는 세계평화의 이미지를 제공한다. 주요 목표는 첫째, 학생의 사회적 기술과 가치의 발달을 촉진하는 것, 둘째, 문해 능력을 향상시키는 것, 셋째, 학생과 그 가족이 술과 약물복용, 폭력을 방지하는 것 등이다.

비폭력교육은 매체, 유흥산업, 정치, 국가정책, 학교, 지역사회, 가정 등을 통해 반영된 폭력문화를 의식하도록 도와준다. 교육에서의 비폭력은 인간의 욕구가 충족되고 가시적인 폭력이 없는 긍정적인 평화의 이미지를 제공한다. 문제해결은 모두에게 좋은 관점에서 찾게 된다. 비폭력교육에 접했던 학생은 긍정적인 경향을 자주 보이고, 특히 자신의 행동에 더욱 책임감을 느끼게 된다(Herris, Jeffries, & Opels, 1997).

최근 보다 기본적인 심리적 측면의 교육에 대한 관심이 요구되고 있다. 앞에서 논의한 유형 이외에도 품성교육, 도덕교육, 종교교육 등이 또한 중요한 영역으로 논의되고 있다. 품성교육은 평화교육에서도 중요하게 다루어진다. 정직, 통합성, 용기와 인내, 타인의 복지에 대한 관심과 온정 등의 덕목을 중시하는 것은 평화 촉진에 크게 도움이 되기 때문이다. 도덕교육에서도 공정한 사회, 민주적 의사결정 과정, 힘의 균형, 타인의 이해, 관심의 균형과 합리적인 판단 등을 길러 줄 수 있다.

CHAPTER 02

변화하는 사회와 가정

1 변화하는 사회와 가정

우리 사회가 안고 있는 심각한 문제의 하나로 많은 사람이 가치관의 혼란과 부재를 지적한다. 물론, 사람마다 관심 분야와 각자의 경험에 비추어서 정치권과 사회 전반에 만연된 부정부패, 증가하는 범죄율, 높은 실업률, 위축된 경제 상황, 교통난, 공교육의 붕괴, 학교폭력과 왕따 현상, 높기만 한 대학입시 경쟁률, 이혼율의 증가, 허례허식, 컴퓨터 중독, 각종 무질서와 무례함 등의 다양한 문제를 제기할 것이다. 그러나 이들 문제를 야기하는 기본적 원인으로 우리 사회의 가치체계의 혼돈을 지목하게 된다. 오랫동안 전통적으로 지켜 온 우리의 정신문화와 가치관, 행동규범이 더 이상 사람들의 공감대를 끌어내지 못하고 있다. 유교문화의 근간을 이루고 있는 수직적 체계의 위계질서를 지탱해 온 권위주의, 경로사상, 충효사상, 인의예지신의 가치는 이미 흐려진 지 오래라고 하지만 남아 있는 관습들은 자유민주주의와 풍요로운 경제발전의 사회, 정보화 사회에서 추구하는 가치들과 충돌을 일으키고 있다. 산업 사회를 근간으로 하는 기존의 가치체계가 붕괴되면서 새로운 사회의 가치가 미처 형성되지 못하고 있는 와중에 우리 사회 곳곳에 무질서의 행동이 만연하고 있는 상황이다. 주변에서 흔히 목격할 수 있는 예로 공공장소에서 어린이들의 무질서함을 들 수 있다. 많은 사람이 모여 있는 식당, 지하철에서 뛰어다니고 소란스럽게 굴어도 부모는 말리기는커녕 즐거운 표정으로 아랑곳하지 않는 경우가 많다. 아주 기본적이고도 기초적인 생활질서가 지켜지지 못하고 있는 데 대한 우려의 목소리가 높아지면서 가정과 교육에 새로운 역할이 요구되고 있다. 이에 더해 지금 우리가 살고 있는 이 시기는 또 다른 가치가 요구되는 세상으로 진입하고 있다. 산업 사회의 가치인 효율성, 대량생산, 집단화, 위계적 질서 등을 뒤로하고 평등화, 다양성, 개방성, 개인의 자율성과 창의성이 강조되는 정보화 사회의 가치체계가 요구되고 있는 것이다.

우리 사회를 이처럼 무질서하게 만드는 가치들로 물질만능주의, 성공지상주의, 자기중심주의 등이 지적되고 있다. 이와 함께, 배타적 가족이기주의, 지나친 경쟁, 공교육의 기능 상실, 가정의 붕괴 등도 언급된다. 이러한 상황에서 현재와 미래사회에 바람직한 새로운 가치체계를 만들고 실천해 가는 일이 그리 쉬운 일만은 아닐 것이다. 인성의 발달과 교육에 영향을 미치는 사회와 가정의 역할부터 살펴보기로 한다.

2 정보화 사회와 가정문화

가정은 사회의 가장 기본적인 단위이자 생활의 장으로서 변화하는 사회의 특성과 가치가 일차적으로 반영되는 곳이다. 전통사회에서 볼 수 있었던 확대직계가족이나 결합가족의 형태가 없어지고 핵가족화된 지는 이미 오래전의 일이다.

전통사회의 대가족제도에서는 두 세대 이상의 부모-자녀의 혈연관계 중심의 가족 구성원들과의 공동생활을 통해 연령과 역할이 다른 여러 사람과 접촉하면서 다양한 인간관계를 접하게 된다. 이러한 관계와 사회화 과정 속에서 어린이는 어른이나 자기보다 어린 사람을 대하는 태도와 언어를 배운다. 다양한 인간적 접촉과 학습환경 속에서 문화적 전통과 가치관을 자연스럽게 이어받게 되며, 부모 이외에 조부모, 친척들도 아동의 양육과 교육에 크게 작용한다. 부모가 자녀에게 사랑을 베푸는 것처럼 자녀도 부모와 조부모를 존경하고 효도하도록 교육받는다. 이처럼 다양한 학습환경이 주어지지만 교육의 방법은 다소 일방적이며, 수직적 · 위계적이고 보다 엄격한 규율에 기초한 교육이 이루어진다. 이러한 확대가족에서 핵가족으로의 변화는 가족의 형태와 크기, 관계, 기능까지 모두 변화시켰다. 즉, 부부관계가 중심이 되는 핵가족 형태에서 광범위한 친족관계는 유지되지 않으며, 친족으로서의 의무나 권리, 상호협조, 책임 등이 약화된다. 가정에서의 가부장적 지위나 권위도 퇴보하고 교육의 기능 역시 약화되고 있다. 또한, 가족 구성원의 수가 극히 적어지고 있는 것은 가족이기주의를 크게 하며, 아파트 주거 형태 등은 개인주의를 당연시하게 만들고 있다. 핵가족에서의 인간관계는 단순하고 대화나 인간적 접촉도 적고 가족 간의 갈등과 충돌을 완화시켜 줄 수 있는 사람이 없기 때문에 긴장과 불안이 계속되기 쉬우며, 가족 간의 고립화 현상도 야기되고 있다.

핵가족의 특성으로 인해 가정교육 기능의 약화 이외에도 여성 취업의 증가, 가정 밖의 각종 교육기관과 기회의 확대 등으로 가정의 교육적 기능이 교육과 사회기관이나 집단으로 옮겨 가고 있다. 많은 부모가 가정 내에서의 교육보다는 가정 밖의 전문적인 교육기관을 많이 이용하게 되고, 아동이 가정보다는 학교나 밖에서 보내는 시간이 훨씬 증가하게 됨으로써 결국 가정에서의 교육과 사회화의 기능은 점차 약화될 수밖에 없는 실정이다.

현대 가정문화와 교육의 위기 상황을 분석한 내용을 정리해 보면 다음과 같다.

- 가정교육의 기능이 다른 사회적 기관으로 옮겨 감으로써 가정교육의 방향과 목표가 사라지고 있다.
- 핵가족화로 인한 개인주의와 이기주의가 확산되고 인간관계가 축소된다.
- 여성의 사회 진출로 인한 부모의 자녀교육 기능이 감소되었다.

- 물리적 · 심리적 결손 가정의 증대와 청소년 문제가 증가하였다.
- 대중 매체의 영향과 이의 역기능: TV는 부모와 친구의 역할을 대행할 뿐만 아니라 가정 내에서의 사회화 주체로 작용하고 있다.

정범모(2001)는 한국의 가정문화와 교육의 실상에 대해 다음과 같은 점을 지적한다.

- 유교문화와 유교적 가치의 순기능과 역기능이 혼재되어 있다. 특히, 지나친 가족주의, 권위주의가 많아지고 있어 가족 외의 남들은 안중에도 없다. 이는 학교의 촌지, 치맛바람, 부정사건 등의 뿌리가 되고 있다.
- 우리의 정신세계에 만연해 있는 기복사상에는 남에 대한 관심, 배려가 없기 때문에 남에 대한 무감각, 무관심, 무절제 상태로 이어지는 위험이 있다.
- 자녀에 대한 출세욕과 승부욕이 강하며, 건전한 정서와 도덕성 형성을 뒤로 하고 공부를 잘해서 남을 이기고 출세하는 데만 급급하다. 남에게 지지 않기, 기죽지 않기가 강조된다.
- 근대화와 민주화의 물결과 함께 문화가 다양해지고 풍요로운 사회 속에서 근검, 사려, 자제의 덕목은 쇠퇴하고 있으며, 부모의 권위는 약해지고 있다. 또한, 부모와 자녀가 함께 보내는 시간도 줄고 있다.

이러한 문화와 깊게 관련되어 있는 것이 부모가 가지고 있는 자녀교육에 대한 생각과 태도일 것이다. 우리나라 부모의 교육열은 단연코 세계 1위임을 자처하고 있다. 걷지도 못하는 아이에게 수영과 발레를 가르치는가 하면 우리말도 잘 못 하는 아이에게 영어를 가르친다. 옆집 아이가 무언가를 배우면 내 아이에게는 한가지라도 더 가르쳐야 한다. 엄마들의 경쟁으로 우리 아이들은 너무나 바쁘고 고된 유년기를 보내고 있는 셈이다. 자녀가 무엇을 좋아하는지에는 관심이 없고 남보다 잘하는 것, 일련의 드러나는 성취에만 더욱 관심을 둔다. 부모가 가장 원하는 활동은 영어 공부와 컴퓨터 학습, 예능 학습이라고 한다. 그것도 모두 집 밖에서 이루어지기 때문에 유아 스스로 노는 시간은 물론, 어머니와 유아가 함께 하는 시간이 줄어들 수밖에 없다. 더욱이 대부분의 부모가 직장과 바쁜 일과로 집을 비우기 마련이며, 아이들은 여러 학원을 돌며 시간을 보낸 후 혼자 밥을 먹고, TV도 혼자 알아서 보고 혼자 잠드는 경우도 많다. 식사 예절이나 말하는 태도, 기본생활습관은 언제 어디에서 익히며, 기본적인 신뢰감과 정서적 지지는 어디에서 받을 수 있을 것인지 우려하지 않을 수 없다. 그래서 유아교육기관 역할에 대한 사회적 기대가 커지고 있다. 청소년의 경우에는 더욱더 많은 위험에 노출되고 있다. 부모의 적절한 지도 없이 방치되었을 때 잘못된 친구관계, TV, 컴퓨터 등에 빠져들기 쉬울 뿐 아니라 각종 일탈 행동으로 이어질 위험이 크다. 더욱이 과도한 입시 경쟁으로 학과 공부에 대한 스트레스가 엄청나고, 거의 모든 시간을 공부하며 보낼 수밖에 없는 상황이다. 자신의 정체감을 찾아 고민하는 청소년기에 이러한 교육적 심리적 부담은 청소년에게 하여금 더욱 어려운 가치혼란의 어려운 시간을 갖게 만든다. 이를 해결하기 위해 우선적으로 부모와 자녀가 함께 하는 시간을 늘리고 여행을 많이 시킬 것 등을 권하고 있다. 또한, 가정에서 꼭 가르치기 기대하는 덕목으로 만족을 연기할 줄 아는 능력, 타인과 함께 살아가는 방법을 익히게 할 것, 성공보다는 성취를 소중히 할 것 등이 언급되고 있다.

우리의 가정생활은 예측하기 어려울 만큼 빠르게 변화해 가고 있는 시점에서 우리는 자녀의 정서와 사고, 행동을 이해할 필요가 있다. 특히, 가정에서 부모와 자녀가 관계 맺는 방식이 달라지고 의사소통의 방법, 권위의 상하관계, 역할기대의 변화, 사회화 과정 역시 기존의 형태와는 다른 모습을 나타내고 있다. 자녀의 대화 대상과 소속집단은 이제 부모나 가정이 아니라, 인터넷을 통해 의사소통하는 사이버 집단이다. 인터넷은 그들의 대화 수단이며, 정보의 원천이다. 인터넷을 통해 공부하고, 친구를 사귀고, 취미생활을 하고, 오락과 휴식을 취하고, 상품을 구매한다. 우리나라의 정보화 수준은 선진국을 앞서가고 있다. 정보화 능력에서 뒤쳐져 있는 부모는 자녀 앞에서 무력하며, 오히려 자녀에게 배운다. 또한, 자녀는 부모에 대해 덜 의존적이 되고 있다. 또한, 이들에게는 인터넷 게시판에 의견을 올리는 것이 일상적인 일이기 때문에 자신의 의견을 주장하는 데 주저하지 않는다. 인터넷상에서의 대화는 익명으로 이루어지기 때문에 보다 자유롭고 거침없이 이루어진다. 그러나 이에 따른 부작용도 많다. 다른 사람에 대해 예의를 생각하지 않고 부적절한 언어적 표현을 쓰기도 한다. 이러한 의사소통의 형태는 가정에서 부모-자녀 간에도 적용된다. 부모나 어른의 말을 존중하고 따르기보다는 같은 입장에서 동등하게 행동한다. 이와 함께 인터넷의 개방성은 자녀의 성향에도 영향을 미친다. 앞에서 논의했듯이 부모와 자녀가 함께하는 시간이 거의 없는 상황에서 그나마 집에 있는 시간에도 컴퓨터를 통해 다른 세계로 가게 된다. 대화와 정서적인 지원이 필요할 때 부모를 찾기보다는 인터넷의 대화방으로 가는 것이다. 이로 인해 자녀의 삶에서 부모의 비중과 역할이 줄어들 수밖에 없다. 인터넷 세대 자녀의 사고와 정서, 행동특성과 의사소통 방식을 이해하고 부모-자녀 관계의 회복을 위한 노력이 절실한 시점이다. N세대 자녀와 부모의 관계 회복을 위해서는 무엇보다도 그들의 의사소통 코드를 이해하는 것의 중요함이 지적되고 있다(이미나, 2002). 자녀의 커뮤니케이션 코드가 달라졌으며, 부모도 달라진 자녀에게 맞게 가정교육을 해야 한다는 주장이다. 디지털 코드식 가정교육을 위한 방안으로 감정이입식 청취법, 나-전달법, 승-승게임의 운영 등을 제안하고 있다. 사실 이러한 방법들은 굳이 디지털 코드식이라 이름 붙이지 않더라도 그 이전부터 부모-자녀 간의 원활한 대화를 위해 권장되었던 대화 방식이다.

여기에서 무엇보다 중요한 것은 가정 안에서 각기 제멋대로인 구성원들이 어떻게 가족공동체임을 느낄 수 있게 할 것인가의 문제이다. 이런저런 이유로 가정에 어른이 부재하고 각 분야에서도 어른이 없는 상황이 되어가고 있다. 어른의 의미는 곧 전통적 가치이며, 사회적 규범이며, 판단의 기준을 의미한다. 무질서하고 부도덕한 행위들이 일어나도 누구도 바로잡고 꾸짖을 사람이 없는 그런 사회란 곧 전통과 기준, 옳고 그름의 판단, 도덕적 판단이 상실된 사회일 것이다. 우리의 기존의 가치와 규범, 도덕, 행동양식 중에서 보존하고 지켜 가야 할 것이 선별되어 이어갈 수 있는 바탕이 마련되어야 할 것이다. 이것은 분명, 부모가 해야 할 몫이다. 아름다운 인간관계를 지켜 나가는 심성과 관계 맺는 기술, 서로 존중하며 함께 살아갈 수 있는 능력, 공동체 속에서 지켜 나가야 할 기본적인 가치의 습득은 그것이 디지털 방식이건 아날로그 방식이건 우리의 가정, 매일의 일상생활 속에서 배우고 전달되고 내면화되어가야 할 것이다. 그것은 일차적으로 부모의 책임이며, 가정에서 먼저 시작해야 할 작업임이 틀림없다. 또한, 가정의 역할을 함께 하게 된 유아교육기관에서도 관심과 책임을 가져야 할 부분이다.

3 인성형성에 영향을 주는 가정과 교육

인성형성에 영향을 주는 요인은 유전, 임신 중 태내환경, 생물학적 요인, 사회 문화적 요인, 전통풍속, 종교, 법률, 개인적 학습과 교육, 가정과 가족, 경험 등으로 분류해 볼 수 있다. 이 요인들 중에서 인성교육과 보다 직접적인 관계에 있는 교육과 가정, 개인적 학습과 경험 요인들이 중요할 것이다.

유아가 어떻게 배워 가는지는 많은 학습이론이 설명해 주고 있다. 무엇보다 유아는 주변 사람들을 통해 보고 듣고 배운다. 말하는 것, 식습관, 표정, 사람을 대하는 태도 등을 모방하며 배우는 것이다. 영유아기 때에는 많은 시간을 같이 보내는 부모와 교사의 영향이 가장 크다.

인성발달에 영향을 주는 가정과 가족의 문제를 먼저 살펴보기로 한다.

1) 가정의 기능과 문제

가정과 가족의 정상적 기능으로 다음의 측면을 들 수 있다. 즉, 경제적 기능(먹고 사는 일), 성 · 생식의 기능(성생활, 종족 보존), 자녀 양육과 교육의 기능, 성격, 인성, 정서의 안정화 기능(따뜻하고 안정된 삶), 보호 · 휴식 · 건강보존 기능(위험에서의 보호), 문제해결, 개인적 생활기능발달 등이다.

이런 기능을 제대로 하지 못하면 아이들의 인성교육은 어렵다. 가족붕괴(가족의 기능상실, 가족원의 역할 수행 실패)나 가족해체(가족의 집단적 통일성 상실, 지위, 역할, 갈등대립, 유대감 약화) 등으로 가족의 위기를 갖게 된다. 이러한 가족의 문제는 가정에서의 인성교육에 어려움을 가져올 수 있다.

2) 가정환경과 인성발달

(1) 초기 경험의 중요성

프로이트는 만 6세경까지가 성격형성의 결정적 시기라고 보았다. 즉, 유아기에 성격의 기초가 만들어진다고 보았다. 이 시기는 모든 것을 학습하는 데 민감한 시기이므로 이 시기의 경험은 개인의 발달에 크게 영향을 미친다.

(2) 가정의 분위기

부모의 일반적 태도와 양육태도, 부모-자녀 관계 역시 인성발달의 주요한 요인이 된다. 가족의 구성과 가족의 문화, 가치관, 사회 경제적 상황, 부부관계, 부모의 자아구조, 형제관계 등도 영향을 미친다.

특히, 가정의 정서적 분위기는 매우 중요하다. 불화와 갈등이 많거나 지도가 없을 때 가치의 혼란을 가져오게 된다. 가족들이 조용하고 행복하고 사이가 좋으며, 부모가 아이들과 놀아주고, 논리적 설득, 일관된 지도 방향, 책임감의 지도가 있다면 안정되고 바람직한 적응을 할 수 있게 된다.

부정적인 결과를 가져오는 요인으로는 자녀학대, 부부간 폭력, 부모에 대한 폭력 현상 등을 지적할 수 있다(김재은, 2010).

3) 부모-자녀 관계와 인성발달

(1) 부모-자녀 관계의 유형

① 수용형 : 아이의 요구를 잘 들어주는 응석받이로 기르는 부모, 의뢰심이 강함, 열등감을 가짐, 유아적이고 퇴행적임, 사회적응이 잘 안 됨, 일하는 습관이 안 들어 있음

② 거부형 : 사랑하지 않고, 싫어하고, 엄한 벌을 준다. 공격적이고 반항적임, 적대감을 가짐, 질투심이 강함, 학교에서 문제를 자주 일으킴, 학교 조퇴나 결석이 잦음, 도벽, 거짓말, 엄마를 애먹임, 정서불안을 가짐

③ 지배형 : 엄격함, 권위적임, 체벌 시행, 나이에 비해 무리한 요구, 아이에 대해 비판적임, 위협을 줌, 반대로 이상할 정도로 요구를 들어주면서 통제함, 이에 따라 유아는 사회화가 잘 되어 있음, 다른 사람에게 인정받는 행동을 함, 학교에 흥미를 느끼고 좋은 태도를 보임, 반면에 민감함, 자의식이 강함, 복종적, 수줍음, 어린애 같음, 집단의 습관에 잘 길들여짐

④ 복종형 : 유아에게 많은 자유를 줌, 유아의 말을 잘 따름, 유아의 요구를 무조건 들어줌, 거절하지 못함, 때로는 방임함, 유아를 무시함, 훈육을 안 함, 말을 안 듣고, 책임감이 없음, 학교에서 난폭함, 교실에서 말썽 피움, 규칙을 잘 안 지키고, 정돈습관이 없고, 게으름, 반면에 적극적이고, 자기표현에 능하고, 권위에 저항하고, 고집스럽고, 다루기 어려움

⑤ 과애형(과보호형) : 과도한 위험에 대한 걱정으로 보호하고, 보살피며, 늘 걱정에 차 있음, 반면에 유아가 언제까지나 어린아이로 남아 있기를 바라기도 함, 의존적이 되고, 위험대처 능력이 떨어지고, 미성숙한 상태로 나이를 먹는 경우가 있음

⑥ 무시형 : 유아 돌보기를 포기, 유아의 생활 등에 무관심, 아이의 장래에 대해서 무관심함, 자기 일로 인해서 그런 경우와 부부관계 갈등으로 인해서 그런 경우가 있음, 공격적이고 문제 발생으로 부모의 주의 끌기를 함

⑦ 잔인형 : 거부의 다른 형, 아이에 대해서 공격적인 행동과 가혹한 벌을 가함, 공격적인 아이가 되기 쉬움, 성인이 되어 사회에 나가 그런 공격성과 도피기제를 사용함, 비행으로 나갈 가능성이 있음

⑧ 방임형 : 아이의 행동에 무간섭, 제각기 스스로 책임을 지게 함, 독립적인 아이가 되기도 하고, 책임감을 갖기도 하나 방종 · 비행에 흐르기도 함

부모-자녀 관계 양식은 극단적인 형태일 때 반작용이 있다는 것을 알 수 있다. 그러므로 중용을 지키는 노력이 필요하다. 즉, 완급과 좌우 앞뒤를 적절히 조절하는 지혜가 필요하며, 통제와 방임 사이, 사랑과 절제 사이를 잘 조절해야 한다(김재은, 1997, 2010).

4) 건강한 가정과 건전한 인성의 관계

건강한 가족의 특징으로 가족들이 정신적 · 신체적으로 건강하며, 부모가 화목하고, 역할 분담이 잘 되며, 가족 구성원의 자율성이 보장되는 상태, 서로 공감하고 가치관이 비슷한 경우를 들 수 있다. 이러한 가정에서 부모의 거짓 없는 사랑, 일관된 훈육, 대화가 많은 관계, 자녀의 인격 존중, 개방적 분위기, 안정되고 편안한 분위기를 이룰 수 있다면 자녀의 인성발달에 바람직할 것이다.

4 사회적 학습과 환경의 영향

유아가 사회적 학습을 해 나가는 데 중요한 것은 환경이다. 특히, 유아의 사회성 발달에 영향을 주는 요인 중 가장 주요한 변인은 가정이다. 가정의 구성원인 부모와 형제자매는 유아가 최초로 접촉을 하는 사람들이기 때문이다. 더욱이 요즘 많이 볼 수 있는 한 자녀 가족 형태에서는 아동의 가치관 및 기타 의식 형성에 있어

부모의 역할이 더욱 강조되고 있다. 따라서 부모의 양육 방식에 따라 아동의 사회적 기술이 달라지는 것은 물론이다. 예를 들어, 가정의 규칙에 대한 이유를 자녀에게 설명해 주는 민주적 가정에서 자란 아동은 사회적으로 보다 적극적이고 개방적이다. 반대로 복종을 요구하고 부모에게 의존적일 것을 요구하는 권위주의적인 부모 밑에서 자란 아동은 스스로 이 세상을 탐색하는 것이 자유롭지 못하다. 따라서 부모는 가정의 규칙과 같은 사회적으로 요구되는 가치, 규칙, 태도 가치관 등을 아동이 학습하고 적용해 볼 수 있도록 다양한 기회를 제공해야 한다. 그러나 환경이 아동에 미치는 영향력이 이렇게 큼에도 불구하고, 한국의 사회, 가정, 부모의 가치관은 이를 받쳐주지 못하기 때문에 바람직한 사회생활을 위한 기본적인 태도도 갖추지 못하게 된다. 예를 들어, 공공장소에서 소란을 피우는 등의 무질서는 가정 및 유치원, 학교에서의 공중도덕교육에 대한 인식 부족에서 비롯된다고 볼 수 있다. 기본적으로 남을 존중하는 태도와 질서 의식이나 규범, 가치, 전통, 풍습 등 마땅히 가르쳐야 할 내용은 도외시한 채, 국어, 수학, 영어 교육 등 입시학원과도 같다는 지적이다. 또한, 자녀의 기(氣)를 살려 주기 위하여 부모가 자녀를 처벌하지 않는 요즘의 세태를 들 수 있다.

5 사회 도덕적 판단과 가치의 발달

바람직한 인성과 행동의 기저에는 사회 도덕적 판단 능력의 발달이 함께 한다. 특히, 배려, 타인 존중, 공존의식, 관용, 협동의 개념의 발달은 인성덕목의 발달에 매우 중요하게 작용한다. 근래의 연구들은 아동이 2세 경이 되면 다른 사람의 감정을 함께 공감하고 이에 반응을 보인다고 한다. 즉, 2~3세만 되어도 언어적 표현을 통해 책임감을 표현하기도 하며, 사회규칙을 비판할 수도 있다. 또래집단, 가족관계 등과 같은 아동의 주변 환경이 아동의 도덕적 · 사회적 개념 발달에 영향을 미친다. 교육은 민주적인 사회의 시민으로 살아가는 데 필요한 가치와 태도를 형성하도록 도와주어야 하며, 아동은 삶의 권리, 자유, 개인의 존엄성, 기회 균등, 공정성, 안정성, 개인적 소유권 등의 기본 권리의 가치를 교육을 통해 배워갈 수 있어야 할 것이다.

6 가정에서의 기본 인성교육

공중도덕은 사람답게 살아가는 데 꼭 필요한 인생에서 알아야 할 몇 가지 사항 중의 하나로 강조되고 있다. 기본 공중도덕과 질서 의식을 중심으로 생각해 보기로 한다. 공중도덕과 질서 의식은 저절로 얻어지는 것이 아니라 배우고 가르치는 과정이 요구된다. 생활 속에서, 사회 속에서의 경험과 배우고 가르치는 과정을 통해 알아가고 내면화됨으로써 질서 있는 행동을 유지할 수 있게 되는 것이다. 우리가 가정과 학교, 사회에서의 예절과 질서교육에 관심을 갖는 이유도 여기에 있다. 어린 시절 도덕성과 기초생활질서 의식이 내면화되고 생활화된다면 그 개인은 각종 부정부패와 사회적 무질서의 현상에 더욱 민감하고 이를 개선하기 위해 노력할 것이다. 가족 단위 외출이 일상화되면서 공공장소에서 아이들의 무질서와 무례도 부쩍 눈에 띈다. 그럼에도 일부 부모는 자녀를 제지하기는커녕 방조하거나 오히려 부추기기도 한다. 자녀를 자유롭게 키우는 것으로 알려진 미국이나 유럽의 부모도 예절교육은 매우 엄격하게 지도하고 있다. 미국의 경우 자녀가 음식점에서 자리에 앉아 있지 않고 돌아다니는 경우 주의를 시키고, 그래도 말을 듣지 않을 때에는 야단치는 게 일반적이다. 그리고 야단맞은 이유에 대해 충분히 설명해 준다. 또한, 음식점이나 공공장소에 가기 전에 주의사항을 충분히 일러 주고, 그래도 아이가 폐를 끼치면 몇 차례 경고를 한 뒤 개선되지 않으면 바로 데리고 나오는 것이 상례로 되어 있다. 우리의 경우 동방예의지국의 자존심은 어디고 가버리고 남이야 어떻게 느끼든 내 아이만 귀해서 마음껏 활개를 치도록 방치하는 모습을 볼 때 다시 한번 부모의 역할을 생각해 보지 않을 수 없다. 어린아이뿐만 아니다. 청소년, 성인의 경우에도 차례를 지키지 않고 먼저 가거나 옆 사람을 배려하지 않는 무례한 행동을 흔히 볼 수 있다. 특히, 공공시설을 깨끗이 사용하지 않거나 마구 다루는 등의 행동은 아직도 우리 사회 곳곳에서 볼 수 있다. 이러한 무질서한 행동이 기본적으로 이미 앞에서 논의한 가치관의 상실로부터 연유하기도 하겠으나 어린 시절부터 가정과 학교에서 아주 작은 생활 속의 기초질서가 교육되지 못하고 그러한 무질서가 용인되는 사회의 분위기가 이를 조장하고 있는 셈이다. 기초생활질서 의식의 부재가 다른 무질서로 파급되어 갈 것이 우려된다.

기초생활질서의 내용 영역은 앞에서 살펴본 바와 같이 우리가 함께 살아가는 사회에서 기본이 되는 원만한 인간관계, 다른 사람에 대한 배려와 예절, 공중도덕, 교통질서, 제반 생활규범과 규칙 등을 들 수 있다. 자신의 본분을 자각하고 행동하며 상호 간의 관계질서를 유지하기 위해서는 우호적 인간관계를 통한 관계질서의 유지와 차례를 지키고 교통법규를 준수하는 등 언어 예절, 공중질서 지키기를 포함하는 생활질서의 확립이 강조되고 있다.

누리과정과 표준보육과정을 살펴보면 건강관계와 사회관계영역에서 기본생활질서와 관련된 내용들이 포함되어 있다. 특히, 사회관계영역은 집단생활에 적응하는 데 필요한 기본생활습관을 형성하고, 남과 더불어 사는 방법을 익히도록 하여, 민주시민의 기본 자질을 육성하기 위한 영역이다. 이 영역의 내용체계를 보면 '기본생활습관', '개인의 생각과 행동조절', '가족이해', '집단생활', '사회현상과 환경에 대한 관심'으로 구성되어 있으며, '기본생활습관'에서는 예절, 질서, 절제 등을 다룬다. 주요 내용으로 예절 바르게 생활하기, 질서를 지켜 행동하기, 감정과 욕구를 절제하기의 내용들이 포함되어 있다. '집단생활'과 '사회현상과 환경에 대한 관심'에서 기초사회질서에 관련된 주요 덕목들을 다루고 있다. 즉, 더불어 사이좋게 지내기, 협동과 적극적 참여, 공공규칙을 이해하고 지키기, 주변 환경 보전하기, 주변 지역에 관심 가지기 등이다. 구체적인 활동으로 인사, 감사와 사과 말씀, 차례 지키기, 약속 지키기, 다른 사람을 방해하거나 화나게 하지 않기, 물건 아껴 쓰기, 양보하기, 공공장소에서 지켜야 할 약속 알고 지키기, 물건과 자원 아껴 쓰기, 자발적으로 돕기, 쓰레기 분리하기, 국기에 대한 예절 등이 포함되어 있다. 소위 우리 생활의 기초질서를 모두 망라하고 있다. 유치원과 어린이집에서, 유아기와 아동 초기에 이들의 기초가 마련되는 일은 매우 중요하다.

그러나 지금 우리의 유아교육기관뿐만 아니라 가정에서도 기본 인성교육은 방향이 모호한 상황이다. 자녀의 도덕성을 바르게 길러 주기 위해서는 부모의 역할이 무엇보다 중요하며, 지도방안으로서 다음과 같은 점들이 제안되고 있다(권균, 2002). 지나친 경쟁을 부추기지 말 것, 배타적 가족이기주의에서 벗어날 것, 권위주의나 무조건적인 허용의 태도에서 벗어날 것, 부모가 도덕적 모범을 보일 것 등이다.

실제 유아교육을 담당하고 있는 교사들의 실천 사례와 의견을 들어보기도 한다. 특히, 어린 유아는 부모의 행동을 따라 하는 경향이 있기 때문에 유치원에서 가르쳐봐야 가정에서 함께 노력하지 않으면 효과가 없다. 어느 어린이 예절교육원 교사는 "매일 기본예절을 가르치지만 일상에서 접하는 엄마, 아빠의 행동만큼 영향을 미치지는 못한다. 예절교육 시간에 아이들이 "우리 엄마, 아빠는 그렇게 안 하는데요."라고 반문하면 당황스럽다."라고 말한다. 또 다른 사례로 한 어린이집은 매 학기 초 학부모에게 기본생활습관 책자를 나누어 주고 인사하는 자세부터 식사예절 등까지 자녀와 함께 교육한다. 월 1회 정기 합동교육을 하고, 어린이에게 문제점이 발견되면 수시로 부모를 불러 교육하고 있음을 볼 수 있다. '부모의 말뿐만 아니라 행동 하나하나가 모두 자녀교육 교과서'이며, '아이는 부모의 말투나 감정조절 능력, 인사하는 법 등을 그대로 따라 하면서 습관이 되는 것을 우리 모두 느끼고 있음에도 실제로 실천하지 못하는 경우가 많다.

세계 각국에서 가정교육과 초기교육의 중요성이 강조되고 있다. 특히, 이스라엘 유대인의 가정교육은 그 철저함이 연구를 통해 잘 알려져 있다. 이스라엘 가정교육의 특징은 다음과 같이 정리되기도 한다. 첫째, 유대 민족의 정체성을 강조하는 정체성 교육, 둘째, 전통을 소중히 여기는 뿌리교육, 셋째, 협동과 공동체 교육의 강조, 넷째, 조기교육의 강조, 다섯째, 창의력 계발을 위한 토론식 교육, 여섯째, 실생활과의 연계와 평생학습교육이다. 자녀교육은 아기가 말뜻을 알아듣기 시작함과 동시에 시작된다. 그들은 자녀가 성경 구절을 암기하도록 반복해서 가르치기 시작하고, 중요한 가치를 깨닫고 규례를 지켜 나가는 습관을 기르게 하고 있다. 또한, 학교에서의 학업과 일상생활에서의 가르침이 구별되지 않는 학교와 실생활이 연계된 교육을 구현해 나가고 있다. 모두가 삶 속에서 가르치고 교육받는 방식이다. 학습이란 생활과 동떨어진 별개의 것이 아니라 생활 그 자체라는 입장을 가지고 있으며, 교육은 가정으로부터라는 믿음을 실천하고 있다. 그러나 우리의 경우 부모가 가정교육에 대해 자신감을 잃고 방치하거나 외부의 다른 어떤 곳에 위임해 버리거나, 포기하는 경우도 볼 수 있다. 이는 사회 구성원으로서의 책임은 물론 부모의 책임과 의무를 외면하는 것이다. 부모가 가정에서 바람직한 가치와 규범, 질서 의식을 습관화해 주지 못한다면 우리의 자녀는 뿌리 없는, 전통 없는 정신적·문화적 떠돌이로 배회하게 될 것이기 때문이다. 또한, 유대인의 가정교육은 우리에게 일련의 방법적인 원리를 시사해 주고 있다. 그들은 모든 기회를 이용하여 자녀에게 그들의 전통과 가치를 교육한다. 명절, 예식, 행사, 프로그램, 함께 즐기는 시간 등 모든 기회를 자신의 가치를 교육하고 경험하는 기회로 활용하고 있다. 우리의 경우, 자녀가 공부해야 한다는 이유로 모든 가족 행사는 물론 생활 속의 작은 책임마저 면제해 준다. 유대인은 자녀에게 직접 보여 주면서 교육한다. 품성과 가치 또는 태도의 경우 어려서부터 보고 자란 부모의 실천적 모범이 가장 강력하다. 부모는 운전하면서 교통신호를 마구 어기면서 "넌 다음에 그렇게 하지 말아라."라고 한다면 자녀가 무엇을 배우게 될지 다시 한번 생각해 볼 일이다. 우리의 옛말에 "몸으로 가르치니 따라 하고 입으로 가르치니 반항한다."라는 말이 있다. 자녀교육은 입으로만 해서는 안 되며, 부모가 몸소 실천하는 교육이어야 한다. 나를 본받으라고 말할 수 있어야 할 것이다. 이와 함께 일관성 있게 교육하는 것이 중요하다. 가치와 규범의 내용은 물론 방법에서도 일관성을 유지함으로써 신뢰를 주고 혼란을 막을 수 있다. 생활 속에서의 반복적인 경험을 통해 가치체계와 기본 질서 의식이 형성되고 생활화된다.

가정과 학교와 사회가 함께하는 것이 무엇보다도 중요하다. 가정과 교육은 사회와 분리될 수 없으며, 개인의 행동 역시 사회와 분리하여 설명될 수 없기 때문이다. 가정이 다시 사회의 기본 단위 역할을 할 수 있기 위해서는 가정의 구성원인 부모와 자녀는 물론, 교육적 · 사회적 차원에서의 공동 노력이 필요하다.

CHAPTER 03

주요 품성덕목의 이해

1 기본적 덕목에 관한 논의

1) 도덕적 덕목과 실천적 덕목

아인슈타인이 언급했듯이 인간의 가장 중요한 노력은 도덕성을 향한 노력이라고 말할 수 있다. 통합성, 정의감, 열정, 존중, 인간의 존엄성 존중 등과 같은 윤리적 덕목들이 중시되어 왔다. 연구결과들은 이러한 윤리적 덕목은 세계 공통임을 말해 준다.

품성덕목을 보는 관점이 점차 확대되고 있다. 학교와 일상생활 속에서 학생의 능력, 일에 대한 소명감 등을 어떻게 키워 줄 수 있을까? 먼저 인간발달의 이러한 영역을 인식하도록 우리의 관점을 넓혀야 한다. 인간의 성숙은 사랑하는 능력과 일하는 능력을 포함한다. 감정이입, 공정성, 신뢰, 너그러움, 열정과 같은 덕목은 사랑하는 능력의 측면이다. 이러한 측면은 우리가 관계나 시민 역할에서나 윤리적 자아로서 최선을 다하도록 해 준다. 반면, 노력, 주도성, 근면, 자기관리, 참을성과 같은 요소는 우리가 일할 수 있는 능력을 형성해 준다. 이들은 실천덕목에 속한다. 수업이나 예체능, 직장 등의 실제 상황에서 주어진 지원 환경에서 우리의 가능성을 최대한 발휘하고 성취할 수 있도록 해 준다. 도덕적 덕목과 실천적 덕목의 개념으로 품성의 두 측면을 이해하는 데 도움을 주고자 한다. 이들 품성의 도덕적 측면과 실천적 측면은 서로 상호 보완적이다. 도덕적 측면은 공정성, 존중, 배려로 다른 사람을 대하게 해주며, 우리의 행동을 윤리적인 면에서 추진하도록 해 준다. 성공을 위해 다른 사람에게 거짓말을 하거나 속이거나 훔치거나 배신하지 않는다. 반면, 품성의 실천덕목은 우리로 하여금 도덕적 가치에 대해 활동하게 하고 긍정적인 차이를 만든다. 잘못을 바로잡기 위해, 또는 다른 사람을 위해 봉사하는 데 주도적이다. 문제를 극복하고 관계를 개선하기 위해 노력한다. 인정이나 보상이 없더라도 다른 사람을 위해, 또는 더 큰 가치를 위해 이기적이지 않은 태도로 일한다. 인생의 모든 영역에서 좋은 의도를 가진 것만으로는 충분치 않으며, 우리의 최선을 다하는 것이 필요하다.

도덕적 · 실천적 품성덕목 모두 중요하다. 도덕적 덕목은 학교를 안전하고 배려심 있는 환경을 만드는 데 중심 역할을 한다. 또래 간의 폭력을 방지하고 부적응 행동 문제를 줄여 주며, 사회적 · 정서적 기술을 키워 주는 데 중심 역할을 한다. 실천덕목은 학생의 학업성취 향상과 수월성을 지향하고 자신 있고 책임 있는 직업 능력을 준비시키고 청소년이 생산적이고 충만한 삶을 이끌어 가는 데 필요한 기술들을 갖게 한다. 도덕적 · 실천적 덕목 모두 인성교육에서 중요하게 다루어져야 할 것이다(CEP, 2008).

2) 실천덕목 관련 연구

실천덕목 관련 연구들을 살펴보자. 다양한 연구가 인간발달과 성취에 실천덕목의 영향을 보여 준다. 연구들은 욕구지연을 할 줄 알고 기다렸던 아이가 계획을 잘 이끌고 어려움을 인내하고 더욱 자기 주도적이며, 스트레스에도 더 잘 적응하며, 과제에 더 잘 집중하고 학업성취도 더 좋았다고 보고하였다. 충동조절은 중요한 심리적 능력의 발달에 영향을 주는 능력이다.

예술과 과학, 운동, 게임 등의 분야에서 전문적 성취에 대한 최근 연구들은 스타는 만들어지는 것이지 타고나는 것이 아니라는 것을 보여 준다. 뛰어난 성취는 오랫동안의 꾸준한 연습과 지도의 산물이며 높은 수준의 기술은 물론 실천적 덕목을 발달시켜 주는 훈련의 결과이다. 종적 연구(Talented Teenagers : The Roots of Success and Failure)들은 고도의 재능을 발달시킨 청소년은 가능성을 발휘하지 못한 재능 있는 또래에 비해 목표 설정이나 현명한 시간 관리 능력과 같은 실천적 덕목이 높음을 보여 주었다.

또한, 콜비와 데이먼(Colby & Damon)의 연구(Some Do Care : Contemporary Lives of Moral Commitment)는 실천적 덕목(의지, 관리, 창의성)과 도덕적 덕목(정의감, 통합성, 겸손) 등이 시민운동, 교육, 사업, 인류애, 환경, 종교와 같이 다양한 분야에서의 성취를 위해 상호 보완적으로 작용함을 보여 준다. 학생 스스로도 이들의 상호 보완적 역할을 보여 준다.

학교에서의 인성교육에서 실천적 덕목을 발달시키기 위해 적용할 수 있는 10가지 원리들이 CEP(Character Education Partnership)에서 제안되었다. 살펴보면 다음과 같다.

- 안전하고 지원적인 학습 공동체의 형성
- 수월성을 위해 노력하는 문화의 형성
- 노력의 중요성을 강조하는 마인드 갖기
- 학교 공동체 모든 구성원의 사고 성향 발달시키기
- 관심 있는 일을 할 수 있도록 하기, 의미, 도전, 내적 동기 중시하기
- 수월성의 모델 제공하기
- 피드백과 수정 · 보완, 격려의 문화 발전시키기
- 학생이 그들의 작업을 발표하도록 준비시키기
- 학습에 책임감을 갖도록 도와주기
- 완전학습 격려하기

역사적으로 교육은 학생을 지혜롭고 선하게 되도록 돕는 것을 목적으로 해 왔다. 이 둘을 위해 품성덕목이 요구된다. 윤리적으로 행동하기 위해, 사회정의, 공동체 생활과 직업을 위해, 도덕적 덕목이 요구된다. 또한, 도덕적 원리와 학교와 생활에서의 성공을 위해 노력하기 위해서는 실천적 덕목이 요구된다. 인성교육을 실천하는 학교와 사회가 되기 위해서는 우리의 최선을 다해 노력하고 모든 삶의 영역에서 우리의 최선을 다할 것이 요구된다.

3) 영유아기 주요 품성덕목

(1) 기본 가치 덕목(도덕적 덕목)

좋은 품성의 기본 가치 덕목으로 존중, 배려, 정직, 정의(공정), 책임감을 중심으로 하였다. 이들 덕목의 형성과 발달은 영유아기부터 시작하여 좋은 습관으로 형성되는 것이 바람직하다고 본다.

- 존중
- 배려
- 정직
- 정의
- 책임감

(2) 실천적 덕목

실천적 덕목으로 중시되는 덕목은 다음과 같다.

- 친절
- 예의
- 근면성실
- 인내와 관용
- 자기관리

- 대인관계
- 열정

유아 품성의 덕목으로 신뢰, 존중, 예의, 협동, 자율성(주도성), 근면, 배려, 책임, 정직, 친절, 사랑, 열정과 감성 등을 제시하고 있다(홍순정 외, 2011). 이들 덕목의 개념을 살펴보기로 한다.

① 신뢰

이 시기에 영아는 자신을 돌봐 주는 양육자(주로 어머니)와 신뢰감을 형성한다. 어머니가 영아의 신체적 · 심리적인 기본 요구에 잘 반응해 주면, 즉 배가 고플 때 젖을 주고, 기저귀가 젖었을 때 갈아 주는 등의 반응을 적절하게 해 주면 영아는 어머니에 대한 신뢰감(trust)을 형성하게 된다. 반대로 어머니나 주 양육자가 영아의 필요와 요구에 잘 응해주지 않고 일관성 있는 관계를 지속하지 못할 경우 영아는 이들에 대한 불신감(mistrust)을 형성하게 된다.

② 존중

존중(respect)은 모든 인간의 행동과 사고에서 기본 가치이다. 모든 생명체에 관한 귀한 존재임을 알고 행동하는 것을 존중이라고 할 수 있다. 존중(尊重)의 사전적 의미는 "소중하게 여겨 받듦"으로 정의된다(네이버 국어사전). 리코나(Lickona, 1991)는 존중이란 "어떤 사람이나 사물의 중요성에 대하여 경의를 표하는 것"이라고 정의하고, 인간이 스스로 갖추어야 할 자기에 대한 존중에서부터 타인과 모든 사람의 권리나 그 존엄성에 대한 존중, 여기서 그치지 않고 사람과 밀접한 관계 속에 존재하는 환경에 대한 존중, 이를 포함하는 생명에 대한 존중 등 다양한 형식으로 제시될 수 있다고 하였다. 유아가 자신의 생명을 온전하게 보호하고 증진하며, 나아가 타인과 자연환경의 생명도 똑같이 소중함을 느끼고, 인식하고, 행동으로 실천하는 능력은 매우 중요하다. 더욱이 영유아교육에서 존중의 개념은 유아 존중의 교육 측면에서 다시 관심을 받고 있는 개념일 것이다.

존중은 가장 근원적 도덕 가치를 갖는다. 관계를 유지하기 위한 가장 밑바탕은 존중으로, 존중(尊重)이란 남을 높이어 귀중하게 여기는 것을 말한다. 남을 무시하지 않는 것, 남을 아무렇게나 대하지 않는 마음가짐을 의미한다. 또한, 웃어른께 예의 바르게 대하는 것, 부모님을 공경하고 선생님 말씀을 잘 따르는 것도 해당한다.

③ 예의

예의 및 예절이란 일정 문화권에서 오랜 생활습관을 통해 하나의 공통된 생활방법으로 정립되어 관습적으로 행해지는 사회적인 생활규범이다. 예절의 목표는 상대방을 존경하며 사랑하고 위하는 마음이 행동에 자연스럽게 나타나도록 하는 데에 있다.

④ 협동

협동(cooperation)의 사전적 정의는 "서로 마음과 힘을 하나로 합하는 것", 또는 "힘을 합하여 돕는 것"으로 정의된다(표준국어대사전, 1999). "마음과 힘을 하나로 합하여 서로 돕는다는 것"은 마음을 합하는 것, 즉 공동 과제를 산출하는 것과 힘을 합하는 것, 즉 구성원 간에 서로 조언 및 조력을 요청하고 제공하는 것으로 구분하여 말할 수 있다. 그러나 실제적으로는 마음을 합치는 것과 힘을 합치는 것은 분리되지 않고 결합해서 사용되고 있다. 이처럼 협동은 공동 과제를 수행하고 이를 달성하기 위하여 집단 구성원이 서로 마음과 힘을 하나로 합하여 서로 돕는 상태를 말한다. 피아제(Piaget)는 유아는 자기중심성으로 인해 다른 사람의 의견을 받아들이는 것에 어려움을 갖고 있으므로 이를 극복하기 위한 방안으로 또래 간의 협동 활동을 강조하였다.

⑤ 자율

자율(autonomy)이란, 외부의 간섭이나 관여 없이, 자기 혼자의 힘으로 행동하며, 그 행동에 대하여 자기 규제, 제어를 한다는 두 가지 의미가 내포되어 있다. 즉, 외부의 어떤 권위나 제재의 개입 없이 자기결정에 의하여 생각하거나 행동하는 것을 말한다. 말하자면, 자신의 행위를 지배하는 규범이나 규칙을 자신이 선택·결정하여 실행하는 자유를 곧 자율성이라고 한다.

⑥ 근면

생활습관은 출생 후 영유아기의 일상생활 경험을 통해 후천적으로 형성되며, 일단 형성되면 유아기가 지나도 좀처럼 변하지 않으므로 이 시기에 어떤 생활습관이 형성되는지에 따라 장래의 생활습관을 결정짓는 중요한 기초가 된다. 따라서 유아기의 습관 형성이 가지는 발달적 의의는 매우 크다.

⑦ 배려(대인관계)

현대교육은 학업성취 위주로 이루어지는 경향이 많다. 교육은 지적 측면만이 아니라 인성적인 측면에서도 중요하다. 타인과 관계성의 질적 수준을 고양할 수 있는 배려교육을 통해 아이들은 건강하고 행복한 존재로 성장할 수 있을 것이다.

⑧ 책임

책임감은 자신의 행동에 대한 책임감과 자신의 욕구를 충족시킬 수 있는 능력으로 구분할 수 있다. 즉, '자신에게 주어진 역할을 충실히 해내는 것'과 '다른 사람의 욕구 충족의 기회를 방해하지 않는 범위 내에서 자신의 욕구를 충족시킬 수 있는 능력'으로 정의할 수 있다.

⑨ 정직

정직성은 "곧고 바른 품성"으로 정의된다. 정직(正直, honesty)이란 마음을 곧고 바르게 가짐으로써 말과 행동에 거짓과 꾸밈이 없는 것을 뜻한다. 정직에 대한 인식이 없으면 사람으로서 마땅히 지녀야 할 바르고 착한 마음과 사물의 옳고 그름을 판단하고 다스리는 능력을 잃게 된다.

이렇듯 정직은 개인의 인격을 결정하는 중요한 요인이 되며, 동시에 사회가 건전하게 유지되고 발전하는 데 기본이 된다. 정직하면 손해를 본다는 생각을 하고 있는 오늘날의 세태로 인해 정직한 사람이 바보스럽고 고집스럽고 현실과 동떨어져 보이기까지 한다. 오히려 요령 있고, 가식적인 사람들이 출세하고, 성공하는 것처럼 보인다. 하지만 스스로 양심에 정직하지 못하면 심리적인 안정을 찾지 못하고 세상에 대한 바른 인식을 하지 못하여 마음의 병을 앓게 될 수도 있다.

정직한 행동 속에는 '속이지 않기', '거짓말하지 않기', '훔치지 않기'가 포함되는 것으로 보았다. 정직한 사람이란 곧 정직성에 대한 바르고 강한 신념을 가지며, 정직한 행동을 하고, 스스로 부정직한 행위에 대해 양심의 가책을 느낄 줄 아는 사람을 뜻한다.

⑩ 친절

친절(kindness)이란 다른 사람의 기분 상태나 만족도에 관심을 가지고 상대방이 최적의 행복에 이르도록 베푸는 덕목이다. 친절은 남의 행복과 감정에 대한 자신의 관심을 표현하도록 도와주고, 유아가 친절을 배우게 되면 다른 사람의 욕구에 대해 좀 더 많이 생각하고 관심을 보이며, 곤란한 처지에 있는 사람에게 도움을 주고 고통받는 사람에게는 감동을 준다고 하였다(Borba, 2001).

친절한 행동을 하는 아이는 그렇게 행동하지 않는다고 보상을 받지 못하거나 인정을 받지 못할까 두려워서가 아니라 타인의 기분과 욕구 등에 기본적인 관심이 있기 때문에 그러한 행동을 할 수 있다. 유아가 친절이라는 덕목을 잘 발휘할 수 있도록 그러한 기회를 제공하고 적절한 피드백을 통해 친절 행동을 키울 수 있도록 배려하는 것이 필요하다.

⑪ 감성(사랑과 열정)

감성(emotion)은 라틴어 'emotere'의 감성적 동적(動的) 성질을 말해 주며, 행동으로 이어주는 뉘앙스를 함축하고 있다(David, 1968). 감성은 자극이 없어지면 새로운 자극에 의해 새 감정이 유발되는 감성, 자극이 없더라도 개인이 항상 지니는 감성, 지향하는 가치에 따라 진리를 탐구하려는 과학적 감성, 선을 구하는 도덕적 감성, 예술적 느낌을 추구하는 미적(예술적) 감성, 그리고 신앙적 영역에서 누리는 종교적 감성 등으로 구분된다.

2 품성덕목에 관한 연구

고대 그리스부터 도덕적 인성 특성으로 요구되는 덕목으로 다음의 4가지가 제시되어 왔다(Lickona, 2001). 첫째, 신중함, 경험적 지혜(prudence)의 개념이다. 이는 다른 덕목들을 어떻게 실천해야 하는지 말해 주는 것이다. 언제, 어떻게, 대립되는 덕목들의 통합이 이루어져야 하는지에 대한 숙고이다. 지혜는 생활에서의 옳고 그름, 진실과 허위, 사실과 의견, 영원한 것과 순간적인 것들의 구분을 분명히 해 준다. 둘째, 정의(Justice)이다. 이것은 공정하고 공평한 태도이다. 정의의 개념이 학교 인성교육의 중심이 되어 온 이유는 정의의 개념이 모든 대인관계 관련 덕목을 내포하고 있기 때문이다. 즉, 예의, 정직, 존중, 책임감, 관용과 인내 등과 관련되어 있다. 정의가 분명 중요하나 이것이 좋은 품성덕목 전부는 아닐 것이다. 셋째, 불굴의 정신, 꿋꿋함(Fortitude)의 개념이다. 이는 난관과 장애에 부딪혔을 때 올바른 일을 할 수 있도록 해 준다. 미국의 한 고등학교에서는 이와 관련하여 "쉬운 잘못 대신 어렵지만 올바른 선택"이라는 구호를 채택하였다. 이는 내적 강인함이라고 말할 수 있다. 이는 우리가 역경, 고통, 장애의 극복, 희생정신 등을 다룰 수 있도록 해 준다. 주위에서 약하고 자기도취에 빠져 곤경을 다룰 수 있는 내적 힘이 부족한 경우를 많이 볼 수 있다. 인내, 불굴의 노력, 용기, 지구력 등이 이에 포함된다. 넷째, 절제와 극기(Temperance)이다. 이 덕곡은 좀 더 깊이 있는 무엇인가를 의미하고 있다. 즉, 자기통제, 자기관리의 능력이며, 자신을 통제할 수 있는 능력이다. 우리의 감정을 조절하고 욕구와 갈망 등을 조정하고 조화 속에서 바람직한 기쁨을 추구하게 해 준다. 이는 거부할 수 있는 힘, 유혹에의 저항, 더 높고 장기적인 목표를 위해 욕구지연을 할 수 있는 힘이다. "우리가 우리의 욕망을 조절하지 못하면 우리의 욕망이 우리를 지배한다."라는 격언은 절제의 중요성을 말해 준다. 이들은 도덕적 생활에서 핵심적인 역할을 한다(홍순정 외, 2016). 이들은 또한 좋은 품성, 도덕적 품성에 필수적이다.

미국의 Phi Delta Kappa(Frymier et al., 1996)에 의한 연구를 보면 60년 전과 현대의 가치를 비교해 볼 때 교육자들이 젊은이가 배워야 할 가치라고 생각한 것들이 그때나 지금이나 거의 유사하다. 가르치고 배워야 할 가치로서 민주주의, 정직, 책임감, 표현의 자유, 예의, 관용(개방성), 종교의 자유, 법 준수, 통합적 학교 등을 들고 있다.

미국 여러 주에서는 학교에서의 인성교육 프로그램을 위해 핵심 가치들을 제시하고 있다. 캘리포니아의 경우 기본적으로 공감하는 윤리적 · 시민적 가치들은 ① 개인의 존엄성과 가치, ② 공정성과 공평성, ③ 정직, ④ 용기, ⑤ 자유와 자율성, ⑥ 개인적, 사회적 책임감, ⑦ 지역사회와 공통의 선, ⑧ 정의, ⑨ 기회의 평등이다.

뉴저지의 경우 인성교육으로 아동 각 개인이 우리 사회의 공통적 중심 가치들을 존중하고 발달하도록 하는 프로그램을 운영한다. 각 지역사회가 가치들을 선정하고 이 가치들은 열정, 예의, 정직, 통합성, 책임감, 자기통제, 자기존중, 관용 등의 가치를 포함한다.

워싱턴의 경우 교육법에서 강조하고 있는 가치들은 ① 정직, 통합성, 신뢰, ② 자신과 타인 존중, ③ 개인행동에 대한 책임감, ④ 자기통제와 관리, ⑤ 근면과 긍정적인 노동관, ⑥ 법과 권위의 존중, ⑦ 건강하고 긍정적인 행동, ⑧ 사회의 기반으로서의 가정이다.

메릴랜드 주 교육부에서는 4년간의 연구 끝에 품성교육 부서를 설치한 바 있다. 볼티모어 지역의 경우 헌법과 권리장전들로부터 중심 가치를 추출하고 이를 K-12 학년 교육과정에 반영하였다. 중심 가치들은 열정, 예의, 비판적 탐색, 의무, 기회 균등, 사고와 행동의 자유, 정직, 인간의 존엄성, 통합성, 정의, 지식, 충성, 객관성, 질서, 애국심, 합리적 · 이성적 논쟁, 책임감, 타인의 권리 존중, 책임 있는 시민 의식, 법의 준수, 자기존중, 관용, 진실 등이다. 리코나(1991)는 정직, 존중, 책임감, 열정, 자기통제, 공정성, 도와주기, 협동, 용기를 제시하였다.

품성교육기관 중 세 곳의 사례를 보면 Heartwood Ethics Curriculum의 가치 목록에는 용기, 충성, 정의, 존중, 정직, 사랑이 포함되어 있다. The Character Education Partnership에는 배려, 타인 존중, 책임감, 공정성, 타인의 복지 배려, 정직을 제시하였다. The Jefferson Center for Character Education의 가치 목록에는 6개의 중심 덕목으로 신뢰성, 책임감, 배려, 타인 존중, 공정성, 시민 의식이 포함되어 있다.

새로운 세기에서 성공적으로 살기 위해 필요한 항목들로 제시된 내용은 다음과 같다.

- 정직, 통합성, 공통의 판단기준을 이해하고 실천하기
- 노력의 가치 존중하기, 근면과 노동의 중요성 이해하기, 개인의 공헌과 자기통제의 필요성
- 다양성의 존중 - 나와 다른 사람을 이해하고 존중하기
- 팀원으로서 다른 사람과 일하는 능력
- 자신의 행동에 대해 주어지는 책임감 받아들이기
- 다른 사람과 권위의 존중
- 가정생활, 개인생활, 지역사회에 대한 헌신
- 국민으로서의 자긍심과 민주주의에서 개인의 책임에 대한 이해
- 분쟁과 갈등을 합리적으로 해결하려는 의지
- 교육자에 대한 인지와 존중
- 삶에 대한 열정 : 평생학습을 위한 목표달성(Diegrnuelier, 1996)

위의 예들을 보면 개인적 품성 능력과 함께 시민적 요소를 포함하고 있다. 이들 조직과 연구자들이 제시한 내용은 학교와 지역사회에서 품성교육의 기초가 된다.

어린이의 도덕성 발달을 촉진하는 가장 기본적인 요인은 가정이다. 그러나 부모와 보육자에 대한 압력, 매체와 또래집단의 영향을 생각할 때, 품성교육을 도와주는 활동들이 지역사회와 학교에서 제공되어야 한다.

품성교육은 궁극적으로 학교에서의 활동에 주력해야 할 것이다. 교사는 도덕성을 지도하는 교육자이다. 도덕교육자로서 교사는 민주사회에서 중시되는 중심 가치들을 전해야 하는 책임이 있다. 가능한 한 지역사회에서 많은 성인 등에 의해 예지된 지식을 바탕으로 학교와 지역사회가 도덕성 발달의 과정과 방향을 가지고 어린이와 청소년을 지도하도록 부모를 도와주어야 할 것이다.

도덕성 지침(moral compass)은 어린이와 청소년이 도덕적 삶을 사는 방향을 제시해 준다. 도덕성 지침(moral roadmap)은 개인의 도덕성 이해의 안내서가 될 것이다.

인성교육을 실천할 때 다음의 사항이 고려되어야 한다.

- 배워야 할 가치를 어린이와 청소년에게 교육하는 데 학교와 지역사회가 함께 노력한다.
- 가정에서부터 시작한다.
- 어린이는 성인과 또래들이 중심 가치를 행동할 때 이를 보고 모방하며 일어난다.
- 지역사회와 학교에서 계속되어야 한다.
- 어린이가 학교환경, 교육과정과 프로그램을 통해 덕목을 알도록 한다.
- 어린이가 덕목에 대해 배우고, 명료화하고, 숙고하고, 사고하고, 결정하고, 실천하는 기회를 제공한다.
- 덕목은 실천하도록 지도될 때 향상된다.
- 프로그램과 활동이 목적, 기대 등에 부응했는지 참가자들이 평가할 때 수정 · 보완된다.
- 학생과 성인이 덕목을 시범 보이고 본보기가 될 때 검증된다.

3 각 연령 단계별 주요 덕목

인성교육에서 논의되고 강조되어 온 연구들과 질문지 조사(인성교육문화 연구소, 2012)를 바탕으로 각 연령 단계에서 보다 중시되는 덕목들을 정리해 보면 다음과 같다. 영유아기와 아동기를 중심으로 살펴보기로 한다(홍순정 외, 2013).

1) 영유아기

유아기까지 형성되는 긍정적 자아개념의 발달이 중요하다. 기본 신뢰감, 자율성, 주도성 및 근면성의 발달이 중심이 된다.

- 기본 신뢰감 : 출생에서 18개월 사이의 영아가 기본 신뢰감을 발달시키기 위해서는 외부 환경이 예측 가능하며 일관성, 향상성 등이 있어야 한다. 이러한 것이 없으면 영아는 기본 신뢰감을 형성하지 못하며 타인에 대하여, 나아가 세상에 대하여 적대감을 갖는다.
- 자율성 : 19개월에서 3세 사이의 유아는 자율성이 발달한다. 유아는 걷기 시작하면서 자아감이 발달하기 시작하며, 주위 환경 내에서 자부심이 발달한다. 만약, 자신의 시도나 모험이 부끄럽다고 느껴지면 자신에 대하여 수치심을 가지고 이 세상에서의 자신의 기능에 의구심을 갖게 된다.
- 주도성 : 3, 4세가 되면 주도성이 나타나기 시작한다. 이 단계에서 유아는 자신의 활동을 계획하고 수행하며, 또래와 협동을 하기 시작한다. 만약, 성인이 적절한 통제를 하지 않으면 유아는 자신이 성취할 수 있는 것 이상을 하고자 하며 이는 죄의식이나 실패감을 발달시킨다.
- 근면성 : 6세경부터 사춘기까지의 아동은 근면성을 발달시킨다. 이 단계의 아동은 읽고 쓸 줄 알고 수학을 할 줄 알며, 사물을 만들어 내고 도구를 사용하기 시작한다. 아동은 사회적으로 적응하기 시작한다. 이를 바탕으로 아동기

에서 다루어지는 덕목에 대해서도 영유아의 수준에서 경험해 볼 수 있도록 지도하는 것이 바람직하다.

2) 아동기

초등학교 시기 아동의 인성의 주요 덕목으로 대인관계, 책임성, 협동성, 근면성과 자아존중감을 들 수 있다.

(1) 대인관계

학령기 아동은 많은 사람을 만나게 된다. 이 시기에는 친구가 중요한 부분을 차지한다. 가족보다 친구의 영향을 더 많이 받으며, 같은 나이의 또래들과 접촉하고 관계를 유지하는 것이 매우 중요한 의미를 차지하게 된다.

대인관계 능력의 발달은 타인에 대한 이해를 통해서 가능해진다. 셀만(Selman, 1980)에 의하면 아동은 자신의 조망과 친구의 조망이 다르며, 그것이 어떻게 다른지를 알게 되면 자신과 타인을 보다 잘 이해할 수 있게 된다고 하였다.

아동기는 사회성 발달에서 또래집단의 역할이 보다 중요한 시기이므로 교우관계의 지도 또한 중요하다. 특히, 학령기 아동은 또래집단에 속하고자 하는 강한 욕망을 가지고 있기 때문에 보다 구조화된 집단 활동에 적극적인 반응을 보인다. 아동을 집단 활동 프로그램에 참여시켜 다양한 경험을 하도록 한다. 부모는 이러한 활동을 계획할 때 활동집단의 특성을 파악하여 아동의 흥미, 활동, 발달 수준에 맞추어 결정하고 아동이 성공적으로 수행할 수 있는 활동을 스스로 선택하도록 해야 한다.

아동의 교우관계를 촉진하기 위해서는 우선 그들의 교우관계를 결정하는 요인을 파악하고 교실에서 그런 요인들을 촉진하는 방안들을 마련해야 할 것이다. 협동학습을 통해 아동의 교우관계를 촉진할 수 있다. 아동의 대인관계기술을 향상시키고 자신과 타인의 동기에 대한 이해력을 높일 수 있는 다른 방법으로는 역할놀이를 들 수 있다. 실제로 초등학교 아동을 대상으로 역할놀이가 교우관계에 미치는 영향을 연구한 이연옥(1999)의 연구에서도 역할놀이를 통해 아동의 교우관계가 향상된 것으로 나타났다. 역할놀이를 통해 아동이 한 상황에서 다양한 경험을 해봄으로써 자신의 가치와 의견을 보다 분명히 인식하고, 사람들이 타인의 행동에 어떻게 영향을 미치는지를 보다 잘 이해할 수 있기 때문이다.

(2) 책임감

책임감은 집단의 구성원이 되어 가는 아동에게 매우 중요한 특성으로 자율성, 자발성, 적극성, 자기통제력, 권리와 의무 개념이나 도덕성과 같은 특성과 깊이 관계된다.

아동의 책임감이 발달되어 가는 특성을 살펴보면 다음과 같다.

첫째, 그들에게 알맞고 가치 있는 목적을 세우고 그 목적을 달성하기 위해 노력한다.

둘째, 그들은 조직적인 여러 종류와 단체(그룹)와 그들 스스로를 위해서 어떠한 일들을 해야 하는가를 배우게 된다.

셋째, 단체(그룹)의 일들을 자기 일처럼 기꺼이 하게 되고 점차 공동 의식(we-Feeling)을 가지게 된다.

넷째, 그룹의 구성원들은 각자의 행동을 서로 평가하며 참여하게 된다.

다섯째, 주어진 일을 끝까지 완성하기 위해서 여러 가지 자료나 준비가 완료되었는지 항상 살펴보게 된다.

여섯째, 아동은 그들이 책임을 미룸으로써 친구관계나 그룹 전체가 혼란을 가져오는 경험을 함으로써 자신의 행동을 다시 살펴보게 된다.

이처럼 아동은 집단 속에서 개인의 책임이 중요함을 배워 나간다.

(3) 협동성

협동성은 공동체 안에서 자기성취를 의식하는 성향으로 아동의 집단의식이 발달하고 놀이집단을 형성하는 시기에 지도해야 하는 성격 특성이다. 협동성은 다른 사람과 같이 공동의 목표를 향해 행동하는 경험을 통해서 발달한다.

아동기의 아동은 사회적 놀이 가운데 단체놀이를 좋아한다. 단체놀이는 혼자서 하는 놀이에 비해 규칙을 지키고 서로 간에 팀워크가 중요한 활동으로 단체놀이를 통해 협동, 분업의 원리, 경쟁의 본질과 승리의 중요성을 학습하게 된다. 이 시기의 아동은 인정받고 비평받는 것에 대해 모두 민감하게 반응하며, 인지적 · 사회적 발달을 크게 촉진한다.

또한, 학급 내에서의 협동학습을 통해 공동체 의식을 향상시키고 인성발달을 촉진시킨다. 협동학습은 소집단을 만들어 수업을 진행하고, 각 집단의 학생이 서로 의논하여 도와가면서 학습하는 형태를 말한다. 소집단 협동학습은 자연스럽게 자신의 아이디어를 다른 사람과 교류하고, 의논하는 과정에서 이루어지는 것이 바람직하다. 또한, 혼자서 문제를 해결하는 것보다 여러 사람이 함께 해결하면 문제를 더욱 잘 해결할 수 있으며, 협동학습을 통하여 다른 사람의 장점을 배울 수 있다. 협동학습을 통해 다른 사람과 협동하는 능력과 태도를 기르고 자신의 아이디어를 교환하는 능력과 태도를 배우며 상대방의 아이디어를 이해하고 존중하는 태도를 기르게 된다. 또한, 협동학습은 집단 구성원 간의 충분한 의사소통이 필요한 학습이므로 의사소통 능력을 길러 준다(박정애, 2009).

(4) 근면성

근면성의 개념은 어려운 일을 회피하지 않고 자기에게 주어진 모든 노력을 다하여 끈기 있게 해 나가며, 가능한 여러 가지 과업을 성취하려고 하고, 일의 능률과 시간의 절약을 위해 최대한으로 노력하는 행위이다(최정조, 2001).

에릭슨(Erikson)은 근면성의 발달은 아동기의 일차적인 심리적 과업이라고 보았다. 근면성이란 글자 그대로 해석한다면 이 시기에 적절하게 학습한 '도구' 혹은 학문적 · 사회적 기술의 숙달, 그리고 일에 대한 긍정적 태도의 발달을 의미한다. 일에 대한 건전한 태도의 발달은 일에 몰두하고, 이를 만족스럽게 수행하는 것을 학습함을 의미한다. 과업 자체는 아동에 따라, 그리고 매 순간 다를 수 있다. 신체적 · 사회적 · 지적으로 다양한 기술을 잘 습득한다는 것은 아동이 성인 세계에서 자신의 독특성과 잠재성을 깨닫도록 도움을 준다. 이런 광범위한 기술 습득에서 얻은 경험은 아동에게 성인 세계를 수용하도록 준비시키는 것이다(Bigner, 1998).

부모는 아동에게 다양한 일을 할 수 있는 경험을 주되 아동이 일을 성공적으로 해낼 수 있도록 필요한 기술을 학습하도록 돕고 아동의 노력에 대해 끊임없이 격려해 주는 것이 필요하다. 스트레스와 불안감을 가질 수 있는 너무 높은 수준의 일보다는 적절한 수준의 과업을 주어 자신감 있게 성취할 수 있도록 도와야 한다.

(5) 자아존중감

아동기에 자신의 행동평가에 가장 큰 영향을 미치는 변인이 바로 자아개념이다. 사람은 누구나 자기 자신이 어떠한 사람인가를 생각한다. 과거에 나라는 사람은 어떠했고 지금은 어떠한 사람이고 또 앞으로 어떤 사람이 되었으면 좋겠다는 자아상(self-image)을 통하여 행동의 기초가 되며 성격발달을 촉진하게 된다.

자아존중감이란 개인적 가치감이나 긍정적 평가로서 자아개념을 구성하는 하위요인이다. 자아존중감의 발달은 근면성과 열등감의 발달과 밀접하게 관련되어 있고 교사나 부모의 물질적 보상이나 칭찬을 듣게 되면 근면성과 높은 수준의 자아존중감이 형성된다. 어떤 일에 실패를 더 많이 경험하고 부정적 평가를 더 많이 받게 되면 열등감과 낮은 수준의 자아존중감이 발달한다. 자아존중감 수준이 높은 아동은 솔선수범하고 능동적으로 수행하지만, 자아존중감이 낮은 아동은 새로운 과제에 직면했을 때 불안을 경험하고 솔선해서 행동을 수행하기 어려워진다(김수희 외, 2010).

유아기와 아동기 이외에 태아기 시기의 주요 덕목으로는 태교를 생각해 볼 수 있다. 전통태교와 현대태교의 여러 가지 방법이 제시되고 있으므로 아기를 가진 상태에서 참고하면 좋을 것이다. 또한, 청소년기에 보다 관심을 가져야 할 덕목으로 개인생활영역에서 정직, 사회생활영역에서 배려, 그리고 인지와 행동을 연결하는 자기조절이 언급되고 있다. 성인기의 주요 덕목의 내용으로는 자아존중감, 배려, 열린 마음과 관용, 신뢰감, 정직, 개인적 · 사회적 책임감 등이 중시된다. 성인후기와 노년기에 갖춰야 할 덕목으로는 평정, 인내, 온유, 자유, 감사, 사랑 등이 논의되고 있다(이숙희, 2013; 홍순정 외, 2014).

CHAPTER 04

인성교육의 발달적 기초

인성발달은 유아의 사회화 과정을 통해, 사회성, 정서, 자아개념, 도덕성, 성격발달의 과정 속에서 형성되어 간다. 인성발달의 기초가 되는 발달과정을 설명해 주는 이론들을 살펴보기로 한다.

1 사회화 과정과 발달이론

사회화 과정에 대한 연구들은 오랫동안 부모의 양육과 유아의 행동 간의 관계에서 개인과 문화적 차이에 관심을 두었다. 주로 강화학습이론, 프로이트의 정신분석이론, 문화인류학적 이론 등이 영향을 미쳐 왔다.

사회화란 모든 행동의 가능성을 가지고 태어나는 개인이 그가 속해 있는 집단의 규준에 따라 자신의 실제적 행동을 발달시켜 가는 과정이라고 정의된다(Child, 1954). 도덕성 발달에서의 사회화 개념은 유혹에의 저항력과 죄의식의 강도에 따라 규정된다. 유혹에의 저항력은 문화적 규범에 대한 준수의 양으로, 죄의식은 규범에서 이탈한 후에 갖게 되는 준수의 정도로 간주된다. 학습이론에서는 이러한 사회화를 집단의 기준에 대한 학습된 행동으로 생각한다.

1) 프로이트의 정신분석이론

정신분석이란 환자가 마음에 떠오르는 생각을 자유롭게 이야기하는 자유연상과 최면술 그리고 꿈의 분석을 통해 환자의 심층에 있는 문제의 원인을 찾아내는 방법이다. 이를 통해 프로이트는 인간의 성격과 성격발달이 내적 사건과 갈등에 의해 결정된다고 설명하였다. 모든 행동에는 원인이 있으며, 그 원인을 모를 때에는 무의식 속에 그 원인이 있다고 보았다. 그리고 무의식 속에서는 성적 · 공격적 충동과 그를 둘러싼 환경과의 갈등이 억압된다고 보았다. 이러한 프로이트의 무의식 개념은 인간의 행동을 의식 수준에서 이해하고 있었던 당시의 심리학 분야에서 획기적인 주장이었다.

프로이트는 인간의 성격이 원초아(id), 자아(ego), 초자아(superego)로 구성되어 있고, 인간의 행동은 이 세 요소 간의 상호작용 결과라고 보았다.

원초아는 생물학적으로 타고난 충동이다. 프로이트는 인간의 정신 에너지는 바로 이 원초아로부터 나온다고 보았다. 특히, 성격형성의 에너지는 성적 욕구인 리비도(libido)가 중심이 된다고 보았다. 원초아는 충동에 따라 즉각적 만족을 요하는 쾌락원리(pleasure principle)에 따라 작용한다. 또한, 원초아는 원시적 · 비합리적이며, 공상 지향적이기 때문에 일차 과정(primary process)이라고도 한다. 일차 과정적인 사고에서는 맹목적이고 오직 현재의 순간만을 인식한다. 원초아는 현실 속에서 충동을 만족시키지 못하면 기다리거나 계획하지 않고 상상 속에서 욕구를 만족시키려 한다. 복잡한 사회적 환경에 적응해야 하는 인간은 일차 과정에 의해 기능하는 원초아만으로는 적응할 수 없거니와 학습할 수도 없다. 따라서 원초아는 현실 세계와 상대하여 욕구 충족을 대신해 주는 자아가 필요해진다.

자아는 원초아로부터 발달한 것이지만, 현실 세계와 접촉하여 성격의 통합을 가져오게 하는 성격의 구조이다. 자아는 즉각적인 만족을 추구하는 강력한 힘을 가진 원초아와 적합한 행동에 대한 기대와 기준을 가진 외부 세계 사이를 중재한다. 자아는 현실원리(reality principle)에 따라 작용한다. 즉, 현실을 정확하게 이해할 수 있고, 현실 세계의 제약에 적응할 수 있으며, 만족을 연기시킬 수 있다. 또한, 원초아의 충동이 나오지 않도록 조정하되, 결국은 원초아의 편에서 욕구를 최대한 만족시킬 수 있는 방법을 현실 속에서 찾는다. 자아는 비교적 합리적 · 현실적이고 문제해결 지향적인 이차 과정(secondary process)에 작용한다.

초자아는 자아로부터 분리된 것으로 아동 초기에 부모와의 상호작용을 통해 획득된 사회기준과 제약의 내재화된 표상이다. 아동은 어른으로부터 무엇이 좋고 무엇이 나쁜 행동인가를 배운다. 이 과정을 통해 아동은 많은 사회적 규준을 내재화시킨다. 아동은 내재화된 규준에 맞추어 살아야 한다는 압력을 스스로 받아 사회적인 가치에 위배되는 행동을 했을 때 '양심의 가책'을 느끼게 되는데 이것이 초자아이다. 초자아는 3~5세에 자아로부터 출현한다. 사회의 기준에 반하여 행동할 때 초자아는 죄책감을 느끼지만, 한편으로 초자아는 개인이 되고 싶은 자아이상향을 제시해 주기도 한다. 초자아가 너무 강한 경우 도덕적 완전성에 대한 추구가 너무 지나쳐 과도한 죄책감에 시달릴 수 있다.

성격의 세 구조 중 자아는 정신의 중요한 조정자 역할을 한다. 따라서 정신분석에서의 정신건강이란 자아가 얼마나 강한가에 의해 결정된다. 자아가 약하면 불안에 대하여 적절하게 방어할 수 없거니와, 불안을 회피하기 위해 경직된 방식으로 행동할 수 있다. 또한, 자아가 붕괴될 경우 정신병적 증상이 발생한다.

도덕성을 예로 들면 정신분석이론에서 제시하는 성격구조 중 양심(conscience) 또는 초자아(superego)의 개념으로 설명되고 있다. 이것은 유혹에 대한 저항(문화적 규준의 준수) 행동으로서 표현된다. 또한, 죄의식의 발로로 간주된다. 그러나 어린 시기의 경험과 후의 성격구조 간의 관계는 불분명하다.

정신분석이론은 사회화의 발달 경향을 고착, 퇴행, 금지 등의 측면에서 설명하고 있다. 이와 함께 심리성적 발달단계를 상정하고 부모의 자녀 양육 방법이 유아 행동의 개인차를 가져오는 것으로 가정한다.

도덕성의 내면화와 사회화는 부모의 동일시 과정의 결과로 설명된다. 동일시(identification) 과정에 영향을 주는 요인으로는 모방, 지각된 유사성, 의존성, 애착, 인정의 추구, 부모로부터의 도덕적 확인 등이 중요하게 다루어지고 있다. 이 요인들은 모두 부모에 대한 태도와 관련되어 있다. 모방과 동일시 과정에 대해 정신분석이론은 다음과 같은 발달적 계열을 제시하고 있다(홍순정, 2008).

[의존성-동일시 관계]

① 보호와 애정을 바탕으로 한 어린이의 의존성

↓

② 부모의 보살핌을 대신해 주는 역할로서의 모방 행동

↓

③ 그를 바탕으로 자아인정을 유지하기 위한 내면적 규범적 확인

2) 에릭슨의 심리사회적 이론

에릭슨은 자아(ego)에 초점을 두고 인간발달에서 자아의 의미가 무엇인가에 대한 이론을 제시하였다. 그는 인간의 발달은 몇 개의 단계로 이루어지며, 각 단계는 중심이 되는 문제를 갖는다고 믿었다. 프로이트와 달리 에릭슨은 이 각 단계의 문제, 즉 위기를 심리성적인 것으로 보지 않고 심리사회적인 것으로 보았다. 그는 각 단계의 위기를 내적 추동과 초자아의 욕구 간의 갈등으로 보지 않고 사회적 상호작용의 결과 나타나는 것이라고 설명한다.

에릭슨의 심리사회적 단계와 각 단계의 주요 과제 및 특성은 다음과 같다.

① 영아기 : 기본 신뢰감과 불신감

② 유아 초기 : 자율성과 수치와 의심

③ 놀이기 : 주도성과 죄의식

④ 학령기 : 근면성과 열등감

⑤ 청소년기 : 동일시와 역할 갈등

⑥ 청년기 : 친밀감과 고립감
⑦ 중년기 : 생산성과 침체
⑧ 노년기 : 자아통합감과 절망

이들 긍정적인 심리사회적 특성은 서로 관련되어 있다. 그러나 각각의 특성은 결정적 발달단계를 가지며, 이 여덟 개의 단계는 적절한 위계를 갖는다. 유아가 정상적 행동을 발달시키려면 한 단계의 긍정적 속성이 다음 단계가 시작되기 이전에 만족되어야 한다. 영아가 기본 신뢰감을 형성하는 것에서부터 노년이 되어 자아통합감을 갖게 되는 것은 모든 단계를 성공적으로 통합한 결과이다.

유아기까지 형성되는 긍정적 자아 측면은 기본 신뢰감, 자율성, 주도성 및 근면성이다.

3) 사회학습이론

사회학습이론 발전의 기초가 되는 행동주의 이론을 간략히 정리해 보고 사회학습의 기본 가정, 요소들을 살펴보도록 한다.

행동주의 이론은 인간이 백지상태로 태어난다는 로크(Locke)의 철학과도 맥을 같이한다. 로크는 인간이 백지상태로 세상에 태어나 점차 주위 환경에서 제공되는 학습 경험에 의해 발달해 간다고 보았다.

왓슨(Watson)은 동물을 대상으로 한 실험을 통하여 심리학이 인간의 내적 측면이 아니라 외적 행동에 관심을 두어야 한다고 하면서 환경결정론을 주장하였다. 이러한 주장은 환경이 제공하는 경험에 의해 인간이 발달해 간다는 로크의 주장과 같은 것이다.

스키너(Skinner)는 학습은 인간이 한 행동 또는 정확한 반응에 보상이나 강화를 받기 때문에 이루어진다고 주장한다. 유아는 일련의 자극과 반응으로 조건화되며, 학습은 바로 성인과 환경이 제공하는 조건화의 결과이다. 유아는 어떠한 행동을 한 뒤에 즐거운 것 또는 보상이나 강화가 뒤따르면 그 행동을 반복하지만 불쾌한 일이 일어나거나 무시되면 같은 행동을 하지 않는다.

이 생각에 의하면 사회적 행동은 강화가 주어질 때 증가한다. 즉, 유아가 또래와 상호작용을 할 때 교사가 긍정적으로 받아들이고 보상을 주면 그 유아는 또래와의 상호작용이 증가한다. 반대로 어떤 행동은 감소되거나 소멸될 수 있다. 부적절하거나 바람직하지 않은 사회적 행동은 단순히 무시하면 감소될 수 있다.

사회학습이론에서는 모든 사회적 행동이 자극과 반응에 의하여 학습되는 것은 아니라고 본다. 또한, 유아는 모델의 관찰을 통하여 친사회적 행동과 반사회적 행동을 배운다. 유아의 관찰학습에 관심을 가진 사람은 반두라(Bandura)이다. 그는 왓슨이나 스키너의 주장처럼 유아를 수동적인 존재로 보지 않고 보다 적극적으로 자신의 발달에 기여하는 존재로 보았다. 유아가 관찰을 통하여 학습을 하는 경우 모델이 제시하는 행동에 주의를 기울이고 기억하는 데 적극적이어야 한다. 또한, 어느 모델에 주의를 기울일 것인가 하는 모델 선택권이 유아에게 있으므로 타인에게서 무엇을 배울 것인가에 대한 선택권도 유아에게 있다.

유아는 성장하면서 사회에서 여러 상황에 적합 혹은 부적합하다고 보는 행동의 개념을 끊임없이 학습해 나간다. 이러한 개념은 유아의 다양한 사회학습 경험에 근거하여 이루어진다. 유아가 갖는 사회학습 경험이란 바로 부모가 주는 보상과 벌, 교사, 부모, 또래 및 다른 사회화 요인이 주는 언어적 가르침이다. 유아는 이런 사회학습 경험에서 얻은 정보를 통해 학습한다.

사회학습에서는 인지과정을 중시한다. 자극과 강화 계획도 그것이 먼저 정신적으로 표상되지 않는 한 행동에 별다른 영향을 주지 못하기 때문이다. 직접적인 행동 또는 경험뿐만 아니라 관찰이나 모방을 통한 간접적인 경험에서 이루어지는 인지과정을 통해 학습이 일어남을 강조하고 있다. 직접적인 경험과 함께 기대요인도 학습에 매우 중요한 요인이 된다. 사회학습에서는 학습을 모방에 의한 것으로 설명한다. 관찰학습에 의한 간접적 습득과 모방적 수행이 이에 포함되는 것이다.

4) 인지발달이론

인지이론은 자극과 반응 사이를 중개하는 표상적 · 체계적 전달과정을 설명하는 것으로 이는 다양한 자극에 대한 적용, 즉 비인지적인 동기적 요소와 상황적 요소에 따른 다양한 반응을 설명하는 데에도 적용될 수 있다. 그러한 표상은 학습된 것으로, 이때의 학습은 꼭 외적인 반응만 포함하는 것이 아니며, 학습을 위해 강화가 꼭 필요한 것도 아니다.

인지발달이론은 인지 영역이 아닌 사회적 · 도덕적 발달의 영역에도 적용될 수 있다. 콜버그(1969)는 인지발달이론의 기본 가정을 다음과 같이 정리하였다.

① 기본 발달은 연상적 학습의 주요 개념들, 즉 접근, 반복, 강화 등의 요인으로는 설명될 수 없는 인지구조의 전환에 의해 이루어진다. 또한, 이 발달과 인지구조는 조직 전체나 내적 관계들의 조직 체제로서 설명되어야 한다.

② 인지구조의 발달은 유기체의 구조와 환경구조 간의 상호작용과정의 결과이다. 따라서 성숙에 의한 결과나 환경에 대한 수동적 반응의 형성 등과 같은 단순한 학습의 결과라고 말하기 어렵다.

③ 인지구조는 언제나 행동의 구조이다. 인지적 활동이 감각 운동적인 것에서 상징적 · 언어적인 형태로 변화되는 반면 이 조직의 형태는 곧 행동의 조직 원리가 된다.

④ 인지구조의 발달 방향은 유기체-환경 간의 상호작용에서의 평형화를 추구한다. 즉, 사물이나 현상에 대한 유기체의 작용과 유기체에 대한 환경의 작용 간의 균형 또는 상호 호혜성을 이루려는 과정을 말한다.

⑤ 정의적 발달과 인지적 발달은 명확히 구분되는 활동이나 영역이 아니다.

⑥ 사회적 발달은 기본적으로 첫째, 자아의 개념, 둘째, 자아와 다른 사람들에 대한 개념 간의 관계, 셋째, 사회적 규범들을 포함한 공통적인 사회관계를 이해하는 존재로서의 개념 등에서의 재구조화를 의미한다. 전반적인 인지발달에 기인한 사회적 발달 수준의 측면과 함께 자아성숙의 요소에 기인한 발달의

측면도 있다.

⑦ 인지에 포함된 기본 과정이나 인지발달을 자극하는 모든 요소는 사회발달에서도 기본이 된다. 이와 함께 사회 인지에는 역할이행(role-taking)이 포함되어 있다. 즉, 다른 사람도 자신과 어떤 측면에서 같다고 하는 점, 다른 사람도 자신을 알고 반응한다는 점에 대한 인식이다. 따라서 사회적 자아의 발달에는 사회 개념에서의 변화가 반영된다.

5) 비교행동이론

로렌츠(Lorenz)와 틴버겐(Tinbergen)은 각 종의 행동은 진화 과정에서 자연환경에 어떻게 적응해 가느냐 하는 관점에서 볼 때 가장 잘 이해된다고 주장한다. 각 종은 신체적 특성에 따라 구별되는 것과 같이 그들이 갖는 행동 형태로 구별되며, 이러한 행동 형태는 선천적 본능으로서 한 세대에서 다음 세대로 전해진다.

비교행동학자의 행동분석에서 강조되는 것은 각인(imprinting) 현상이다. 각인의 예로 새가 부화된 후 처음 접한 움직이는 사물을 따라다니는 현상을 들 수 있다.

초기에는 특정 사물을 따라다니는 것이 특정 발달시기에만 발생한다고 생각하여 결정적 시기(critical periods)라는 개념이 나왔다. 그러나 결정적 시기가 지나치게 강조되었다는 점이 대두되면서 민감한 시기(sensitive periods)라는 개념으로 수정되었다. 이러한 개념은 유아의 발달과정에서 사회적 행동의 학습 시기가 매우 중요함을 시사한다(유효순 · 홍순정, 2003).

6) 인본주의 이론

인간은 동물이 아니라 인간으로서 연구되어야 한다는 점에서 인본주의 이론이라고 하고, 철학의 현상학에서 발전하였기 때문에 현상학적 이론이라고도 한다.

이들은 동물이 경험하는 세계와 인간이 경험하는 세계가 다르기 때문에 동물 연구를 기초로 인간을 이해한다는 것은 잘못이라고 주장한다. 인본주의 심리학자들은 사랑, 창조성, 외로움, 개인 성장과 같은 인간 존재의 중요한 문제에 대하여 관심을 갖는다. 인본주의의 인간 본성에 대한 입장은, 첫째, 인간 본성은 개인적 성장을 향한 타고난 추동이며, 둘째, 개인은 환경의 노예가 아니고 스스로 행동을 선택할 자유가 있으며, 셋째, 인간은 무의식이나 비합리적 요구와 갈등에 지배되지 않는 의식적 · 합리적 존재라는 것이다. 또한, 인본주의 이론가들은 객관적 현실보다는 사람의 주관적 현실 세계가 더 중요하다는 입장을 유지한다.

2 자아개념의 발달

자아개념의 발달은 자신은 독특하며 타인과 구별되는 분리된 실체라고 인식하는 데서 시작된다. 유아기, 아동기, 청소년기, 성인기에 따라 발달하는 자아개념의 의미를 바르게 이해하고, 청소년기에 중요하게 인식되는 자아정체감의 개념 정의와 정체감 관련 이론을 살펴보며 자아정체감의 중요성에 대해 살펴보기로 한다.

또한, 자아존중감의 의미와 개념을 이해하고 그 특징과 자아존중감에 영향을 미치는 요인을 살펴본다.

1) 자아개념의 의미

인간의 발달과정에서 자아가 형성되는 시기는 영유아기부터이고 긍정적인 자아존중감은 어머니와의 관계에서부터 시작된다고 할 수 있다. 자아개념은 신체적 특징, 개인적 기술, 특성, 가치관, 희망, 역할 사회적 신분 등을 포함한 '나'는 누구이며 무엇인가를 깨닫는 것이다. 자아개념의 발달은 자신은 독특하며 타인과 구별되는 존재라고 인식하는 데서 시작된다.

자존감은 자신의 존재에 대한 긍정적인 견해로서, 자아개념이 자아에 대한 인지적 측면이라면 자존감은 감정적 측면이라 할 수 있다. 즉, 존재에 대해 인지적으로 형성된 것이 자아개념이고, 자기 존재에 대한 느낌은 자존감이다. 매슬로(Maslow, 1965) 또한 개인의 적응력의 한 요인으로서 자존감의 필요성을 강조한다. 모든 인간에게는 자존감에 관한 욕구가 있는데 이 욕구를 충족시킨 사람은 자신감이 있고 자신을 가치 있고 유용한 사람이라고 생각하며, 그렇지 않은 경우 적응에의 문제를 갖기 쉽다.

2) 자아개념의 발달

(1) 영아기:자아의 인식

자아개념의 가장 기초적 단계, 즉 존재적 자아인식이 형성되는 시기이다. 이는 자신을 타인과 구별하여 독립적으로 보는 입장으로 영아는 자신의 몸이 자기를 돌보아 주는 사람의 신체와 다르다는 것을 인식하기 시작하면서 존재적 자아개념이 싹트고, 어머니의 몸이 자신의 몸이 아님을 알게 된다.

① 자아분리를 인식하지 못하는 단계

프로이트에 의하면 인간은 출생 초기에는 자아와 타인을 구별하지 못하는데 이와 같은 영아와 어머니의 관계를 공생적인 관계(symbiotic relationship)라고 하였다. 즉, 영아가 타인과 자아의 분리를 인식하지 못하여 어머니와 자신을 하나의 단일 단위로 생각하고 자신의 몸과 어머니의 몸을 구분하지 못하는 단계이다.

② 존재적 자아인식의 단계

자아개념 발달의 첫 단계는 영아가 자신이 다른 사람과 별개의 존재라는 것을 인식하여 어머니의 신체가 자신의 신체 일부가 아님을 아는 것이다. 이것은 영아가 자신을 타인과 구별하여 독립적으로 보는 입장이다. 따라서 자신과 자신이 아닌 것에 대한 분리인식은 대상 개념이 발달함에 따라 생후 6~8개월경에 이루어진다.

③ 자신이 지속적으로 존재함을 알 수 있는 단계

영아가 생후 1년 반에서 2년이 되면, 거울 속의 자신을 발견하며 사진 속의 자신을 다른 유아보다 더 오랫동안 쳐다보고, 사진 속 자신의 이름을 부를 수 있다. 유아 초기의 자아개념은 출생 초기에 만나는 부모나 그와 가까운 사람들과의 사회적인 접촉으로 서서히 형성되며, 지적 발달과 병행하여 자아인식이 형성되어 간다.

(2) 유아기(2~6세) : 자아의 형성

이때는 분류적 자아개념이 형성되는 시기로 대개 3~5세경의 유아는 자신에 대한 이미지를 성, 나이, 키, 몸집 등으로 분류할 수 있게 된다. 유아기에 들어오면서 범주적 자아, 독립심과 자발성, 그리고 사물에 대한 소유 개념을 발달시켜 나가기 시작한다. 다음에서 유아의 범주적 자아, 독립심과 자발성, 자기주장, 소유 개념의 형성을 중심으로 자아개념의 발달을 살펴본다.

① 범주적 자아

이 시기의 유아에게 중요한 기본적인 범주는 연령과 성이다. 유아에게 그림과 사진을 주면서 집단으로 나누어 보도록 했을 때, 남성과 여성, 어른과 아이로 분류함을 볼 수 있다.

② 독립심, 자발성, 자기주장

3~5세경의 유아에게는 분류 개념과 동시에 독립성과 자발성이 형성된다. 이 시기의 유아는 자신과 주위 사람들에 대한 질문으로 "내가 간호사가 된다면 어떻게 될까?", "나는 어디에 갈 수 있을까?" 등의 이야기를 하는데, 이는 유아가 자기 자신의 능력의 범위를 알아보는 것으로 해석되며, 이를 자기발견의 기회로 삼는다.

③ 소유 개념의 형성

3~4세경의 유아는 사물과 사람에 대한 소유 개념을 나타내기 시작한다. 따라서 '내 장난감', '내 인형', '우리 아버지', '내 신발', '내 그림책' 등의 표현을 자주 쓰는데,

이것은 자신에게 속한 물건이나 사람에 대한 자아개념을 보다 확장시키는 표현이라고 할 수 있다.

(3) 아동기 : 자아존중감의 발달

초등학교 시기인 학령기가 되면 아동의 범주적 자아는 잘 발달된다. 아동은 자신을 일련의 전체적인 차원에서 기술할 수 있고, 같은 차원에 의거하여 자신을 다른 아동과 비교할 수 있게 된다.

아동기를 지나면서 아동의 자아개념은 더 복잡하고 더 정교해지며, 외적인 특성보다 내적인 특성에 더 집중하게 된다. 아동은 자신과 타인의 특성은 비교적 안정되어 있다고 생각한다. 아동은 학령기를 거치면서 자아에 대한 정의가 더 복잡해지고 외모와는 관계가 줄어들며 감정 및 생각에 초점을 맞춘다.

(4) 청년기 : 자아정체성의 확립

자신을 정의 내릴 때보다 추상적으로 되는 경향은 청년 초기에도 계속된다. 신체적 요소보다 추상적인 개념이나 관념에 의해 자신을 규정한다. 이제 청소년은 독립적이 되고 자신에 대하여 더 책임질 수 있도록 기대된다. 그리고 자신이 무엇을 하는 사람이며 누구인가는 물론, 어떤 직업을 갖고 어떤 인물이 될까에 대해 장래를 내다보고 계획하며 결정하도록 기대된다. 따라서 사춘기에 생기는 자아개념의 변화는 보다 많은 인지적 추상성뿐 아니라 자아에 대한 새로운 이해를 구한다는 사실도 반영한다.

자아정체성은 청년 초기에서 청년 후기까지 발달적 변화를 보이며, 일회적으로 획득되는 것이 아니라 하나의 지속적인 과정으로 보고 있다.

(5) 성인기 : 자아개념의 변화와 재해석

성인기가 되면 자아개념에 큰 변화를 가져온다. 개인적으로 삶의 중심이 가족과 또래집단에서 친밀한 이성과의 관계로 전이되고, 부모가 되며 사회적으로는 학교에서 직장 등으로 환경이 변화한다. 이는 새로운 정체감이 형성되는 동시에 다른 정체감이 약화되는 것을 의미한다. 그 후 퇴직과 함께 노년기에 이르면 자신의 사회적 역할과 무관하게 자아에 대한 재해석을 해야 하며 인생 전반에 걸친 재평가가 이루어지게 된다.

에릭슨(1997)은 성인 초기의 자아발달과업을 청년기에 형성된 자아정체성을 기초로 자신의 정체성과 타인의 정체성을 융합시켜 친밀감을 형성하는 것으로 보았다. 대부분의 친밀감은 이성과의 결혼을 통해 충족되지만 반드시 성적 관계에서만 친밀감이 형성되는 것은 아니다. 이러한 공감 및 상호 조정 능력은 친구관계의 형성과정에서도 생겨날 수 있으며 삶의 활력과 만족을 준다. 성인 중기에 이르면 생성감 대 침체감이라는 위기를 경험하게 된다. 생성감이란 성숙한 성인이 다음 세대에 대한 책임감을 가지고 이들을 돌보고 지도하는 데 관심을 기울임으로써 자신의 존재가치를 확장하고자 하는 것을 말한다. 이러한 생성감은 자녀를 양육하는 것으로 나타날 수 있으나 모든 부모가 다음 세대를 키우는 데 관심이 있는 것은 아니며, 자녀 양육에만 국한된 것은 아니다. 노년기에 이르면 자신의 인생을 되돌아보면서 자아통합과 절망감의 위기를 경험하게 된다. 인생을 마무리하는 단계에서 지나간 인생 경험에 잘못이 있다 하더라도 이를 받아들이고 달성하지 못한 일보다 그동안 이룩한 일과 행운에 대해 감사하며, 자신이 최선을 다해 인생을 살아왔다는 느낌을 가지고 삶의 존엄성과 가치를 믿는 자아통합감을 갖는다. 자신과 과거와 현재, 미래를 바로 보고 수용하며 인생의 중심부에서 활동하고 있는 사람들에 대한 깊은 배려를 통해 세상을 사는 '지혜'를 얻는 것이다. 이와 같은 자아통합감은 노년기 적응에서 중요한 의미를 가진다. 노년기에 이러한 발달 과제를 성공적으로 해결한다면 인생 후반기를 동요 없이 지낼 수 있으며, 죽음에 대해서도 두려움 없이 대처할 수 있다.

3 도덕성의 발달

도덕성 발달을 설명하는 이론으로 피아제와 콜버그의 이론을 들 수 있다. 앞에서도 논의한 바와 같이 정신분석이론은 사회화 과정과 도덕성의 발달을 내적 충동의 통제, 죄의식의 발로, 무의식적인 부모의 가치를 반영하는 심리구조의 측면에서 설명한다. 사회학습이론은 보상, 벌, 모델링의 효과를 통해서 사회적으로 인정되는 행동 패턴을 습득하는 것으로 간주하고 있다. 사회집단이론은 행동을 규제하는 변인으로서 현재의 사회적 영향과 사회구조 안에서의 개인의 위치의 중요성을 강조한다. 인지발달이론은 도덕적 판단과 그에 대한 합리화를 사회현상에 대한 지적 능력의 발달로 인한 것으로 본다. 이것은 더욱 발전하여 사회적 상호작용 속에서 역할을 강조하는 사회 인지 접근 방법을 형성하였다.

피아제와 콜버그가 제시하는 도덕적 판단 능력을 중심으로 한 발달단계를 살펴보기로 한다.

1) 피아제의 도덕적 판단 능력 단계

피아제는 유아의 게임 규칙에 대한 이해, 거짓말에 대한 이해, 권위 개념 등에 관한 연구를 바탕으로 유아의 도덕적 판단 능력의 발달을 설명하고 있다.

유아는 사회 도덕적 상황에서의 옳고 그름을 판단하는 데 있어 8~9세 이전까지는 행동이 가져온 결과를 기준으로 한다. 또한, 규칙을 절대불변의 것으로 간주하며 권위자의 반응에 많이 의존한다. 이 시기의 도덕성을 타율적 · 객관적 도덕성 또는 제한된 도덕성이라고 부른다.

9세경이 되면 다른 사람의 의도나 생각을 이해하는 능력이 발달하면서 행위자의 의도가 좋은 것이었는지 나쁜 것이었는지를 바탕으로 판단한다. 또한, 또래집단의 의견, 사회적으로 공유하는 규범에 대한 이해도 높아진다. 이 시기를 협동적 도덕성, 자율적 도덕성이라 부른다.

이러한 과정 후에 보다 자율적인 개인의 주관에 의한 판단이 가능해지는 수준으로 발달한다.

2) 콜버그의 도덕성 발달단계

콜버그의 도덕적 이해의 발달단계는 기본적으로 정의의 개념과 옳고 그름을 판단하는 합리적 사고를 바탕으로 형성되었다.

아동 후기(9~10세)부터 성인기에 이르기까지 도덕성 발달을 크게 세 가지 수준으로 구분하고, 각 단계를 다시 두 개의 단계로 나누어 설명하고 있다.

(1) level 1 : 전관습단계

이 단계에서는 옳고 그름의 의미가 자신의 주관적 감정의 측면에서 규정된다. 옳은 것이란 벌을 피하고 보상을 가져오는 것이다. 자신이 좋아하면 그것이 옳은 것이며 좋아하지 않으면 옳지 않은 것으로 간주된다.

자기중심성이 주가 되며, 자신의 주관적 감정이 판단을 좌우하는 정서적 수준의 이해라고 볼 수 있다. 9세 미만 아동의 도덕적 이해는 이러한 수준이라고 지적하고 있다. 청소년 범죄에 가담하는 성인 중에도 아직 이 수준에 머무른 사람이 많이 있다고 지적된다. 그러나 아동의 경우 최근 연구들은 보다 어린 시기에 더 성숙한 이해를 보임을 강조한다.

이 수준은 다시 벌과 복종의 단계와 자기 홍미 중심의 단계로 나누어 설명된다.

① stage 1 : 벌과 복종 중심-복종이 강조되며 권위자의 위력을 인지하고 그것이 벌을 면하게 해 줌을 인식한다.

② stage 2 : 자기 욕구와의 교환-다른 사람이 자신이 필요로 하고 원하는 것을 줄 때 그것이 옳다고 생각한다.

(2) level 2 : 관습단계

아직도 옳고 그름은 주관적인 감정에 좌우되지만 그러한 감정이 여러 사람에 대해 공감할 수 있는 것이 된다. 부모나 사회의 기대, 법 등과 같은 권위에 의해 인정되는 것을 옳은 것이라고 생각한다. 복종의 개념은 사회집단의 규칙과 기준에 따르며 확인과 집단의사를 중시한다. 규칙의 준수 개념 단계라고 할 수 있다. 사회의 규칙과 기대를 이해하고 수용한다.

① stage 3 : 좋은 인간관계의 유지 - 이 단계에서는 다른 사람이 자신을 좋은 사람, 선한 사람으로 보기를 바란다. 따라서 다른 사람의 기대가 매우 중요하게 작용한다. 특히, 부모나 친구와의 신뢰와 존중, 감사의 관계를 유지하기 원한다.

② stage 4 : 권위사회체제와 규범의 존중, 사회체제를 유지하는 데 필요한 사회적 의무나 규범에 복종한다. 이 시기의 도덕성은 때로 법과 질서의 도덕성이라고 불린다. 다른 사회적 의무와 갈등을 일으킬 때 법을 준수하는 것이 중요하다고 생각한다. 또한, 권위자는 벌을 줄 권리가 있다고 믿는다.

(3) level 3 : 후인습단계

이 수준에서의 옳고 그름의 판단은 객관적인 원리에 따라 이루어진다. 개인이 공감하는 인류 공통의 기준, 정의, 기본적 권리, 인간 존중의 측면에서 판단된다.

합리적이고 이성적인 개인은 자신의 감정이나 다른 사람의 명령을 넘어서서 객관적으로 옳다고 생각하는 것을 발견하고 존중할 수 있어야 한다고 생각한다. 사회정의, 공정성, 기본권 등의 개념이 존중된다.

① stage 5 : 사회적 관계와 개인의 권리가 존중되며, 사회적 법률이란 상호 합의에 의해 변화될 수 있는 것으로 본다. 다수를 위한 최대의 선이 강조된다.

② stage 6 : 일반적인 윤리적 원리를 기본으로 한다. 인간의 삶의 권리, 최대한의 자유, 이러한 기본 원리에 대한 진지한 책임 등이 강조된다.

3) 튜리얼(Turiel)의 영역구분이론

튜리얼은 도덕적 영역과 사회인습적 영역, 그리고 개인적 영역으로 구분하여 제시했다.

(1) 도덕적 영역

인간생명의 가치, 정의, 공정성과 같이 어느 시대를 막론하고 보편적으로 준수되어야 하는 도덕적 인식과 가치규범을 포함한다. 즉, 타인에게 육체적 · 정신적 피해를 금지하는 것과 사람을 수단으로 여기지 않고 어려움에 처한 사람을 돕는 마음 등과 같은 도덕적 영역은 모든 시대, 모든 문화권에서 동일하게 적용되는 문화적 보편성을 지닌다고 할 수 있다.

(2) 사회인습적 영역

음식, 의복, 인사, 관혼상제, 성역할 관습, 학교의 규칙 등과 같이 특정의 문화권에서 구성원들의 합의에 따라 성립된 행동규범을 의미한다. 그러나 이와 같은 인습적 규범들도 구성원 상호 간에 강력한 심리적 · 행동적 제약을 가하기 때문에 도덕적 성격을 가지게 된다. 물론, 도덕적 영역에 비해 사회인습적 영역은 임의적이며 상대적이고 가변적이다. 즉, 사회인습적 영역은 시대와 구성원들의 가치관의 변화에 따라 달라지는 문화적 특수성을 지닌다.

(3) 개인적 영역

보편적인 도덕적 원리나 권위 또는 인습적 규범의 영향과는 무관한 개인의 취미, 건강, 성향 등과 같은 개인의 사생활에 관한 영역이다. 예를 들면, 어머니께 드리는 생일선물을 선택하거나 결정하는 일과 매주 토요일 건강을 위해 축구를 하는 것이다. 이와 같은 개인적 영역은 자아를 확립하고 인식시키며 독립성과 자율성을 지키는 수단이지만 종종 사회인습적 규범과 갈등도 일으킨다.

4 가치와 태도의 발달

모든 사회는 그 사회만의 독특한 가치를 갖는다. 가치란 한 문화와 관련되는 것으로 한 세대에서 다음 세대로 전달되며, 집단이나 구성원 개개인이 따르는 행동의 규약이 된다. 유아가 학습해야 할 가치와 태도는 무엇일까? 현대사회에서는 민주시민으로서 갖추어야 할 가치와 태도의 학습이 강조된다. 인성교육에서도 이러한 사회의 주요 가치들을 다루게 된다. 유아가 가치와 태도를 어떻게 배워 나가는가를 살펴보고 유아가 가져야 할 가치와 태도에 대해 살펴보기로 한다.

1) 가치와 태도 교육

가치란 우리가 설정한 기준에 근거해 어떤 것의 값어치를 결정하는 것이다. 따라서 가치는 한 문화와 관련되며, 사회집단과의 접촉과 참여를 통하여 배우게 된다.

가치는 한 집단에 특별한 정체성을 부여한다. 한 세대에서 다음 세대로 전달되며, 집단이나 구성원 개개인이 따르는 행동의 규약이 된다. 이러한 가치에는 교육적 · 도덕적 · 종교적 · 정치적 · 민주적 · 미적 가치 등 다양한 종류가 있다. 이 중 사회교육자들이 공통으로 강조하는 것은 교육기관에서 민주주의적 가치를 알려주어야 한다는 것이다. 공정한 행동과 협동의 태도나 행동이 민주시민으로서 갖추어야 할 것으로 본다.

가치를 어떻게 가르칠 것인가의 문제는 태도나 가치를 무엇으로 보는가에 따라 달라진다. 가치나 태도는 사물이 아니며, 개인이 만드는 판단이나 주장을 반영하는 것이다. 가치나 태도는 정서적인 것이며 개인적인 것임을 알 수 있다.

실제로 태도와 가치의 발달은 교실 밖에서 이루어지지만, 모든 유아교육 프로그램에서 태도와 가치의 전달이 이루어지고 있음은 부인할 수 없다. 매일매일 교육기관에서 이루어지는 활동은 사회의 가치와 태도에 관련되며 또 영향을 받는다.

2) 태도의 형성과 변화

(1) 태도의 개념

우리는 다른 사람에 대해서뿐만 아니라 사회적 행동 · 사건 · 집단 · 제도 등에 관해 태도와 의견을 가진다. 이러한 우리의 생각은 우리의 행동에 영향을 미친다. 태도는 다른 사람, 사물, 조직이나 사건 등에 대한 긍정적 또는 부정적 반응의 기초 성향으로서 신념과 정서가 혼합된 것이다. 태도는 대상에 대한 우리의 평가를 말해 준다. 이를 통해 앞으로의 행동을 예측한다. 이러한 태도는 실제로는 신념 · 정서 · 행동 측면에서 표현된다.

신념의 측면은 개인이 그 대상에 대해 믿고 있는 것이며, 정서적 측면은 그 대상에 대한 감정적 요소이다. 즉, '싫다', '좋다', '피하고 싶다' 등의 느낌이다. 대상에 대한 감정평가는 그것에 일치하는 방향으로 행동을 유발하는 원인이 된다. 즉, 긍정적인 감정평가를 한 대상에는 접근하고, 부정적 감정평가를 한 대상은 회피하거나 배척하는 행동을 하게 된다. 이런 점에서 태도를 행동경향성(behavioral tendency) 또는 행동준비성(behavioral readiness)이라고 하며, 이러한 행동 측면도 태도를 구성하는 한 축을 이룬다. 태도와 비슷하게 쓰이는 용어로 의견(opinion), 의식 또는 가치관(value system)이 있는데, 이것은 보통 태도의 인지적 요인을 강조할 때 쓰인다. 의견은 어떤 대상에 대한 태도가 구체적으로 표현된 생각을 가리키며, 의식 또는 가치관은 구체적으로 표현된 생각이나 행동 밑에 깔려 있는 일반적인 생각을 가리키는 것으로 좀 더 넓은 개념으로 쓰인다. 그러나 이 개념들은 모두 태도의 개념을 배경에 두고 있다.

(2) 가치와 태도 형성의 접근 방법

교육자들은 유아에게 태도와 가치를 가르치기 위하여 앞에서 살펴본 모든 이론을 사용한다. 강화이론을 사용한 주입식 방법이 주로 사용되어 왔으나, 1970년대와 1980년대를 지나면서 가치는 주입식 방법으로 가르칠 것이 아니라 유아가 자신의 행동에 대한 결과를 반영해 보거나 자신의 감정과 행동 간의 일관성을 탐색하면서 태도와 가치를 명료화하도록 가르쳐야 한다는 논의가 많았다. 또 다른 학자들은 유아가 도덕에 대하여 논리적으로 생각하고 가치를 분석하게 함으로써 배우게 해야 한다고 설명하기도 한다.

① 주입식 접근

일부 사람은 태도와 가치는 주입되어야 한다고 믿는다. 사실 유아는 교육 현장에서 한국적인 가치와 태도에 관련된 이야기나 역사를 듣게 되고, 그러한 가치에 맞게 표현하거나 행동할 때 보상받거나 강화를 받는다. 강화이론에서는 유아에게 추상적 개념이나 많은 사실을 암기하게 함으로써 민주주의적 가치를 주입할 수 있다고 믿는다.

민주주의 사회의 기준에 대하여 암기를 할 수 있다는 것과 바람직한 민주주의 사회의 시민이 된다는 것은 거리가 멀다. 유아의 발달과 학습 수준에 맞추어 민주주의적 가치를 가르침으로써 유아를 존중하는 것이 보다 바람직하다.

② 가치명료화

가치가 한 개인이 선택하고 값을 주어 그것에 맞게 행동하는 어떤 것이라고 한다면, 교사는 유아가 자신의 감정, 반응, 가치를 안전하고 안정된 환경 안에서 탐색할 수 있도록 계획하여야 한다. 가치명료화에서는 개인의 가치는 선택되며 가치에 따라 행동을 한다고 한다.

가치명료화를 돕기 위해 다음과 같은 활동을 고려한다.

첫째, 유아가 자유롭게 선택을 하도록 격려한다. 많은 선택 가능성과 유아 주도의 활동을 계획하고, 유아에게 정보를 주어 스스로 대안을 찾아 그것을 검토할 수 있도록 돕는다.

둘째, 유아가 대안에 대하여 사려 깊게 평가할 수 있도록 물어본다.

셋째, 유아가 소중히 여기는 것에 대하여 생각해 보도록 한다.

넷째, 유아가 자신의 신념에 따라 행동하고 자신의 생각을 표현하고 자신의 삶에서 반복되는 행동이나 형태를 발달시킬 수 있는 기회를 갖도록 돕는다.

안정된 학급 분위기에서 유아가 자신의 가치와 태도를 발달시켜 나가도록 하는 것이 필요하다. 유아는 안정되고 편안하게 느끼지 않는 한 자유롭게 선택하거나 언어나 행동을 표현할 수 없다. 교육기관은 유아가 자신의 감정이나 신념을 이야기하는 데 심리적으로 안전하다고 느낄 수 있는 곳이어야 한다. 교사는 유아가 자신의 신념을 표현할 때 잘 들어 줄 필요가 있으며, 명료화할 수 있도록 질문을 해야 한다. 가치명료화는 유아에게 한 개인으로서 존엄성을 부여하면서 동시에 더욱 일관성 있고 보다 성숙하게 자신의 감정, 태도, 가치를 다룰 수 있게 한다.

③ 가치분석

가치분석을 통하여 교사는 도덕이나 가치에 대한 의문점을 합리적인 과정을 사용하여 가르치면서, 유아가 합리적이고 논리적으로 도덕적 판단을 옹호할 수 있는 능력을 발달시키도록 한다.

가치분석은 인지적 전략이다. 이 과정은 문제의 확인으로 시작되며, 듀이(Dewey)의 사고와 문제해결 전략과 유사하다.

- 가치의 확인 : 주어진 상황에서 유아에게 사람들이 가지고 있는 가치를 찾아내도록 한다. 상황 설정은 유아에게 일어난 것일 수도 있고 이야기일 수도 있다.
- 가치의 비교와 대조 : 유아는 사람들이 선택한 가치의 차이점과 유사점을 알 수 있다. 교사가 유아에게 다른 상황에서 같은 사람이 사용한 가치나 같은 상황에서 다른 사람이 사용한 가치가 무엇인가를 물어본다.
- 감정의 탐색 : 유아 자신의 감정에 대하여 이야기하게 하고, 다른 사람의 감정을 알아보도록 하며, 새로운 감정이 일어나는 상황을 경험하게 함으로써 유아가 자신의 가치와 다른 사람의 가치를 구성하는 강한 정서적 요소에 대하여 이해할 수 있도록 도와준다.
- 가치판단의 분석 : 유아에게 특정 가치판단을 지지하거나 반박할 수 있는 증

거를 제시하도록 한다.

- 가치갈등의 분석 : 진퇴양난의 가치를 제시하고, 갈등이 무엇인지, 대안에는 어떠한 것이 있는지, 각각의 결과는 무엇인지 묻는다. 그리고 최상의 결과를 얻기 위한 대안을 선택하게 하고 그 이유를 설명하도록 한다.
- 자신의 가치검증 : 검증은 4단계를 거친다. 첫째, 역할 바꾸기(기꺼이 자신에게 가장 도움이 되는 사람의 입장이 되는 것), 둘째, 보편적 결과(만약 모든 사람이 그러한 행동을 따른다면 그 결과를 수용할 것인가), 셋째, 새로운 사례(그 행동의 결과가 다른 유사한 상황에서도 수용될 것인가), 넷째, 포섭(보다 적절한 고차원의 원리를 따르는가)이다.

3) 학습할 가치와 태도

어떠한 가치를 가르쳐야 하는가는 결정하기 쉽지 않다. 한 사람의 행동기준은 다른 사람의 기준과 다르기에 갈등이 일어난다. 부모는 모두 자녀가 자신이 가치를 두는 것을 배우기를 바란다. 유아는 가정이나 유치원 교실과 같은 작은 사회 속에서 생활하면서 올바른 가치와 태도의 기초를 형성하는 것이 중요하다(유효순 · 홍순정, 2003).

(1) 사회규칙

민주사회의 시민으로 살아가기 위하여 유아가 학습해야 할 것 중 하나는 사회규칙에 대한 것이다. 사회규칙의 학습은 가정에서부터 시작된다. 일상생활에서 유아는 무엇이 허락되는지, 무엇이 허락되지 않는지에 대한 메시지를 늘 받는다. 부모는 그러한 메시지를 영아 때부터 자녀에게 보내는데, 특히 생후 2년째와 3년째에 급격히 증가하며, 청소년기까지 지속된다.

규칙은 가정의 일상생활에서 배우게 된다. 식사, 외출, TV 시청, 잠자기 등의 일상적인 일에서 유아는 무엇이 바람직한 행동인가를 알 수 있다. 가정과 유아교육기관에서의 습관이 중요하다. 유아가 사회적 학습을 해 나가는 데 중요한 것은 환경이다. 특히, 취학 전 유아에게 중요한 학습의 장소는 가정과 유아교육기관이다. 유아교육기관에서는 가정에서 이루어지기 시작하는 사회적 규칙을 유아가 확장하여 학습하고 적용해 볼 수 있는 여러 기회를 제공해야 한다.

(2) 민주주의 가치

민주적인 태도와 가치를 가진다는 것은 자신이 원하는 것은 무엇이든 자유롭게 할 수 있다는 것을 의미하는 것이 아니다. 민주적인 태도와 가치란 개인과 집단 사이의 상호의존성을 인식하는 태도와 가치를 지니는 것이다. 각 개인이 개별 존재로서 가치 있다는 것을 인식하는 것이다(이영자 외, 2001).

유아교육 프로그램에서 유아가 민주사회의 구성원이 되는 것을 준비하는 것은 아니지만, 실제로 이들은 유아교육 프로그램의 민주주의적 환경 안에서 민주주의 원리를 연습할 수 있다. 매일매일의 활동을 통하여 유아는 자신이 가치 있으며, 존중받고 있음을 알게 된다. 또한, 자신의 욕구와 바라는 바가 충족될 것이며, 표현의 자유, 행복 추구의 자유 등 자신의 권리가 항상 보호되리라는 것도 안다. 동시에 이들은 자신의 관심 폭을 넓혀야 하고 이기적인 자신의 일부를 희생하여야 한다는 것과 민주사회의 구성원으로서 관심사를 공유하고 자신의 흥미가 다른 사람의 흥미와 중복되며 자신의 복지가 다른 사람의 복지와 맞물리게 된다는 것도 안다.

교실에서 민주주의 원리를 만들고 유지하는 것은 교사이다. 교사가 통제하는 방식, 유아 개개인을 다루는 방식과 이들과 상호작용하는 방식, 유아를 가르치는 방식은 모두 유아에게 민주주의 가치에 대하여 메시지를 전달한다.

(3) 민주사회의 참여

시민으로서의 필수적 요인 중 하나는 사회집단의 구성원으로 성공적으로 살아가는 능력이다. 유아기는 바로 사회집단의 구성원으로서 사회에 대한 아이디어와 개념을 형성하는 적기이다. 사회집단의 구성원으로서 권리뿐 아니라 책임이 있음을 아는 것이 중요하다. 책임감은 인성교육에서도 강조되는 덕목이다.

민주사회에서는 자신이 속해 있는 사회의 일원으로서 적합한 권리와 의무를 수행하며 그 사회에서 행해지는 일들에 참여하여야 한다. 유아의 경우 간식 준비 돕기, 놀잇감 정리하기, 꽃에 물 주기 등의 활동은 유아의 책임을 키워 줄 수 있는 좋은 활동이다.

5 성격의 발달

1) 성격의 개념

기본적인 성격은 비록 우리의 행동이 매일의 환경에 의해 영향을 받을지라도 다양한 조건 아래서 반복적으로 나타나는 특성인 것으로 여겨진다.

상황에 걸친 일관성이 성격의 핵심 개념이다. 독특성 또한 성격의 또 다른 핵심 개념이다. 나는 남과 비슷하기도 하지만 나만의 독특한 부분도 있다. 똑같이 어려운 상황에서도 어떤 사람은 느긋하게 대처하고 또 어떤 사람은 조바심을 내며 걱정한다. 따라서 성격의 개념은 왜 사람들이 같은 상황에서 모두 같은 방식으로 행동하지 않는가를 설명하는 데 사용된다. 즉, 성격이란 시간과 상황을 넘어선 한 개인행동의 안정성(일관성)과, 같은 상황에 대해 사람들이 반응하는 행동의 개인차(독특성)가 특징이라고 할 수 있다. 성격은 일관된 행동으로 구성된 개인의 독특한 반응양식의 조합이라고 정의할 수 있다. 이러한 성격 패턴은 타고난 기질, 환경의 요소들 사이에서 상호작용의 결과로서 형성된다고 본다.

2) 성격의 형성

인간은 날 때부터 이미 특정한 성격을 가지고 태어난 것인가? 아니면 똑같은 상태로 태어나서 경험에 의하여 독특한 성격으로 발전하는가? 이것은 유전과 환경의 문제이다. 성격은 기본적으로 유전이지만 생물학적인 원인과 환경적 원인의 상호작용으로 이루어진다. 유전과 환경 중에서 어느 것이 더 중요하다거나 덜 중요하다고 말하기는 어렵다. 개인의 특정한 성향에 따라, 환경의 지배 정도에 따라 또는 개인과 환경의 궁합 정도에 따라 영향을 받는 정도는 사람마다 다르다.

생리적인 조건은 환경에 반응할 수 있는 범위를 제공하는 것으로 때로는 장기적인 적응에 영향을 줄 수 있다. 유전적으로 타고난 성격특질을 기질(temperament)이라고 한다. 어떤 아이는 날 때부터 환경에 까다롭게 반응하여 자주 울고 보채는가 하면, 어떤 아이는 보다 안정적이기도 하다. 이런 특정한 성향은 돌보는 이로 하여금 특정한 반응을 하는 데 영향을 줄 수 있다. 예를 들면, 까다로운 아이를 돌보는 이는 무력감을 느껴 아이에게 불편하게 반응할 수 있고, 보다 안정적인 아이에게는 만족하고 행복한 감정이 생겨 돌보는 데 자신감 있는 행동을 할 수 있다. 그러나 똑같은 성향을 가진 아이일지라도 환경에 따라 달리 보상을 받을 수 있다. 앞의 예와는 정반대로 까다롭게 반응하는 아이가 보다 안정적이고 조심스러운 대우를 받는 반면, 안정적인 아이는 더 소홀한 대우를 받을 수도 있다.

특정한 환경의 요구가 특정한 성격 스타일을 유지하거나 강화시키기도 한다. 성격에 강하게 영향을 주는 대표적인 환경으로는 가정, 군대생활 및 직업 활동 등을 들 수 있다. 그러나 이렇게 사회적으로 강력하게 영향을 주는 특성들이 환경이 변함에 따라 얼마나 계속 유지되는가가 관건이다. 핵심적인 성격 경향이 나타날 수 있고, 이전 환경에서 지배적이었던 방식이 계속 유지될 수 있다.

개인의 적응과정은 개인의 독특한 성격과 환경의 상호작용에 의하여, 특히 주변세계가 개인의 성격유형을 강화시켜 주는가 아닌가에 따라 적응 여부가 결정될 수 있다. 만일 활동적인 유아가 심하게 통제적인 부모와 함께 산다면 조용한 동생보다 좌절을 더 많이 체험할 것이다. 개인이 살아가는 동안에 자신의 성격과 환경이 잘 맞아서, 일하고 사랑하고 즐겁게 지내고 만족할 수 있으면 개인의 적응력은 영향을 받지 않는다. 그러나 외부 환경이 개인의 성격과 맞지 않으면 요구는 계속 좌절된다. 성격이란 환경과의 관계에서 끊임없이 상호작용하는 역동적인 체계라고 볼 수 있다.

3) 성격발달의 기본 요소

(1) 타고난 기질

최근 많은 연구는 유아가 일련의 행동을 더 쉽게 배우게 되는 어떤 선천적 기질을 가지고 태어나는 경향성이 성격의 영구적인 특성으로 지속된다고 하였다. 그 요소는 활동 수준, 먹고 자기, 깨어 있기 등의 규칙적 리듬, 아이의 행동을 중단시키는 데 필요한 자극의 양, 새로운 사람에 대한 반응, 변화에의 적응, 주의 범위, 새로운 자극에 반응하는 강도, 아이의 반응을 불러일으키기 위해 필요한 자극의 정도, 기분 등을 들고 있다.

(2) 신체적 외모

신체적 외모는 유아에 대한 다른 사람들의 인상과 태도에 영향을 준다. TV는 광고와 프로그램을 통해 아름다운 것은 선하고, 추한 것은 나쁘다는 개념을 증진시키는 데 잠재적인 영향력을 가지고 있다. 선생님은 매력적인 아이들이 평범한 아이보다 더 똑똑하고 더 적응을 잘한다고 추정하곤 한다.

외모에 기초를 둔 수용과 거부는 유아에게 알게 모르게 주입되고, 자신의 감정과 가치에 반영되며, 그러한 감정의 효과는 일생동안 계속되기도 한다.

이 이외에도 성역할, 성차, 인종, 초기 경험 등이 성격발달에 관련된다.

4) 성격형성의 과정

(1) 자아의 발달

개인이 '나'라고 묘사하는 것은 자아의 한 부분이며, 이것은 자아인식, 자아개념, 자아존중감, 자아신뢰감의 네 단계를 걸쳐 발달된다.

① 자아인식(Self-awareness)

아동은 자신의 몸과 그 기능을 살펴봄으로써 자신을 알게 되고, 자신이 행동함으로 해서 사건이 발생할 수 있음을 알게 된다. 또 자아의지도 발견한다.

부모는 아동에게 "나쁜 아이"와 같은 말을 하지 않도록 유의할 필요가 있다. 인내심을 가지고 규칙을 지키도록 지도한다면 아동은 부정적인 자아의미를 갖지 않을 것이다. 이와 함께 이 시기에 지나친 부모의 사랑은 자신이 할 수 있다는 능력에 대해 부정적인 자아인식을 만들 수 있다.

② 자아개념(Self-concept)

자아개념은 행동, 능력, 신체적 요소, 개인으로서의 가치 면에서 지니고 있는 태도, 판단, 가치의 총집합체이다. 즉, 아이가 자신을 어떻게 인식하고 평가하느냐에 대한 문제이다. 우리는 우리의 경험을 좋은 나, 나쁜 나, 내가 아님으로 조직하는데 좋은 나(good-me)는 주변의 중요한 사람에 의해 보상받은 경험이고, 나쁜 나(bed-me)는 적절한 수준에 비난을 받은 사건에 의한 것이다. 이 나쁘다는 것의 개념이 양심의 기초가 된다.

아동은 부모가 자신을 어떻게 느끼는지 정확하게 알고 있다. 그래서 부모의 평가가 정확하지 않으면 많은 문제가 생길 수 있다. 만일 부모나 주요 보호자의 행동기준이 일치하지 않으면 아동은 더 혼동스러워 할 것이다. 아동은 무엇이 옳고, 그른지 아는 데 어려움을 느낄 것이고, 무엇을 하든 한쪽 부모는 좋아하지 않을 것이라고 생각하기 때문에 부모를 기쁘게 하려는 동기가 약화될 것이다.

③ 자아존중감

아동의 자아존중감은 보호자, 형제 또래의 반응에 따라 무에서 무한대까지 갈 수 있다. 높은 자아존중감을 지닌 아동의 부모는 세심하고 아동을 수용하며, 높은 수준의 바람직한 행동을 요구한다.

④ 자아신뢰감

아동이 그들 자신을 별개의 사람으로 볼 때 자기가 누구인지, 무엇을 할 수 있는지, 또 자신에 대해 어떻게 인식하는지 발견한다. 자아개념이 긍정적인 아동은 일상의 일과 역행되는 것조차도 받아들일 수 있다. 반면, 부정적인 아동은 실패를 극복하는 데 어려움을 겪는다.

(2) 대처 능력

삶의 도전들에 대처하는 능력은 다음 두 요소와 밀접하다. 첫째, 개인이 그 삶에 영향을 미치는 사건들을 통제할 수 있다는 믿음, 둘째, 문제를 다루는 성향이다. 아동이 이런 특성을 어떻게 발달시키는지 살펴보기로 한다.

① 통제의 중심, 자발성, 중요한 타인과의 상호작용

통제의 중심이 어디에 있는가에 따라 내적 통제와 외적 통제 영향으로 나누어 볼 수 있다. 통제의 중심을 내부에 두는 사람은 일어나는 사건이 좋든 나쁘든 자신의 행동에 의한 것으로 생각한다. 그러나 외부에 두는 사람은 삶이 운, 다른 사람, 신체적 속성, 지능과 같이 변화될 수 없는 자신에 관한 것에 의해 통제된다고 느낀다. 자발적으로 하느냐 못하느냐는 통제의 중심을 내부에 두느냐 외부에 두느냐와 밀접하게 관련되어 있다.

통제의 내적 중심을 발달시키기 위해서는 '일이 잘못되어도 균형을 잡을 수 있고, 어떤 어려움에 대해 대처하도록 계획해야 한다.'는 것을 지도해야 할 것이다. 그러나 무시당하거나 너무 방임된 아동은 그들이 사건을 통제할 수 있다는 생각을 발달시킬 수 없게 된다. 나이에 맞지 않는 의존성이 계속될 때 아동은 자신의 능력을 테스트해 볼 기회를 놓치게 된다. 자신의 노력에 대해 동등하고 충분하게 보상받지 못한 사람은 보상이 자신의 힘 외의 다른 것에 의해 이루어진다고 생각하여 통제의 중심을 외부에 두게 된다.

② 자발성의 출현

자발성은 내적 동기에 기초를 둔다. 그 기초는 유아가 환경을 통제할 수 있고 사건이 일어나도록 할 수 있다는 것을 알게 되는 유아기에 형성된다.

태어나서부터 5개월 사이에 유아는 내적·외적 자극에 반응하고 자극에 주의하는 것을 배운다. 4~9개월 사이에는 즐거운 자극을 계속 유지하기 원하고 자극이 멈출 때 그것을 다시 만들려고 시도한다. 9개월이 지나면 의도적으로 새로운 상황을 찾으려 한다. 유아는 고의적 행동의 결과에 대해 더 많이 웃고 반응한다.

(3) 근면성

초기 아동기에 발달한 통제와 자발성의 느낌은 초기 학령기에 근면성으로 발달한다. 과제를 완성하는 즐거움을 과제를 시작하는 즐거움보다 자랑스럽게 생각하고 도구나 장비들을 자신의 것으로 지정해 둔다.

복잡한 사회에서 유아가 가능한 한 많은 과업을 할 수 있도록 준비하기 위해서 일반적이고 기본적인 훈련을 받아야 한다. 이런 이유로 과제는 종종 유아의 직접적인 욕구와 흥미와 관련되어 있지 않아 열심히 일하려는 욕구를 갖지 못하게 된 어린이가 부적절성과 열등감을 발달시킬 위험이 있다. 이것은 아동의 능력이 제한되어 있고 또래 사이에서 지위가 낮고 기대된 역할에 대한 준비가 충분하지 않을 때 일어날 것이다.

(4) 유머 감각

생후 4개월 된 유아는 촉각, 청각 자극에 웃을 것이며, 8~12개월이 된 유아는 '주어진 상황에서 일어날 것 같은 것'을 더 잘 이해하여 기대되는 것과 다른 사건(부조화)을 찾을 수 있다. 12~18개월 사이의 유아는 사물을 다른 용도로 사용할 수 있다. 사물의 다양한 용도를 아는 것은 아이에게 부조화를 알게 하고 유머로 이끈다. 재미있는 상황에 친구들과 함께 느낄 수 있다면 그들의 즐거움은 더 증가될 것이다. 즉, 무언가를 잠재적으로 재미있는 것으로 인식한 아이들은 처음에 부끄러운 듯 킥킥거리다가 동료 친구들의 반응을 보고 용기를 얻게 되면 웃음을 터트린다. 유머는 어떻게 사용되는가. 많은 아동이 유머를 두려움과 불안을 완화시키기 위해 사용하고 있다. 유머는 아동을 사회적으로 매력 있게 한다. 또한, 유머는 즐거움, 웃음을 자극하도록 도울 수 있고, 나쁜 경험을 극복할 수 있게 해 준다. 그러나 아동에게 다른 사람에게 해가 되고, 잔인한 유머는 피하도록 지도해야 할 것이다.

5) 부정적인 장애물

(1) 긴장과 스트레스

긴장은 특정 상황과도 관련되지만 나이와도 관련된다. 긴장은 적응을 요구하는 발달과업과 관련되어 유아에게 압박을 가하는 상태이다. 2년 6개월의 유아에게는 배변훈련의 고통이 있고, 3세반 때는 사람들과의 적응을 위해 환경이 가정 밖으로 확장되며, 5세반에서 6세에는 학교에서 잘하라는 압력이 생긴다.

좀 더 나이 든 아동은 기본적 자아관심 때문에 스트레스에 영향받기 쉽다. 아동은 자신의 가치에 의문을 갖고 자신이 유능하지 못함을 느끼고 고통받을지도 모른다. 가족 사이의 부조화, 충족되지 않은 욕구 같은 가정 조건은 긴장과 스트레스를 가져온다. 좀 더 나이든 아동은 어린 유아와 달리 스트레스를 다루게 된다.

(2) 불안

불안은 일어날 문제가 실제 존재하는 것이든 아니든 무언가가 잘못되고 있다고 느끼는 정서 상태이다. 불안은 일시적 상태이거나 또는 만성적 습관성인 경우도 있다. 그 정도에 따라 약하기도 하고 심하기도 하다. 유아는 불안을 느낄 때 어려운 과제를 피하고, 도망치거나, 울고, 오줌 싸는 것으로 표현하기도 한다.

프로이트는 자연적 욕구를 억압할 때 필요의 느낌이 불안, 즉 모호하지만 위급한 감정으로 변화된다고 하였다. 오랫동안 불안이 축적되고 그 원인이 환경과 직접적으로 연결되지 않기 때문에 불안은 근절시키기 어렵다.

개인은 사람을 만나고, 사람으로부터 멀어지고, 사람에 대항하는 과정에서 욕구를 충족시키게 된다. 만약, 어린이의 사회화 경험이 너무 고통스러우면 개인은 성격의 기본 요소로서 불안을 발달시키게 된다.

이 기본적 불안은 유아를 양육함에 있어서 사랑, 신뢰, 관용, 안정감에 초점이 맞추어진다면 없어질 수 있다. 두 가지를 다 하고 싶어 하는 것 사이에서(접근-접근 갈등), 두 가지를 하기 원하지 않는 것(회피-회피 갈등) 사이에서 마음을 결정할 수 없을 때 역시 불안이 발생한다.

(3) 좌절

좌절은 개인이 특정 상황에서 성공이나 통제를 하는 데 어려움을 느낄 때 표현된다. 유아는 퇴행, 목적 없는 방황, 칭얼거림, 손가락 빨기, 소리 지르기, 싸움 등으로 표현한다.

유아 사이에서 짜증은 자주 표현되는데 짜증을 다루는 방법으로 다음의 네 가지 방안을 제안하고 있다. ① 유아로부터 잠시 떨어져 있는다, ② 짜증의 원인을 설명하도록 시도한다, ③ 민감한 시기에 대해 미리 계획한다, ④ 짜증을 멈추기 위해 특별한 것을 줌으로써 보상하지 않는다 등이다.

(4) 두려움

두려움은 불쾌하거나 해로운 경험 혹은 도움이 필요한 상황에서 오게 된다.

① 불쾌한 경험

매우 어린 아이에게 큰 소리, 고통, 개가 짖고 뛰어오르는 것 등과 같은 경험이 마음에 두려움을 일으킨다. 또래집단에 큰 가치를 두는 더 큰 아이에게는 소외되고 조롱받고, 실패하는 것 등이 두려움의 원인이 된다.

② 도움이 필요한 상태

아동에게 도움이 없는 상태는 많은 두려움을 일으킨다. 아동이 느끼는 세 가지 보편적 두려움은 ① 떨어지거나 어떤 사건에 의해 몸에 생기는 상처나 해, ② 강도, 유괴, 죽음, ③ 무는 동물이다.

또한, 아동은 어두움을 두려워한다. 어린 유아는 실제와 환상을 구별하는 데 어려움을 느끼기 때문에 전기가 나가면 모든 사물은 무서운 괴물이 될 수 있다. 어두운 방 침대에서 이야기를 해 주거나, 어둠이 해롭지 않다는 것을 증명해 주기 위해 불을 끄고 켜는 실제적인 점검을 해 보는 것들은 유아가 어두움에 대한 두려움을 해소하도록 도와주는 방법이다.

③ 경험의 부족

유아는 경험이 부족하기 때문에 두려움을 느낄 수 있다. 낯선 사람이 친근한지 해를 끼치는지 어떻게 결정해야 할지 모르며, 이에 대해 보호자가 "낯선 사람과 말하지 마라. 그들이 너에게 해를 줄 거야."라고 말한다면 유아는 더 혼동하게 된다.

④ 원인과 결과의 오해

모든 것이 자신과 관련되어 있다는 자아 중심적 믿음 때문에 어떤 큰 소리에도 무서움을 느끼게 된다. 또한, 유아는 다음에 무엇이 일어날 것인가를 예측하는 데 어려움을 느낀다. 그러나 안전감을 갖게 되고 놀림을 당하지 않는다면 유아의 두려움은 나이가 많아짐에 따라, 지식이 쌓임에 따라 감소될 것이다.

6) 성격이론

우리는 일상생활에서 성격이란 말을 많이 쓰고 있다. 우리는 타인에 대하여 자신이 알고 있는 것을 기초로 이해 · 설명 · 예측 · 통제하려고 한다.

인간을 어떻게 보는가에 따라 인간을 이해 · 설명 · 예측 · 통제하는 방식이 달라질 수 있다. 인간의 성격도 심리학의 다양한 학문적 접근에 따라 인간을 보는 관점이나 발달에 대한 견해가 달라진다. 앞에서 살펴본 사회화 과정의 주요 이론을 바탕으로 성격발달과 보다 관련이 깊은 내용을 중심으로 살펴보기로 한다(홍순정 · 이규미, 2009).

(1) 성격의 역동

정신분석이론에서 인간의 행동은 원초아, 자아, 초자아의 관계에 의한 결과라고 설명된다. 이 성격의 세 구조는 고정되어 있지 않고, 어느 것이 강해지면 다른 것이 약해진다. 원초아는 충동을 즉각적으로 만족시키기를 원하는 반면, 초자아는 항상 절대적으로 옳은 것만을 주장한다. 자아는 원초아의 요구를 초자아의 기준에 맞게 만족시키는 '조정자' 역할을 한다. 만일 성격의 세 구조 중 초자아가 상대적으로 너무 강력하면 자아는 원초아를 만족시키는 일이 어렵거나 죄책감을 느낄 수밖에 없으며, 행동은 경직되고 정상적인 즐거움을 누리지 못하게 된다. 반대로 원초아가 지배적이면 자신이나 타인에게 위험할 정도로 충동적인 행동을 하게 된다. 결국, 원초아와 초자아의 중간에서 조정자 또는 해결자의 역할을 하는 것이 자아의 일이고, 자아가 잘 기능하는 것이 바람직한 적응을 이끈다.

살아가는 동안 이 성격의 세 구조 간 갈등은 끊임없이 발생하며, 이때마다 자아가 항상 효율적 · 합리적으로 임무를 수행하는 것은 아니다. 하루에도 여러 번 원초아는 호시탐탐 우리를 유혹하고, 초자아는 그때마다 제지한다.

일상생활에서 원초아가 너무 지배하면 현실에서 그 개인은 잘 적응한다고 할 수 없다. 이러한 사람은 장기적인 만족을 얻는 것이 어려울 뿐 아니라 타인과의 관계가 원만하지 못할 수 있다. 그렇다고 초자아가 너무 강력하면 개인의 원초아적 욕구가 떠오르는 즉시 무시당하여 삶의 재미를 느낄 수 없다.

프로이트는 어린 시절 갈등이 성격장애를 일으킨다고 보았다. 성과 공격적 충동을 사회가 굴복시킴으로써 발생한 갈등은 흔히 의식에서는 받아들여지지 못하고 무의식 속에서 전개된다. 그리고 의식 세계에서는 불안으로 표출된다.

사람은 가능한 어떤 식으로든 불안을 제거하려고 노력한다. 불안을 떨쳐 버리려는 노력 중 하나가 방어기제의 사용이다. 방어기제란 불안과 죄책감 같은 고통스러운 정서로부터 한 개인을 보호하는 자아의 무의식적인 반응이다. 자아는 방어기제를 동원하여 불편한 마음을 달랜다. 우리는 정도의 차이는 있지만 모두 방어기제를 사용하고 있으며, 이것이 각 개인 성격의 독특성을 결정짓는다.

아들러(Adler)는 성적 동기와 무의식의 중요성을 지나치게 강조하는 프로이트와 입장을 달리하여 자신의 성격이론인 개인심리학을 발전시키기 시작하였다. 아들러의 인간 본성에 대한 태도는 프로이트보다 훨씬 낙관적이다. 그는 인간의 본성으로 인간 종족의 타고난 유대감이나 소속감인 사회적 관심을 강조하고, 이러한 사회적 관심은 공동의 선을 위한 협동심의 원천이라고 하였다. 또한, 아들러의 성격이론은 그의 어린 시절 형들이 자기보다 강하고 건강하며 자신은 작고 약했기 때문에 경험한 것들에 영향을 받았다. 그는 아동기의 독특한 경험에 따라 성격을 형성시키는 한 요인으로서 출생 순위의 중요성을 처음으로 강조하였다.

아들러는 인간의 기본 동기는 성이 아니라 열등감에 기초한 우월성의 추구라고 주장하였다. 유아는 돌보는 이의 도움 없이는 그저 무력할 뿐이다. 아울러 자신이 형들과의 관계에서 경험하였듯이 어린 아동은 그보다 큰 아동이나 성인과 비교해 자신은 약하며 무력하다고 느낀다는 것이다. 이것이 열등감의 근원이다. 이 초기의 열등감이 바로 개인으로 하여금 새로운 기술을 습득하고, 새로운 재주를 발전시키도록 동기화시킨다. 열등감은 개인을 발전시키는 데 중요한 재생 에너지가 된다. 아동은 우월성의 추구를 통하여 적응하고, 자신을 발전시키고, 생의 도전을 이겨 낸다. 열등감의 보상은 자신의 능력을 발전시킴으로써 상상 또는 실제의 열등감을 극복하려는 노력이다.

아들러는 부모의 과잉보호나 방임 또는 실제의 신체적 결함이 열등감의 문제를 일으킬 수 있다고 생각하였다. 따라서 그는 부모-아동 관계의 서로 다른 측면에 초점을 맞추었지만, 프로이트가 주장하는 초기 아동기의 중요성에는 동의하였다.

(2) 행동주의적 관점

행동주의는 과학적 심리학이 관찰할 수 있는 행동을 연구해야만 한다는 전제에 기초한 이론적 접근이다. 행동주의 접근에서는 프로이트의 원초아, 자아, 초자아 및 그와 유사한 내적 성격구성 개념에는 관심이 없다. 개인의 성격을 여러 자극 상황에 연결되어 있는 반응경향성의 집합으로 본다.

행동주의에서는 성격구조보다는 성격발달에 대해 관심을 가지며, 발달을 학습으로 설명한다. 아동이 학습에 의하여 환경에 대한 반응경향성, 즉 성격을 형성한다고 본다. 그리고 반응경향성은 개인의 내적 갈등이 아니고 환경적 조건에 크게 좌우되며, 경험으로 학습된다고 본다.

반두라는 사회적 상호작용을 통해 행동이 획득 · 유지되는 과정을 거쳐 인간의 성격이 형성된다고 보았기 때문에 관찰을 통한 학습 또는 사회학습과정을 중요시하였다. 다시 말해 인간의 학습이 직접 경험이 아니라 간접 경험을 통한 학습이 일어날 수 있다고 설명하였다. 관찰학습은 단순히 학습자에게 전개되는 환경만이 아니라 관찰자 자신의 인적 변인 또한 중요한 요소임을 강조하였다.

관찰학습은 우리가 친구의 행동에 주의를 기울이고, 결과를 이해하고, 그 정보를 기억 속에 저장하는 것을 필요로 한다. 이러한 주의, 이해, 정보, 기억과 같은 인지과정은 행동주의에서 관심을 받지 못했다.

관찰학습에서 모델의 역할은 성격발달에 매우 중요하다. 어떤 모델은 다른 모델보다 더 영향력이 있다. 사람들은 자신이 좋아하거나 존경하는 사람일 때, 매력적이거나 강력하다고 생각할 때, 그리고 자신과 비슷할 때 모방하려는 경향이 훨씬 높다. 아동은 이성 모델보다 동성 모델을 모방하려 하기 때문에 성역할을 습득하게 된다. 이러한 모델의 행동이 긍정적인 결과로 유도되는 것을 보면 그 행동을 따라 하기 쉽다.

(3) 인본주의적 관점

인본주의는 객관적 현실보다는 사람의 주관적 현실 세계가 더 중요하다는 입장을 갖는다. 매슬로는 정신적 건강과 같은 용어보다는 자기실현이란 용어를 사용하였다. 이것은 개인의 생물학적 경향성에 기초한 인간 잠재력의 완전한 발달을 의미한다. 매슬로는 사람이 자신이 되고자 하는 바가 되는 것을 자기실현이라고 요약하였다. 그는 사람이 자신의 재능을 충분히 사용할 수 없거나, 자신의 진정한 관심을 추구할 수 없으면 좌절할 것이라고 보았다. 또한, 자신의 내적 잠재력을 무시하고 자신의 본성에 반대되는 쪽으로 갈 때 어려움을 갖게 된다고 하였다.

매슬로는 자기실현을 이루었다고 생각되는 사람들을 선정하여 그들의 성격 특성을 연구하였다. 제퍼슨, 링컨, 아인슈타인과 같이 존경받는 인물들과 자신이 잘 알고 지내는 우수한 적응을 보이는 사람들, 그리고 대학생 집단에서 자기실현자라고 선정한 사람들을 연구하였다.

자기실현자의 특징은 다음과 같다.

첫째, 현실 파악이 정확하며, 자신에 대하여 평화롭다.

둘째, 개방적 · 자발적이다.

셋째, 세계에 대한 신선한 이해를 유지하고 있다.

넷째, 다른 사람의 요구에 민감하고, 대인적 관계보상을 즐긴다.

다섯째, 인정을 위해 다른 사람에게 의존하지 않으며, 혼자임을 불편해하지도 않는다.

여섯째, 자신의 일에 몰두하고 유머 감각을 즐긴다.

일곱째, '정상 경험(아주 정서적인 최고 경지)'을 즐긴다.

여덟째, 성격의 많은 양극단 사이에서 멋진 조화를 이룬다. 즉, 어린애 같을 수 있으며 성숙할 수도 있다. 합리적이기도 하고 직관적이기도 하다. 동조적이면서도 때로 반항적이다.

(4) 특질적 관점

우리가 자신이나 타인의 성격이라고 하는 것은 전체로서의 성격이 아니라 한 가지 또는 몇 가지 특질을 기술하는 경우가 많다. 특질이란 사람들이 서로 다르게 행동·사고하도록 하는 각 개인 내의 지속적 성향을 말한다. 지속적 성향이란 한 개인이 어떤 특질을 소유하면 그 사람은 다른 여러 상황에서 일관성 있게 행동할 것임을 보장해 준다. 특질이론가들은 성격의 주요 핵심을 특질의 조합이라고 정의하고, 인간의 특질 내용과 종류를 밝히는 일에 주력한다. 특질이론가들은 인간의 성격이 유전과 신경학적인 구조에 의해 결정되며 거의 변하지 않는다고 생각한다.

① 올포트의 이론

올포트는 시간과 상황에 걸친 성격의 일관성이 성격의 핵심이라고 주장하였다. 그 일관성이 생의 초기부터 시작하고, 아동이 성인으로 성장해 감에 따라 더욱 일관성을 갖는다고 보았다. 또한, 그는 환경에 대한 사람들의 일관성 있는 반응은 바로 개인 안에 있는 정신·생리적 체계로 구성된 역동적 구조에 의한 것이라고 주장하였다.

올포트는 특질이 성격에 얼마나 영향을 주는가에 따라 주특질(central traits), 중심특질(cardinal traits), 이차적 특질(secondary traits)로 분류하였다. 개인에게 가장 강력하게 영향을 주는 것은 주특질이고, 가장 영향력이 적은 것은 이차적 특질이다. 그리고 우리가 어떤 사람을 기술하기 위해 그때그때 자주 사용하는 용어는 중심특질이다. 특정 특질은 사람마다 다르다. 한 사람의 중심특질이 다른 사람에게는 이차적 특질이 될 수 있고, 어떤 사람의 이차적 특질이 다른 사람에게는 주특질이 될 수 있다. 그렇다면 특질을 어떻게 구분할 수 있을까?

중심특질은 여러 행동에 두루 영향을 주는 것으로, 우리가 자신이나 다른 사람의 성격을 요약하여 기술할 때 쓰는 '자신감 있는', '성실한', '검소한'과 같은 형용사가 여기에 해당된다. 그러나 어떤 사람이 바둑을 둘 때만 자신감이 있고, 다른 상황에서는 그렇지 않다면 이 특질은 영향력이 그리 광범위하지 않기 때문에 중심특질이 될 수 없고, 이차적 특질이 된다.

이차적 특질은 일관적이기는 하지만 한 사람의 행동에 그다지 강력한 영향을 주지 않고 단지 국한된 상황에 대해서 적용되는 특질이다. 예를 들어, 개인적인 취향이나 태도이다. 개인적 취향은 일관성은 있지만 많은 행동에 영향을 주는 것은 아니다. 물론, 어떤 사람에게는 이러한 개인적 취향이 주특질이 될 수도 있다.

주특질은 아주 강력하여 개인의 모든 행위를 지배한다. 대부분의 사람은 그렇게 강력한 단일 특질을 갖고 있지는 않고 극소수의 사람만이 주특질을 갖고 있다. 그러나 누군가가 일단 주특질을 갖게 되면, 이것은 강력한 동기와 열정을 갖고 그 사람의 전 일생을 지배한다.

② 특질에 대한 요인분석이론 : 카텔, 아이젱크, 5요인 모델

올포트를 포함한 특질이론가들에게는 인간이 가진 특질을 밝혀내는 것이 주요 관심사이다. 특질 차원을 찾아내는 방법으로 카텔은 요인분석방법을 사용하였다. 그는 16개의 성격요인을 얻었고, 이것을 기초로 '16PF(personality factor)검사'를 개발하였다. 이 검사를 받은 사람들에 대하여 16개 요인에서 성격 프로파일이 그려져 성격의 측정, 이해, 기술 및 예측이 가능해졌다. 이 검사는 후에 여러 직종에서의 인사선발용 검사로 사용되기도 하였다.

아이젱크도 요인분석방법을 사용하여 외향성, 신경증, 정신증의 세 차원을 가려내었다. 다음에서 보는 바와 같이 상위 특질은 각기 해당되는 하위 특질과 행동으로 기술된다. 아이젱크는 성격은 거의가 유전에 의해 결정된다고 주장한다. 이러한 주장은 5요인 모델에서도 강조된다. 5요인 모델을 통해 광범위한 행동을 예측할 수 있다고 보며, 각 차원의 명칭과 해석은 다음과 같다(Costa & Widiger, 1994).

- 신경증 성향(N, neuroticism) : 이 점수가 높으면 걱정과 근심이 많으며, 신경질적이고, 정서적으로 안정되지 못하고, 부적절하고 심기증적이다. 이 점수가 낮으면 평온하고, 이완되어 있으며, 감정에 치우치지 않고, 강건하고 자기만족적이다.

- 외향성(E, extraversion) : 이 차원은 활동 수준이나 자극에 대한 요구 및 쾌의 추구 능력을 측정한다고 볼 수 있다. 이 점수가 높은 사람은 사회적 · 적극적이고, 말을 많이 하며, 낙관적이고 즐거운 것을 좋아하고, 정감이 있다고 볼 수 있다. 이 점수가 낮은 사람은 조용하고, 냉정하며, 기력이 없고, 무관심하고, 과제 중심적이며, 남을 회피하고 얌전하다.
- 개방성(O, openness to experience) : 이 점수가 높은 사람은 호기심이 있고, 흥미가 많으며, 창의적 · 독창적 · 상상적 · 비인습적이다. 이 점수가 낮은 사람은 인습적 · 현실적이며 흥미가 적고, 비예술적 · 비분석적이다.
- 호의성(A, agreeableness) : 이 점수가 높은 것은 마음이 부드럽거나 성품이 좋은 것으로 기술되며, 신뢰감 있고, 도움이 되며, 용서를 잘해 주고, 쉽게 속으며 정직하다. 낮은 점수는 냉소적이고 거칠며, 의심하고, 비협조적이고, 무자비하며, 신경질적이고 속임수를 쓰는 것으로 기술된다.
- 양심성(C, conscientiousness) : 이 차원은 게으르고 적당주의적인 사람과 믿음직하고 까다로운 사람을 비교한다. 높은 점수는 조직적이고 신뢰로우며, 열심히 일하고, 자기수양적, 시간을 잘 지키는, 용의주도한, 말끔한, 야망적, 끈기 있는 것으로 기술된다. 낮은 점수는 목적이 없고, 신뢰롭지 못하며, 게으르고, 부주의한, 느슨한, 태만한, 의지가 약한, 쾌락주의적인 것으로 기술된다(홍순정 · 이규미, 2013).

7) 성격발달과 관련 인성덕목

교육은 유아의 전인적 발달과 사회와 국가가 필요로 하는 인재로 육성시키는 데 목적을 두고 있다. 그러므로 유아에게 지식만을 가르치는 것은 부족하다. 특히, 인성의 기초는 어린 시기에 형성되므로 유아교육에서 인성교육에 대한 좀 더 관심을 가져야 할 것이다. 테디 루스벨트가 "도덕과 가치 교육이 없는 교육은 사회악을 만든다."라고 강조하듯이, 아무리 좋은 실력을 갖추었다고 해도 좋은 인성을 지니지 못하면 사회에 기여할 수 없고, 올바로 적용할 수 있는 지혜를 갖기 힘들다. 인성교육은 모든 교육의 기본적이고도 중요한 측면이라고 할 수 있다. 유아가 배워 나가야 하는 인성의 주요 덕목 중 기본적인 성격 성향과 사회성과 좀 더 관련된 내용들을 몇 가지 살펴보기로 한다.

(1) 열린 마음(Open-mind)

열린 마음은 내 것을 고집하지 않고 남의 것을 받아들이는 마음이다. 세계 여러 나라의 문화와 인종의 차이를 편견 없이 수용하고, 가치를 존중하며, 공정하게 대하는 태도를 말한다. 내 것을 고집하지 않고 타인의 말을 들어주고 그의 마음을 받아 주는 자세는 아동이 갖춰야 하는 첫 번째 덕목으로 꼽을 수 있다.

(2) 관용(Tolerance)

관용은 사람 간의 차이를 받아들이는 태도를 말한다. 즉, 다른 사람들에게서 볼 수 있는 다른 점을 인정하는 것이다. 관용은 사람들이 종종 예상한 것과 다르다는 것을 아는 것이다. 예를 들어, 아동은 숙제하는 것을 잊어버릴 수 있는데, 선생님이 숙제를 내라고 하면 기분이 나쁠 수 있다. 관용적인 사람들은 그 순간 기분 나빠하지 않고 그들이 실수할 수도 있다는 것을 받아들인다. 자신의 실수로부터 배울 수 있는 자세를 일컫는다. 가족 간에도 엄마가 좋아하는 것과 아빠가 좋아하는 것, 형제자매가 좋아하는 것이 각각 다르다는 것, 친구 간에도 친구가 좋아하는 것과 내가 좋아하는 것이 다르다는 것을 이해하고 불만을 갖지 않는 태도를 말한다.

(3) 자아존중감(Self-Respect)

자아존중감은 스스로의 가치를 믿는 것으로, 자신이 생각하는 최고의 사람이 될 수 있도록 노력하는 것을 뜻한다. 자신의 신체와 정신을 돌보는 것을 말하며, 자아존중감을 가진 사람은 스스로 목표를 세운다. 아동은 자아존중감을 가졌을 때 스스로를 자랑스러워하고, 자기 생각과 감정을 존중하는 법을 알게 된다.

(4) 책임감(Responsibility)

스스로 하겠다고 말한 것을 실행하는 것을 의미한다. 책임감 있는 사람은 약속을 지키기 위해 열심히 노력한다. 그들은 그들의 말이나 행동의 결과를 받아들이며, 규칙을 따른다. 책임감 있는 사람이라면 신뢰를 받게 된다. 책임감 있는 사람들은 정직하고 다른 사람의 실수에 대해 비난하지 않고 그들의 행동에 책임을 진다.

예를 들어, 강아지를 산책시키는 것이 한 아동의 책임이라면, 책임감 있는 아동은 강아지를 산책시킬 때까지 놀지 않을 것이다. 책임감 있는 아동은 부모님 말씀을 잘 듣고, 부모님이 하라는 것을 한다. 부모님이 방 청소를 하라고 할 때 방을 청소하는 것이 부모님에게 책임감이 있는 아이라는 것을 보여 주는 것이다. 또래관계에서도 책임감 있는 아동은 친구의 말을 들어주고, 그들의 비밀을 지켜준다. 그리고 친구를 도와주고 친구의 물건을 소중하게 여긴다.

(5) 평온(Peacefulness)

평온은 마음의 고요함에서 온다. 평온한 아동은 타인을 친절하게 대하고, 다른 사람들과 협동하고 다른 사람들과 얘기하여 문제를 해결하고 일상에서 좋은 점을 발견한다. 평온한 아동은 내적으로 고요하고 행복하다. 다른 사람을 통제할 수 없다는 것을 알며, 자신을 다른 사람이 놀려도 그 말에 상처를 받지 않는다. 또한, 평온한 아동은 가족에게 감사하고 형제자매와 잘 지내며, 부모와 웃으며 대화하고, 가족과 중요한 순간을 함께한다. 친구들과 야구경기를 할 때, 자신의 팀은 3:2라고 생각하고, 상대 팀은 3:3이라고 할 때 상대 팀의 의견에 따르는 것이다. 점수에 대해 따지는 것이 친구들과의 놀이만큼 재미있지는 않기 때문이다.

아동이 매일 운동을 하면 마음의 평온함을 가질 수 있다. 달리고 걷고 노는 것이 기분을 좋게 만들기 때문이다.

(6) 정직(Honesty)

정직은 진실해지는 것이며, 정직한 아동은 거짓말하거나 속이지 않으며, 바른 행동을 한다. 때때로 아동은 자신의 잘못으로 인해 부모에게 두렵고 무서운 마음이 들더라도 솔직하게 말해야 한다. 정직하게 말하면 부모가 아동을 신뢰하게 되고, 아동을 도와줄 수 있기 때문이다. 정직한 아동은 자신과의 약속을 어기지 않는다. 친구의 비밀을 지켜주고, 허락을 받지 않고 물건을 가져가는 행동을 하지 않는다. 정직한 아동은 게임에서도 이기기 위해 규칙을 어기지 않는다.

(7) 우정(Friendliness)

우정은 다정함으로 친절하고 도움이 되는 행동을 의미한다. 다정한 사람은 항상 웃고, 다른 사람들에게 반갑게 인사한다. 다정한 아동은 그들의 활동에 다른 친구들을 기꺼이 끼워준다. 가족들에게 다정하다는 것은 모든 사람이 잘 지낼 수 있도록 하는 것이다. 엄마와 생각을 공유하고 언니와 게임을 하며, 동생을 웃게 하고 가장 좋은 친구가 집에 살고 있다는 것을 아는 것이다. 다정함은 친구를 사귀고 친구 관계를 유지하게 만들어 준다. 다정한 아동은 친구들을 편안하게 해 주며, 다른 친구들과 생각과 느낌을 공유하고 함께 게임을 하고 장난감을 나눠 쓸 수 있다.

(8) 배려(Caring)

배려는 다른 사람의 욕구를 생각해 주는 것이다. 배려를 실천하는 아동은 친절하고 다른 사람들을 도와주려고 노력하며, 그들의 안부를 물어보고 친구의 말을 들어주며 다른 사람을 중요하게 여긴다.

집에서는 동생에게 책을 읽어 주고 잠자리를 돌봐 주며, 가족들에게 관심을 보여 준다. 친구들에게 친절하고 문제가 있는 친구를 도와주며, 화가 난 친구의 이야기를 들어준다. 친구가 새로운 게임을 배우고 싶어 하면, 게임을 하는 방법을 가르쳐 준다. 자신의 욕구보다 다른 사람의 욕구를 먼저 생각한다.

(9) 공손함(Politeness)

공손함은 다른 사람들에 대한 관심을 표현하는 것이다. 다른 사람을 친절하게 대하고 존중하는 것을 뜻하며, 그들에게 그들의 감정과 욕구를 생각하고 있다는 것을 보여 주는 것이다. 누군가에게 문을 열어 주는 행동도 공손한 것이다. 공손하게 전화를 받고, 가족에게 메시지를 전달해 주며, 식사 시간을 지키는 행동을 말한다. 선물을 준 친구에게 감사카드를 쓰는 것과 친구를 만났을 때 안부를 묻는 것이 공손한 태도이다. 새로운 친구를 다른 친구에게 소개해 주고 함께 놀자고 초대하며, 도와준 친구에게 고맙다는 인사를 할 수 있는 태도를 일컫는다.

(10) 사려 깊음(Consideration)

다른 사람들의 욕구와 감정을 생각해 주는 것을 의미한다. 진실되고 이해심 있는 마음으로 친절하고 다른 사람의 권리를 존중하며 다른 사람들을 도와준다. 배려 깊은 사람은 다른 사람들에게 공손하고 무엇인가를 부탁할 때는 "○○을 해 주시겠어요?"라고 말하고, 선물을 받으면 "감사합니다."라고 말한다. 잘한 일에 대해 칭찬을 하며, 다른 사람들의 말에 끼어들지 않고 그들의 말을 듣는다. 사려 깊은 아동은 장난감을 가지고 논 후 정리를 하고, 아빠가 쉬실 때에는 TV 소리를 줄이고 동생의 등원 준비를 도와준다. 내가 하고 싶은 놀이보다는 친구가 하고 싶어 하는 놀이를 선택하고, 교실에서 다른 친구들을 위해 조용히 한다(홍순정 · 김희태, 2011).

CHAPTER 05

영유아 인성교육 이해(1): 영아기

신뢰, 사랑, 친절, 존중, 자율, 행복감 등은 아기의 인성을 생각할 때 먼저 떠오르는 단어들이다. 아기는 모든 것을 어떻게 배우게 될까? 다시 한번 생각해 보면 아기를 둘러싼 사람들을 보고 듣고 느끼고 따라 하며 알아가게 된다는 것을 알 수 있다. 엄마의 다정한 미소를 보고 웃고, 아빠의 표정을 보고 같은 표정을 지어본다. 영아기에는 부모의 영향이 절대적이다. 아기가 어린이집에서 많은 시간을 보낸다면 어린이집 교사의 영향이 또한 절대적이다. 아기의 생존이 부모와 교사의 손에 달려 있기 때문이다. 흔히 "사랑으로 키워라.", "어릴 때 버릇을 잘 들여야 한다." 등의 말을 듣는다.

영아교사들을 대상으로 한 조사들을 보면 인성교육이 강조되어야 하는 이유로 개인이기주의, 도덕성 결여와 윤리 의식 결여, 가치관 혼란, 인간성 상실, 사회성 결여, 가정교육 부재, 지식 위주 교육 등이 지적되고 있다. 인성교육의 목적, 내용, 지도 방법에 대해서는 인격형성과 인간존중, 도덕성교육, 민주시민교육, 사회성발달 등이 높게 나타났으며, 내용으로는 바른 가치관교육, 타인 존중, 기본생활습관, 자아존중감, 예절교육 등이 강조되었다. 지도 방법으로는 가정과의 연계지도, 전 영역을 통한 지도, 생활지도가 높았으며, 영아인성교육 지도 방법으로는 가정과 연계하여 전 영역을 통합한 생활지도 방법으로 인식하였다. 집중 분야로는 기본생활습관, 인간관계, 정서지도, 사회관계증진을 중시하였다. 인성교육에 영향을 주는 요인으로는 부모의 가치관, 교사의 가치관, 영아의 기질, 원장의 교육철학, 물리적 가정환경 등이 지적되고 있다. 보육교사가 생각하는 영아인성교육의 덕목으로는 예절, 협력, 자기존중, 배려, 약속, 양보, 나눔, 질서, 친절, 청결 순으로 나타났음을 볼 수 있다(황산성, 2013).

21세기가 요구하는 것은 단지 지식과 기술을 많이 알고 있는 사람이 아니라 새로운 지식과 배울 수 있는 태도와 자신감, 그리고 도덕적 상상력과 창의성을 가진 사람이다. 도덕적 품성을 가지고 인생의 도전에 맞설 수 있는 힘을 길러 주는 것이 중요하다고 하겠다. 일생에 있어 영유아기는 매우 중요한 시기이다. 인간발달의 기초가 형성되는 시기로 어릴 때부터 성품이 형성되므로 영유아기의 인성에 대한 관심과 교육이 시작되어야 한다. 영유아기는 바람직한 체위와 키 및 몸무게 등의 체격의 기초가 형성되고 일생동안 지속되는 생활습관의 기초가 형성되는 시기로 이 시기의 경험은 한 인간의 생애에 지속적인 영향을 미친다. 인성발달과의 관계 속에서 영유아의 심리사회적 발달, 도덕적 특성에 대하여 알아보고 영유아기 인성교육의 중요성을 알아보기로 한다.

1 영유아기 인성발달 특성

1) 심리사회적 발달

(1) 영아기 : 신뢰감 대 불신감

이 시기 영아에게는 갖가지 자극이 끊임없이 주어지며, 그저 그것들을 받아들인다. 또한, 자신을 돌보는 이들과 상호작용을 하게 되는데, 영아는 돌보는 이의 행동에서 어떤 일관성과 신뢰성을 발견할 수 있어야 한다. 또한, 부모를 일관성 있고 믿을 수 있다고 느낄 때 부모에 대해 기본적인 신뢰감을 발달시킨다. 영아기에 맞이하는 인생 최초의 과제는 신뢰감을 획득하는 것이다. 신뢰감이란 인간이 살고 있는 이 세계를 긍정하고 신뢰할 만한 가치가 있다고 받아들이는 능력을 뜻한다.

영아기 영아가 발달시켜야 할 과업은 이러한 세상에 대한 신뢰, 자신의 행동에 대한 통제, 자신이 부모와의 독립된 존재임을 인식하는 것이다. 영아는 자신을 돌보아 주는 가장 중요한 사람과의 관계 속에서 이러한 과업이 성공적으로 이루어지면 신뢰감, 자율성, 주도성을 발달시킬 수 있다. 그러나 그렇지 못한 경우에는 불신감, 수치심, 죄책감 등을 얻고 이후의 발달에도 부정적인 영향을 초래한다.

(2) 유아기: 자율성 대 수치심

이때의 유아는 많이 움직이며 바쁘게 활동하는 시기이다. 이 시기 유아의 사고는 자기중심적 사고에서 자기의식적인 차원으로 변하게 되어 자기가 할 수 있는 일이면 스스로 하게 되고, 자기의지로 하고 싶지 않아도 노력하려고 한다. 점차 자기주장이 강하게 나타나며, "나" 또는 "내 거야.", "싫어."와 같은 말을 많이 사용한다.

기억력이 급격하게 발달되고 언어 능력이 발달하며, 자기의 감정이나 정서를 매우 솔직하게 나타낸다. 이 시기는 여러 가지 놀이가 가능한 시기이기도 하며, 자율성이 생기고, 질문도 많이 하며, 자기가 할 일은 자기 스스로 할 수 있게 된다.

유아 자신에 대한 통제력이 커져 자기 멋대로 하려고 할 때 사회는 부모를 통하여 그가 올바로 행동하도록 가르치기 시작한다. 용변 가리기(toilet training), 예의 바르게 밥 먹기, 바르게 대답하기 등을 훈련하면서 유아는 자신이 스스로 할 수 있는 자율성과 동시에 사회의 기대와 압력을 의식함으로써 생기는 수치심을 느끼게 된다. 이때 부모는 유아의 독립심을 허용하고 격려해 줌으로써 자율성을 줄 수 있고, 또한 존엄성과 합리적 독립성을 지닌 태도로 자녀를 대하고 양육할 때 유아 역시 자율적인 인격체로 성장해 갈 수 있다.

(3) 학령 전기 : 적극성 대 죄책감

이 시기의 유아는 독립적이고 활발히 움직이기 시작하여 유아의 관심은 자기 신체에만 머물지 않고 주위 사람들에게 확대된다. 유아는 전체로서의 '자기'를 알기 시작하여 외적 환경의 탐색에 주의를 향하게 되며, 자기 내부에서 발견한 것과 동일한 안정성, 강함, 규칙성을 외적 세계 속에서 발견하려고 노력한다. 또한, 이 시기의 유아는 도덕의식이 싹트며 '양심'이 성립되는데 유아는 남이 볼까 부끄러움을 느낄 뿐 아니라 남에게 보일까 봐 두려워하며, 아무도 감시하지 않는 행동이나 단순한 생각에 대해서도 스스로 죄책감을 느끼기 시작한다. 이때 형성되는 감정은 도덕률과 양심의 기초가 된다.

유아는 점차 내재화된 기준에 의해 자기의 행동을 통제하는 능력이 생긴다. 적극성과 죄책감 사이에서 일어나는 갈등의 긍정적인 해결은 유아가 환경에 대한 적극적인 인지적 탐색을 통해 얻는 즐거운 경험의 발달과 관계가 있다. 이 시기 유아는 책임감 규율, 일의 수행 등을 충분히 감당할 수 있을 만큼 감각이 성장하며, 이에 대해 만족을 느낀다. 부모가 간섭하거나 호기심을 말살시키거나 유아의 대답에 무관심하면 유아는 자발성과 호기심을 잃고 정서적으로 불안하게 된다. 또한, 새 경험을 두려워하게 되고 계속 어른에게 의존하며 내향적으로 된다. 그러므로 부모는 유아가 어떤 일을 스스로 할 수 있도록 격려해 주고, 유아의 질문에 관심을 갖고 친절히 대답해 주어야 한다.

이처럼 유아는 양육자와의 관계에 있어서 신뢰감을 쌓고, 혼자서 할 수 있는 일들을 체득해 가면서 자율성을 느끼며, 점차 독립적이고 주체적인 활동에의 참여를 통해 자신감과 책임감을 획득해간다.

2) 도덕적 특성

콜버그는 인간의 도덕적 판단은 3개의 수준을 거쳐 발달하며, 각각의 수준에는 두 개씩의 하위 단계가 있어 총 6개의 단계를 거치면서 발달한다고 설명한다. 유아가 속하는 1~2단계의 도덕 수준을 살펴보면 다음과 같다.

(1) 복종과 처벌지향의 단계

이 시기 유아는 전 인습적 도덕 수준의 단계로서 자아 중심적인 견해를 가지고 있으며, 유아의 도덕성은 외적인 것에 의존한다. 또한, 옳고 그름에 대한 판단은 유아의 한정된 사고에 의존한다. 그리고 유아는 규칙과 권위를 준수하는 것이 옳다고 생각하여 사람이나 소유물에 물리적인 해를 입히지 않는 것이 좋은 것이라고 여긴다. 또한, 이 시기의 유아는 자아 중심적이기 때문에 다른 사람들이 자신과 다른 관점을 가질 수 있다는 것을 깨닫지 못한다. 전 인습적 수준에서 유아는 처벌을 피하기 위해 권위와 규칙에 복종하게 되며 인습적인 규칙이나 사회적 규칙을 진정으로 이해하지 못한다.

(2) 상대적 쾌락주의 경향성

이 단계는 전 인습적 도덕 수준의 두 번째에 해당하는 단계로 유아는 다른 사람의 이익이나 필요를 충족시키는 것이 옳은 행동이라고 생각한다. 또한, 유아는 어떤 상황에서 정당함, 상호성, 공평한 분배가 존재하는가에 대해 생각하기 시작한다. 그러나 이러한 요소들은 항상 물리적이고 실용적인 방식 안에서 해석되는데 만약 누군가가 자신의 등을 할퀴는 것과 같은 나쁜 행동을 했다면 유아는 "네가 내 등을 할퀴었으니까 나도 너의 등을 할퀼 거야."와 같은 반응을 보인다. 이 시기의 유아는 보상을 받거나 사람들의 요구를 만족시키기 위해 규칙을 따르게 된다.

2 영아기의 주요 덕목

유아기까지 형성되는 긍정적 자아 측면은 기본 신뢰감, 자율성, 주도성이다.

1) 신뢰감

출생에서 18개월 사이의 영아가 기본 신뢰감을 발달시키기 위해서는 외부 환경이 예측 가능하며 일관성, 향상성 등이 있어야 한다. 이러한 것이 없으면 영아는 기본 신뢰감을 형성하지 못하며 타인에 대하여, 나아가 세상에 대하여 적대감을 갖는다.

2) 자율성

19개월에서 3세 사이의 유아는 자율성이 발달한다. 유아는 걷기 시작하고 자아감이 발달하기 시작하며, 주위 환경 내에서 자부심이 발달한다. 만약 자신의 시도나 모험이 부끄럽다고 느껴지면 자신에 대하여 수치심을 가지고 이 세상에서의 자신의 기능에 의구심을 갖게 된다.

3) 주도성

3, 4세가 되면 주도성이 나타나기 시작한다. 이 단계에서 유아는 자신의 활동을 계획하고 수행하며, 또래와 협동을 하기 시작한다. 만약 성인이 적절한 통제를 하지 않으면 유아는 자신이 성취할 수 있는 것 이상을 하고자 하며 이는 죄의식이나 실패감을 발달시킨다. 비록 성인이 기술 발달을 위한 연습을 허락하지 않아도 유아는 실패감 속에서 살게 된다.

표준보육과정의 기본생활 세부내용에 반영된 인성덕목 요소들을 살펴보기로 한다. 어린이집 표준보육과정에서 추구하는 인간상은 첫째, 심신이 건강하고 행복한 사람이다. 신체는 물론 심리적으로 건강한 행복감을 느끼는 사람이다. 둘째, 자율적이고 창의적인 사람으로 자율적인 능력을 습득하고 자신의 독특한 생각과 탐색을 즐기는 사람이다. 셋째, 자신과 타인을 존중하고 배려하는 사람, 자신을 존중하고 다른 사람의 생각과 느낌을 존중하며 배려하고 사랑하는 사람이다. 넷째, 자연과 우리 문화를 사랑하는 사람, 주변의 자연환경 및 자원을 아끼고 사랑하며 우리나라 문화에 대한 자긍심과 이해를 바탕으로 새로운 가치를 추구하는 사람이다. 마지막으로 다양성을 인정하는 민주적인 사람, 열린 사고를 바탕으로 타인과 집단에서 조화롭게 협력하여 긍정적으로 관계를 형성하여 민주적인 의사결정을 하는 사람이 되도록 하는 것이다. 표준보육과정은 기본생활, 신체운동, 의사소통, 사회관계, 예술 경험, 자연탐구의 6개 영역을 중심으로 구성되어 있다.

이중 기본생활 영역에는 건강하게 생활하기, 안전하게 생활하기와 세부내용에 따른 인성교육 덕목 내용에 청결, 식사 예절, 약속, 질서, 순종이 포함되어 있다. 사회관계 영역에는 인성교육 덕목으로 자아존중, 긍정감, 타인 존중, 공감, 배려, 우애, 효도 등이 포함되어 있다.

영아기와 같이 이러한 질서, 규칙, 약속 지키기, 예절, 절약, 청결 등의 덕목은 유치원 사회생활영역에서 나타나고 있다(유아교육영역별연구회, 1991). 지도 방법으로는 감정, 문제해결, 가치분석 전략을 바탕으로 이야기 나누기, 노래, 슬라이드, 동화 등의 활용이 제안되고 있다. 유아기 지도에 대해서는 다음 장에서 다시 다루기로 한다.

3 영아기의 인성지도

1) 애착형성

영아가 어머니에게 애착을 형성하는 것은 영아가 어머니에게 친근감을 유지하게 하고 어머니와 정서적 유대관계를 형성해 어머니가 자신을 더 잘 돌보도록 자극하는 것이다. 이와 같은 영아의 어머니에 대한 애착은 영아가 이 세상에 대해 기대하고 가정하게 하는 것으로, 건전한 정신건강 형성에 필수 요소이다.

보울비(Bowlby)의 동료였던 에인스워스(Ainsworth, 1978)는 애착형성 단계를 전 애착 단계, 애착형성 단계, 애착 단계, 상호관계의 형성 단계, 이렇게 4단계로 나누고 있다.

- 1단계 : 전 애착 단계(preattachment phase)는 출생에서 6주까지이다. 이 시기의 영아는 울기, 배냇웃음, 잡기, 껴안기, 매달리기 같은 애착행동을 모든 사람에게 한다.
- 2단계 : 애착형성 단계(phase of attachment in the making)는 생후 6주에서 8개월까지이다. 이 시기의 영아는 점점 친숙한 사람과 낯선 사람을 구별하기 시작한다. 즉, 주 양육자인 어머니와 상호작용할 때 더 많이 웃고 옹알이를 한다. 그리고 자기가 필요할 때 어머니가 반응할 것이라는 신뢰감을 갖기 시작한다. 어머니와 낯선 이를 구별할 수 있지만 아직 낯선 이에게 불안반응을 나타내지 않는다.
- 3단계 : 애착 단계(clear cut attachment phase)는 6~8개월에서 18개월까지이다. 이제 영아는 어머니가 보이지 않으면 불안을 나타낸다. 대상영속성 개념이 형성되면서 영아는 어머니가 보이지 않아도 불안해하지 않으며 주 양육자에게 애착을 형성하게 된다.
- 4단계 : 상호관계의 형성 단계(formation of reciprocal relationship)로 영아는 두 돌이 지나면 인지발달과 언어발달이 이루어져 영아는 애착 대상의 행동을 예상할 수 있게 된다. 이제 대상영속성 개념이 형성되어 영아는 어머니가 나가도 돌아온다고 예측할 수 있다. 따라서 격리불안이 점점 줄어든다.

애착형성의 민감한 기기는 출생에서 세 돌 사이, 즉 영아기이다. 보울비(Bowlby, 1973, 1981)도 인생에서 첫 3년이 사회정서발달에 민감한 시기라고 주장한다. 이 3년이 영아가 애착 대상과 친밀한 정서적 유대를 형성하는 매우 민감한 시기이다. 만약 이 기간에 그러한 기회를 갖지 못하면 나중에 친밀한 정서적 유대관계를 형성하는 것이 어렵거나 불가능할 수도 있다.

2) 즐겁고 수용적이며 호기심을 유발하고 공감적인 환경 조성

아동이나 성인 모두에게 집은 편안히 쉬면서 안정감을 느끼고, 웃고, 울고, 희망과 도전을 준비할 수 있는 곳이다. 즉, 가정은 안전의 기반이 되는 곳이다. 세상사가 스트레스를 주고 너무 자극적일 때도 가정은 내가 재충전할 수 있는 곳이다. 즉, 가정이 본연의 기능을 잘하면 우리의 안식처가 된다. 이렇게 가정이 안식처로서 기능하기 위해서는 즐겁고, 수용적이고, 호기심을 유발하고, 공감적인 환경이 될 수 있어야 한다.

자녀가 안전감을 가질 때 이들은 부모의 지도나 규칙을 더 잘 수용하고 영향을 더 받는다. 두려움은 일시적으로 복종을 가져올 수 있으나 장기적으로 줄 수 있는 순수 영향을 감소시킨다.

3) 반영

영아는 부모의 경험을 통해 세상을 알아간다. 가족의 심리적 · 문화적 세계 속에서 영아가 어떻게 헤쳐 나가느냐는 바로 영아에게 만족감과 앞으로의 자기 삶에 대한 확신의 정도를 결정하게 한다.

영아가 주관적 경험의 세계를 헤쳐 나가기 위해서는 자기와 타인 안에서 이러한 경험을 인지하는 기술을 얻어야 한다. 즉, 자신의 정서적 상태를 알 수 있고 그러한 정서와 감정의 상태는 있다가 사라질 수 있음을 알아야 하고 그러한 감정을 통제할 수 있어야 한다. 또한, 자신의 지각을 설명할 수 있어야 하며, 타인과 다르다는 것을 알아야 한다. 자신이 의도하는 바가 무엇인지 알고 다른 사람의 의도도 간파할 수 있어야 한다. 자신의 내면세계를 알고 다른 사람에게 이야기할 수 있어야 한다. 이러한 과정으로 영아는 자신을 알게 되고 자신을 반영할 수 있게 되는데, 이러한 자신의 반영 능력은 영아가 한 개인으로 성장 발달하는 중요한 요인이 된다.

4) 영아의 반영적 기술을 촉진하기 위한 유의점

첫째, 부모 자신을 반영한다. 부모가 자신의 내적 삶에 대한 적극적 관심을 보여 줄 경우, 영아도 자신의 내적 삶에 대해 비슷한 관심을 갖는다.

둘째, 명확하게 의사소통한다. 부모가 자신의 생각과 감정과 관련된 의도를 비언어적으로든 언어적으로든 명확하게 알려 줄 때 자녀는 부모가 하는 행동의 의미를 더 잘 이해하게 된다. 부모가 자기 생각이나 감정, 의도에 대해 모호한 태도를 보일 때 자녀는 호기심보다는 불안을 느낀다.

셋째, 자녀와 자녀의 행동을 구별한다. 부모는 자녀의 내적 삶과 자녀의 행동을 구별해야 한다. 자녀의 어떤 행동이 격려되어야 하고 없어져야 할 것인지 부모는 비평보다는 수용, 호기심, 그리고 공감의 자세를 가져야 한다. 자녀는 자신의 생각, 감정, 의도를 알 수 있어야 반영기술을 발달시킬 수 있다.

넷째, 부모와 자녀가 다르다는 것을 인정해야 한다. 부모와 자녀가 내적 삶이 서로 다르다는 것을 인지할 때, 이들은 안전감을 갖게 되며, 모두의 내적 삶이 꽃피게 된다. 서로의 차이를 수용해 주고 건강한 개인의 표상으로 볼 때 아동의 반영 능력이 격려되는 것이다.

5) 생활지도

영유아는 가정과 어린이집, 유치원에서 보내는 생활 속에서 갖게 되는 경험들을 통해 성장해 가며, 많은 것을 배운다. 영유아기의 인성교육을 생각해 볼 때, 일련의 프로그램 속에서의 품성지도도 중요하지만 그와 함께 일상생활 속에서의 지도와 상호작용 역시 큰 비중을 차지한다. 전통적으로 있어 온 생활지도의 개념과 내용을 인성교육의 측면에서 좀 더 살펴보기로 한다.

생활지도는 집단의 구성요인 개인들이 자신을 이해하고 아동 스스로가 자신과 주변 세계에 대해 바르게 이해하고 일상생활 속에서 일어나는 여러 가지 문제를 스스로 해결할 수 있는 능력을 길러 줌으로써 보다 안정적이며 통합적으로 성장 ·

발달하도록 도와주는 교육활동이라고 할 수 있다(김홍규, 1992; 이재창, 1995).

일반적으로 아동생활지도의 내용 영역으로는 기본생활습관지도(예절, 절제, 청결, 질서, 협동), 사회생활지도, 건강지도, 안전지도, 정서지도 등을 포함한다.

인성교육과 보다 직접적으로 관련되어 있는 기본생활습관지도와 정서지도에 대해 좀 더 살펴보기로 한다.

(1) 기본생활습관지도

기본생활습관지도는 인간의 생활에 기본이 되는 사회적 규범과 가치관을 내면화하고 습관화하여 사회의 일원이 되도록 돕는 것이다. "세 살 버릇 여든까지 간다."라는 속담도 있듯이 기본생활습관은 아주 어렸을 때부터 형성되며, 또 올바른 기본생활습관은 인성과 사회화에 매우 긍정적인 영향을 끼치기 때문에 유아기에 좋은 습관을 가질 수 있도록 지도하는 것이 필요하다. 기본생활습관으로 형성되어야 할 주요 덕목으로는 예절, 절제, 청결, 질서, 협동 등이 있다. 유아교육에서 다루어지는 기본생활습관의 영역별 지도 내용(유아기 포함)을 소개하면 다음과 같다(유아교육교원 자율연수교재, 1991; 김정신 외, 2004; 황산성, 2013).

① 예절지도

예절은 원만한 인간관계와 및 사회생활을 위해 마땅히 지켜야 할 기본적인 문화적 규범으로 아동이 반드시 습득해야 할 중요한 내용이다.

- 가족 간에 지켜야 할 예의를 알고 지킨다.
- 친척 간의 관계와 지켜야 할 예의를 알고 지킨다.
- 웃어른을 공경하고 형제간에 지켜야 할 예의를 알고 지킨다.
- 이웃에 대하여 관심을 가지고 예절로써 어울리게 한다.
- 선생님에 대한 예절을 지키게 한다.
- 손님에 대한 예의를 알고 지킨다.

② 절제

절제는 자신의 내적 욕구를 규제하고 스스로 자신의 행동을 통제하는 것으로 아동의 성장과 발달의 인지, 사회, 도덕적인 부분에서 매우 중요한 기제가 된다. 유아 스스로 자신을 통제할 수 있는 능력을 기를 수 있도록 지도해야 한다.

- 물건을 아껴 쓰도록 한다.
- 장소나 상황에 따라 감정 조절하여 표현한다.
- 자기 일을 계획하고 실천할 수 있도록 한다.
- 규칙적인 생활을 한다.
- 말과 행동이 일치되는 정직한 생활을 하도록 한다.

③ 청결

청결은 일상생활에서 무의식중에 나타나게 되는 생활습관 중 하나로 아동의 평소 생활 중에 자연스럽게 지도해야 할 기본적인 덕목이다.

- 몸을 깨끗이 한다.
- 주변을 깨끗이 한다.
- 청결한 몸과 청결한 생활은 건강을 돕는다.
- 쓰레기를 바르게 처리한다.
- 환경오염은 우리의 건강을 해친다.

④ 질서

질서는 사회가 올바른 상태로 유지되기 위해 지켜져야 할 구성원들의 약속으로 아동은 사회생활에 필요한 질서나 규칙을 어린 시절부터 습관화해야 한다. 아동이 일상생활 속에서 질서 의식을 자연스럽게 형성할 수 있도록 지도해야 한다.

- 여러 사람이 함께 생활하려면 규칙이 필요하다는 것을 알게 한다.
- 안전과 편리를 위해 지켜야 할 교통규칙과 질서가 있음을 알게 한다.
- 정해진 규칙과 질서를 지키는 태도를 기른다.

- 여럿이 이용하는 장소에서 차례를 지킨다.
- 공중도덕을 지킨다.
- 위험한 놀이를 하지 않는다.

⑤ 협동

협동은 아동이 자기중심적인 태도에서 벗어나 타인과 협력을 하는 친사회적인 행동으로 아동이 또래와의 상호작용을 통해 협동의 미덕을 알 수 있도록 지도해야 한다.

- 친구와 사이좋게 지낸다.
- 집안일을 도우며 협동하는 태도를 기른다.
- 어려운 일은 친구와 협력하여 해결한다.

(2) 사회생활지도

사회적 존재인 인간이 사회에서 효과적으로 살아가기 위해서는 사회적 기술, 태도, 가치를 발달시켜야 한다. 또 사회적 존재로서 자신을 바르게 이해하고 다른 사람들과의 관계에 대해 바르게 이해할 수 있어야 한다. 이렇게 다른 사람들과 사회적인 관계를 형성하며 더불어 살아갈 수 있도록 하는 토대는 유아기부터 이루어진다. 아동은 자신이 속한 사회를 통해 사회생활에 필요한 사회적 기술 및 태도를 배우며, 사회적으로 인정받을 수 있는 바람직한 행동양식과 올바른 사회적 태도 및 도덕적 가치관 등을 배우며 성장한다. 따라서 아동이 사회에서 효과적으로 참여하며 살아갈 수 있도록 아동의 사회성 발달을 돕고, 민주시민으로서의 태도를 함양하도록 사회생활을 지도하는 것은 생활지도에 있어 매우 중요한 내용이 된다.

(3) 정서지도

현대사회의 급격한 변화와 발달은 우리에게 물질적인 편리함과 혜택을 가져다주었으나 반면에 현대인은 정서적인 부적응 상황을 더 많이 직면하게 되었다. 특히, 맞벌이 부부의 증가와 핵가족화 현상은 유아와 어머니 간의 기본적인 정서적 유대를 약화시키는 결과를 초래하여 아동의 정서 문제와 관련된 많은 문제행동을 유발시켰다. 오늘날 흔히 발견되는 아동의 정서 문제와 관련된 행동 유형에는 격리불안, 대물 애착, 강박관념, 주의력 결핍 과잉행동, 스트레스, 우울증 등이 있다. 이러한 아동의 정서적 문제를 미리 발견하고 해결해야 한다.

4 영아기 인성교육의 주요 덕목별 지도방안

좋은 성품은 단지 타고나는 것이 아니라 훈련을 통해 발전할 수 있으며, 성품은 그 사람의 생각과 언어, 태도로 나타난다. 이러한 인성교육이 가장 효과적으로 이루어질 수 있는 시기는 영유아기부터이다. 한 번 길들여진 삶의 습관은 잘 고쳐지지 않으므로 영유아기 시절부터 인성교육은 매우 중요하다. 아직 성품이 완전히 결정되기 이전, 영아에게 어려서부터 마땅히 갖추어야 할 좋은 인성들을 가르쳐 그것이 몸에 익히게 하고, 아울러 훈련된 인성으로 평생을 살아갈 수 있도록 격려해야 한다. 영아가 가지고 있는 사고, 감정, 행동을 통해 구체적이고 좋은 인성을 익힐 수 있도록 지도한다. 단지 교훈적인 내용에서 한 걸음 더 나아가 더욱 재미있고 흥미로울 수 있도록 전개되어야 할 것이다. 인성교육은 영아의 자발적인 행동변화를 촉진하기 위한 여러 가지 경험이나 조건을 제공하는 것으로 강제적 요구나 압력으로 성품을 변화시키려고 노력하는 것은 인성교육이라 할 수 없다. 또한, 인성교육의 방법은 다양하지만 품성을 함양하는 방법으로 무엇보다 기본적인 덕목을 어릴 때부터 내면화시켜 습관이 되도록 해야 한다.

1) 예절

예절이란 기본적으로 나 아닌 다른 사람을 존중하고 이해하는 예의범절을 뜻한다. 예절교육은 가정에서의 예절, 집단에서의 예절, 국가에 대한 예절로 구분해 볼 수 있다.

집단생활에서의 예절로는 기본예절, 친구와 사이좋게 지내기, 다른 사람의 권리와 의견 존중하기가 있다. 기본예절에는 가족, 친척, 이웃, 교사에게 인사하기, 친구들과 정다운 이야기 나누기, 때와 장소에 따른 인사말 하기, 고운 말씨 쓰기, 식사 예절 지키기, 다른 사람의 이야기 끝까지 듣기가 포함된다. 친구와 사이좋게 지내기에는 놀잇감은 친구와 나누어 쓰기, 다른 친구 방해하지 않기가 포함된다. 다른 사람의 권리와 의견 존중하기에는 다른 사람의 물건을 함부로 빼앗지 않기, 다른 사람의 의견을 무시하거나 마음대로 행동하지 않기, 한번 정한 규칙은 지키기, 다른 사람 방해하지 않기가 포함된다.

예절이란 상대방을 존중하며 사랑하고 위하는 마음이 행동에 자연스럽게 나타나도록 하는 데에 있다. 예절은 인간을 인간답게 지내도록 하는 것이다. 그것은 우선적으로 자신을 위한 것이며, 타인과의 원만한 관계를 맺어가며 살아가야 하는 인간의 기본 도리를 깨닫게 하는 것으로 인간의 삶에 필수적인 요소이다.

영아의 예절교육은 상대방을 존중하고 사랑하며, 우애의 마음이 행동에 자연스럽게 나타나도록 하는 데에 중점을 두어야 한다. 예절은 단시일 내에 습득되는 것이 아니므로 가정과 기관에서 끊임없이 상기시키고 지도해 주어야 한다. 이를 위해 다음과 같은 교수 원리를 숙지해야 한다.

첫째, 영아는 부모나 교사의 행동을 가장 쉽게 따라 하기 때문에 먼저 모범을 보여 준다.

둘째, 마음에서 우러나와 예의를 표현하게 도와준다.

셋째, 예절을 지켜야 하는 이유를 여러 가지 상황 속에서 이야기로 설명해 준다(예를 들어, 예절은 다른 사람을 기분 좋게 해 주는 것이고, 나도 기분 좋기 위해 지키는 것이다).

넷째, 예절을 지키는 방법을 상세히 알려 주고 영아와 함께 역할놀이를 통해 재미있게 연습해 보는 기회를 갖는다.

다섯째, 영아의 다양한 감정을 그림으로 표현해 보고, 유아의 감성을 계발할 수 있는 다양한 활동을 제공한다.

생활 예절과 습관은 영아기부터 이루어진다. 2세 정도가 되면 신체 조절을 할 수 있게 되면서 세상을 만나고 친구와 함께하게 된다. 이 시기에 친구와 함께 지낼 때에 지켜야 할 예절이 있다는 사실을 지도해야 한다. 영유아는 부모와 교사의 행동을 보고 배운다. 즉, 모델의 행동이 중요하다. 영아가 바람직한 인격을 형성하도록 교육하기 위해 가정, 학교, 사회에서 유아가 지켜야 할 기본적인 예절교육에 대한 지침이 교육과정에 나와 있다. 개인 예절, 인사 예절, 언어 예절, 식사 예절, 인간관계 예절, 공공 예절 등을 포함하고 있으므로 이러한 기본적인 예절을 다양한 생활 영역과 관련하여 지도한다. 교사 자신이 훌륭한 인성 모델이 되는 것은 당연한 일이기도 하다. 영아에게 예절을 가르치는 가장 좋은 방법 또한 모방학습이며 반복학습일 것이다.

기본생활습관은 한두 번의 훈련이나 교육으로 단시간 내에 목표를 달성하리라 보기는 어렵다. 따라서 부모와 교사는 눈에 띄는 변화를 영아에게 기대해서는 안 된다. 영아는 점차 변해갈 것이며, 이를 지켜보고 격려해 주는 것이 중요하다. 예절지도를 위해 교육기관 교사들은 어떤 상황에서든 같은 태도로 모든 영아를 보살피고 지도해야 한다. 영아는 대부분 가정보다 교육기관에서 시간을 많이 보내기 때문에 교사는 책임감을 가지고 임해야 한다. 하지만 많은 교육기관에서 예절교육을 강사를 초청하여 가르치거나 예절교육기관들을 방문하여 배우는 특별한 활동으로 여기고 있다. 예절교육은 일상생활을 통해 자연스럽게 습득하는 교육이어야 한다. 영아의 모든 영역에 자연스럽게 지도할 수 있도록 모든 일과에서 교사들이 협동하여 일관성 있는 태도로 반복적으로 교육함으로써 영아는 예절 바른 행동을 습관화할 것이다. 다양한 활동을 통해 예절교육을 하되 기본생활, 사회생활, 언어생활 등과 관련해서 생활을 통해 배울 수 있어야 한다.

2) 협력

협력의 사전적 의미를 살펴보면, "서로 돕는 마음으로 힘을 모음, 힘을 합하여 돕는 것"으로 정의한다. 협력이란 공유하는 목표를 달성하기 위해 함께 활동하는 것이다. 함께 협력하는 과정에서 자신은 물론 타인에게도 이익이 되는 결과를 추구하는 것으로 집단 구성원이 서로 마음과 힘을 하나로 합하여 서로 돕는 상태를 말한다. 협력하기는 영아가 또래와 함께 서로의 능력을 활용하여 의미 있는 답을 찾아가는 과정이다. 영아는 타인과의 협력과 협상을 경험함으로써 타인의 입장을 이해하게 된다.

'협력이란 단순히 시간 · 공간적으로 함께 모여 있는 것 혹은 함께 활동하는 것만을 뜻하는 것이 아니라, 두 명 이상의 구성원이 공동의 목표를 설정하고 이를 달성하기 위하여 개인적 책임을 다하고 서로 조언 및 조력을 주고받는 것'으로 본다. 협력에 대한 하위 내용으로는 긍정적인 상호의존성(도움 주고받기, 의견 · 정보 · 자료 공유하기, 친밀감 형성하기), 개인적 책임감(내 역할 인식하기, 역할 완수하기, 책임감 갖기), 집단 협력과정(공동의 노력 평가하기) 등이 속한다.

다른 사람을 돕고 자신을 조절하며 함께 문제를 해결하는 협력과정을 통해 자신에 대해 긍정적으로 생각하고 타인을 수용하며 문제를 해결하는 사회적 능력을 향상시키게 된다. 등원에서부터 이야기 나누기, 자유선택활동, 대소집단 활동, 실내외 활동, 귀가에 이르기까지 일과활동 구석구석에서 형식적 · 비형식적 형태로 접근될 수 있다.

협력활동은 어떻게 시작하고 전개하는가에 따라 그리고 교사의 적절한 개입에 따라 그 결과가 달라진다. 협력행동은 공유행동과 마찬가지로 영아가 성장하면서 발달한다. 영아가 사회적 경험을 많이 가질수록 협력을 더 잘하게 된다. 협력의 발달을 돕는 교사의 역할로 교사는 자유로운 활동 분위기와 모험적 사고, 확산적 사고 그리고 즉각적인 피드백 등을 통한 비판적 사고력, 창의적 사고력, 탐구력을 향상시켜야 한다. 또한, 교실에서의 활동이 협력활동으로 구성되도록 영아의 공통 관심사와 자료를 갖고 그 자료를 이용하여 연습과 조작의 기회를 통해 활동을 전개하도록 한다.

협력교육의 성과를 얻기 위해서는 교사의 역할이 무엇보다도 중요하다. 교사는 단순한 관찰자의 역할에서 끝나는 것이 아니라 구성원의 협력으로 도달할 수 있는 목표선정에서부터 구성원 선정, 협력관계 유지 및 학습과정에서의 피드백, 평가에 이르기까지 치밀한 계획을 세우고 실천하는 역할을 해야 한다.

활동 시간에는 여유를 가지고 영아의 활동을 살펴보면서 모둠이나 영아에게 개별적 지도를 하여야 한다. 영아의 활동을 격려하고, 아이디어를 주고, 피드백을 하고, 자료를 제공하면서 활발한 활동을 하도록 도와주는 것이다.

교사는 영아의 활동을 지속적으로 모니터링 해야 한다. 전통적인 수업에서는 영아의 사고나 반응, 행동을 거의 예상할 수 있지만, 협력활동에서는 다양한 상황이 나타나기 때문에 이에 잘 대처하기 위해 많은 준비를 해야 한다.

또한, 교사는 영아의 활동에 적극적으로 개입할 필요가 있다. 영아는 모든 면에서 미숙하므로 교사는 단순히 방관자가 되어서는 안 된다. 오히려 문제가 있는 영아가 발생하면 그들이 정상적인 활동을 할 수 있도록 적극적으로 개입해야 한다.

3) 자기존중(자율성)

자기존중은 자신이 생각하는 사람이 될 수 있도록 노력하는 것이며, 자신의 신체와 정신을 돌보는 것을 말한다. 스스로 목표를 세우고 스스로를 자랑스러워 하고 자신의 생각과 감정을 존중하는 법을 알게 된다. 자율은 다른 사람과 분리된 나만의 행위로만 규정지어서는 안 된다. 이는 독립된 개체 이전에 공동체의 구성원이라는 사실과 자율에는 개인의 책무성이 뒤따르기 때문이다.

자율성의 사전적 의미는 “자기 스스로의 원칙에 따라 어떤 일을 하거나 자기 스스로 자신을 통제하여 절제하는 성질이나 특성”이다. 즉, 자율성이란 자기조절과 결정을 하면 자신과 상황에 대한 인식, 주변인의 영향에 일정 부분 떨어져 비판적 반성 과정을 통하여 자기 스스로 합리적인 판단을 하고 표현하는 것이다.

학급에서의 자율성 신장 방안으로는 개방적 분위기와 영아에 대한 허용적 태도,

영아의 의견 수렴, 자율적인 참여 의식의 격려하기, 소집단별 역할 분담 등이 있다. 자율성 발달을 돕는 교사의 역할로는 다양하고 새로운 활동을 제시하며 상상력과 감정을 풍부하게 하고 사고력을 자극하도록 한다.

4) 배려

배려의 사전적 의미는 첫째, 어떤 대상에 대해 부담을 느끼고, 걱정하며 고민스러워하는 마음의 상태이다. 둘째, 누군가(또는 무엇)에 대해 감정을 가지고 있으며, 마음이 기우는 것을 뜻한다. 셋째, 누군가를 보호하고 그 사람의 복지를 생각하며 유지하려고 하는 뜻이다. 그리고 배려의 내용을 세분화하여 자아에 대한 배려, 친밀한 사람에 대한 배려, 낯선 사람과 멀리 있는 사람에 대한 배려, 동식물과 땅에 대한 배려, 인간이 만든 세상에 대한 배려, 사상에 대한 배려 등으로 나누어 설명하기도 한다. 영유아기에는 배려의 기본적인 성향으로 타인의 필요와 요구에 민감하게 반응, 공감하는 마음과 태도를 발달시킬 수 있도록 도와주는 것이 필요하다.

나딩스(Naddings)는 교육의 방법으로 본보기, 대화, 실천, 인정과 격려 네 가지 요소를 제시하고 있다(박병춘, 2002).

첫째, 본보기는 모든 유형의 도덕교육에서 중요하지만, 특히 배려를 위한 교육에서는 가장 핵심적인 방법이다. 나딩스에 따르면 배려의 능력은 자신이 배려를 받았던 경험과 배려를 베풀었던 경험에 의존한다. 따라서 교사는 보살펴 주는 사람과 본보기의 역할을 동시에 수행해야 하기 때문에 영아와 이루어지는 모든 관계 안에서 언행을 통해 보살펴 주는 사람으로서의 모범을 보여줌으로써 배려의 본보기이자 보살펴 주는 사람으로서의 역할을 수행해야 한다.

둘째, 대화를 필수적인 요소로 본다. 대화를 통해서 상호 간의 이해와 신뢰를 형성하고, 의사를 교환할 수 있을 뿐만 아니라 상호 간의 배려를 지속할 수 있고 보살펴 주는 사람과 배려를 받는 사람이 함께 성찰할 수 있기 때문이다. 영아가 진솔하고 적극적인 자세로, 그리고 편안한 마음으로 대화에 참여할 수 있게 하기 위해 교사는 영아 간 신뢰가 형성될 수 있을 정도로 충분히 서로에 대해서 알 수 있는 시간이 요구된다.

셋째, 실천이다. 영아에게 배려를 실천해 볼 수 있는 기회를 제공해 줄 것을 제안하였다. 이러한 배려의 실천을 위한 방법으로서 교육기관에서 봉사활동과 협동활동을 제안하였다. 봉사활동은 인간의 상호의존성과 나눔의 가치를 체험하게 해 줄 뿐만 아니라, 서로를 이겨야 하는 경쟁 상대가 아니라 더불어 살아가야 하는 동반자로 인식하게 해 주는 장점이 있다. 또한, 협동 활동을 통해 영아는 배려의 실천적인 경험을 하고 배려의 의미를 이해하고 관계의 중요성과 상호협동의 중요성을 얻을 수 있다. 그러므로 교사는 영아에게 협동 활동이나 봉사활동의 목적이 서로를 도와주기 위한 것임을 인식시킨다.

넷째, 인정과 격려란 교사가 영아에 대한 이해와 지식을 기초로 영아가 지니고 있는 보다 훌륭한 자아를 확인하고 이의 발달을 격려해 줌으로써 최상의 자아를 고양시켜 주는 것이라고 할 수 있다. 이러한 인정과 격려를 해 주기 위해 교사는 학생의 재능이나 능력, 특성, 관심 등을 알고 있어야 할 뿐만 아니라 영아와 서로 친밀감과 신뢰감을 형성하고 있어야 한다.

교사는 여러 가지 매체를 통해 영아에게 배려심을 가르칠 수 있다. 예를 들어, 동화책을 이용하는 방법, TV 프로그램이나 비디오의 활용, 역할놀이, 놀이를 통한 규칙학습 등이 있다.

5) 약속

약속이란 상대자와 앞으로의 어떤 일에 관하여 서로 양해하여 정해 주는 것이다. 영유아도 약속에 대한 개념을 가지고 있으며, 약속을 지키는 것은 서로에 대한 존중과 신뢰를 나타내는 것으로 느끼게 된다. 부모나 교사가 영유아에게 한 약속을 지키지 않는다면 신뢰감을 갖기 어렵다. 영유아기에서의 약속은 책임이나 규범의 측면보다는 신뢰의 개념과 깊게 관련되어 있다.

약속은 영유아기에 습득하는 사회적 지식 중의 하나로 연령이 증가하면서 그 개념에 대한 이해가 바뀌어 간다. 영유아는 가정에서 부모 형제와의 생활이나 또래와의 만남을 통해 공동생활을 경험하면서 여러 가지 약속을 하며, 약속 준수의 중요성도 인식하게 되고, 이를 통하여 도덕성도 발달한다. 부모-자녀 관계를 중심으로 하고 있는 가정에서 이루어지는 약속은 부모 자신의 가치체계에 따라 약속 준수가 달라지며, 부모의 태도는 자녀의 약속 인식 정도에 많은 영향을 미친다. 따라서 부모의 가치관, 태도 및 행동은 영유아교육의 핵심적 요소가 된다.

실제로 학령 전기의 유아는 부모와의 약속을 가장 많이 하는 것으로 나타났으며(우남희 · 최윤영, 2001), 어머니의 양육 행동은 아동의 자기통제 능력 발달에 영향을 주는 것으로 나타나고 있다.

약속이란 개인과 개인과의 관계에서 서로가 행하여야 할 것을 정하고 그대로 지켜나가기로 한 결정으로, 두 사람 이상이 언어적 상호작용을 통하여 미래의 어떤 일에 대해 동의하고, 자발적으로 그것을 행할 의무를 취하는 행위이다. 약속 준수는 사회생활의 기본이 되고 상호 신뢰의 사회 형성에 중요한 역할을 한다.

교사는 지식으로 가르치는 것이 아니라 몸에 배어 진 가치관과 태도를 통해 교육하여야 한다. 교사는 모든 활동영역을 통하여 인성의 학습 기회를 갖도록 배려하고 일관성 있는 지도를 하고, 인성덕목의 내면화와 습관화를 위하여 생활 속에서 꾸준히 학습이 이루어질 수 있도록 계획하고, 영아에게 모범이 되고 자상한 생활의 안내자, 도덕적인 문제를 함께 고민할 수 있도록 하며, 약속을 소중히 여기고 실천할 수 있도록 영아가 직접 체험이나 활동할 수 있는 기회를 제공해 주어야 한다(황산성, 2013; 홍순정 외, 2016).

6) 신뢰감

신뢰는 타인의 선의에 대한 믿음이며 유아의 성장 · 발달의 기본 요소이다. 에릭슨은 프로이트의 영향으로 발달을 출생에서 노년기까지 전 생애에 걸쳐 이루어지는 과정으로 보고 그의 심리사회적 이론에서 첫 단계로 기본 신뢰감 대 불신감을 형성하는 시기로 보았다.

이러한 기본 신뢰감과 불신감은 긍정적인 자아개념과 부정적인 자아개념을 형성하는 기초가 된다. 기본 신뢰감이 형성되어야 영아는 다른 행동에서도 어머니에 대한 신뢰적인 태도를 보인다. 예를 들어, 어머니가 잠시 영아를 떠나도 영아는 분리불안을 심하게 보이지 않고 어머니가 곧 돌아올 것이라고 믿는다. 반대로 불신감을 가진 영아는 어머니가 곁에 있어도 언제 떠날지 모른다는 생각에 불안해 한다.

이 시기의 신뢰감 형성은 후에 사회적 관계 속에서 다른 사람들과 적응하는 데 영향을 미친다. 즉, 어머니와의 기본 신뢰감이 안정적으로 형성되어야 영아는 사회를 신뢰할 수 있다. 그리하여 에릭슨은 이 시기를 인생의 초기 단계에서 가장 중요한 시기로 보았다(조성연 외, 2005).

신뢰감 대 불신감의 단계에서 영아는 양육 방법과 특성과 관련해서 신뢰감이 발달된다. 이때 양육은 주로 부모에 의해서 이루어지고 수유습관에 반영된다. 교육기관에 들어갈 무렵에는 신뢰감이나 불신감 사이의 균형이 어느 한쪽으로 기울어진다. 따라서 교육기관에서는 이러한 신뢰감을 형성할 수 있도록 도와주어야 한다. 이때 교사는 영아가 스스로 믿음으로써 신뢰감을 형성할 수 있다고 생각하면 이러한 목적은 비교적 쉽게 달성된다. 예를 들어, 일관된 정책과 규칙적인 프로그램은 신뢰로운 분위기를 만드는 데 영향을 미친다. 또한, 교사의 합리성도 영아가 믿고 따를 수 있도록 만든다. 만약, 교사가 유아의 개인적 욕구에 민감해서 원하는 것은 무엇이든 충족시켜 준다면 영아는 자신이 사랑받을 만한 가치가 있는 존재라고 확신하고 신뢰감과 자아존중감을 키워 나가게 될 것이다(홍순정 외, 2009).

신뢰감의 발달을 돕는 교사의 역할은 첫째, 다양한 상호작용 방법을 사용한다. ① 영아와 눈을 맞추고 이야기한다. ② 영아의 이름을 불러 준다. ③ 영아 스스로 무엇인가를 해냈을 때 그 순간을 놓치지 말고 칭찬해 준다. ④ 영아가 말을 걸거나 신체적 접촉을 원할 때 곧 반응을 나타낸다. ⑤ 가능한 한 영아와 자주 대화를 나누거나 말을 건넨다. ⑥ 다양한 활동을 매개로 영아와 밀접한 상호작용을 한다.

둘째, 영아 개인별로 상호작용한다. ① 영아마다 기질이 다르므로 영아의 기질에 맞추어 접근한다. ② 영아가 보이는 스트레스 신화와 단서를 민감하게 해석한다. ③ 영아를 방해하지 않고 그들이 바라는 대로 자신의 속도대로 놀잇감을 탐색할 수 있는 기회를 준다. 셋째, 영아의 요구에 민감하게 반응한다. ① 영아의 존재에 대해 언어와 신체를 통해 즐거움을 표현한다. ② 영아에게 따뜻한 눈길을 보낸다. ③ 영아에게 부드럽게 노래를 불러 준다. ④ 교육활동은 자연스러운 놀이를 통해 이루어지도록 한다. ⑤ 다음에 일어날 상황에 대해 예측 가능하도록 하루 일과를 일관성 있게 한다. ⑥ 지나치게 긴장되어 있거나 까다로운 영아를 달래기 위해 등을 부드럽게 쓰다듬어 주는 등 신체적으로 잘 돌보아 준다. ⑦ 교사가 자료를 제시할 때는 친숙한 자료와 새로운 자료가 균형을 이루도록 한다.

특히, 교육기관에서 교사-영아 간의 개별적 상호작용은 매우 중요하다. 즉, 교사와 영아가 교실의 한 공간에서 오랜 시간 동안 함께 지낸다 하더라도 집단적 상호작용이라면 영아 개인에게 유의미한 상호작용이 되기 어렵다. 기질, 가정환경, 선호성이 다른 영아에게 교사가 '안전한 기초 제공자'로서의 역할을 하려면 개별적인 상호작용이 요구된다(장혜순, 2006).

애착은 음식이나 애정의 표현 정도에 기초하는 것이라기보다는 사회적 환경에 관련된 기본 요소들을 포함하고 있다. 여기에는 영아의 욕구에 민감하게 반응하는 것, 일관성 있게 욕구를 적절히 즉각적으로 충족시켜 주는 것 등이 있다. 이 개념을 내면화한다면 영아는 환경에서 사람을 신뢰하고 세계를 애정 어린 장소로 보게 될 것이다(홍순정 외, 2009).

CHAPTER 06

영유아 인성교육 이해(2): 유아기

1 유아기 인성교육

영아기 인성교육에서 논의한 인성지도의 방향과 함께하면서 유아가 성장 · 발달해 감에 따라 좀 더 체계적인 교육활동을 계획하고 제공할 수 있을 것이다. 좋은 품성은 훈련을 통해 발전해 갈 수 있으며, 이는 그 사람의 생각과 언어, 태도로 나타난다. 이러한 품성교육이 가장 효과적으로 이루어질 수 있는 시기는 영아기와 유아기부터이다. 한 번 생긴 습관은 잘 고쳐지지 않으므로 유아 시절부터 인성교육은 매우 중요하다. 아직 품성이 완전히 결정되기 이전, 어린이에게 어려서부터 '마땅히 갖추어야 할 좋은 품성'을 몸에 익히게 하고, 바람직한 성품으로 평생을 살아갈 수 있도록 격려해야 한다. 어린 자녀가 가지고 있는 사고, 감정, 행동을 통해 구체적이고 좋은 성품을 익힐 수 있도록 지도해야 한다. 가르침의 내용이 단지 교훈적인 것에서 한 걸음 더 나아가 더욱 재미있고 흥미로울 수 있도록 구체적인 프로그램으로 전개되어야 할 것이다. 인성교육은 유아의 자발적인 행동변화를 촉진하기 위한 여러 가지 경험이나 조건을 제공하는 것으로 강제적 요구나 압력으로 성품을 변화시키려고 해서는 안 될 것이다. 인성교육의 방법은 다양하지만 품성을 함양하는 방법으로 무엇보다 기본적인 덕목을 어릴 때부터 내면화시켜 습관이 되도록 해야 한다는 것이 인성교육의 방법에 있어 주목해야 할 부분일 것이다.

1) 유아기 인성교육의 방법

유아에게는 미덕을 실질적으로 경험해 볼 수 있는 연습과 실천의 기회가 반복적으로 제공되어야 한다. 친구와 잘 지내거나, 기르는 동물을 따뜻하게 보살피고, 어른들에게 예의 바르고 공경하는 마음가짐과 태도를 나타내 보는 기회를 지속적으로 경험할 때 유아는 사랑, 예의, 공경의 미덕이 습관화되고 그것을 또 다른 상황에서도 제대로 기능할 수 있게 될 것이다. 인성교육은 이론적인 것이 아닌 실천 위주의 방법을 모색해야 한다.

2) 교사의 역할

유아교육의 성과는 유아교육을 담당하고 있는 교사가 유아의 발달과 특성을 이해하고, 유아교육에 대한 올바른 교육적 가치관을 지니고 있을 때만이 효과가 크다고 하였다(정태희, 1989). 홀트(Holt, 1993)는 유아교사는 지식으로 가르치는 것이 아니라 몸에 밴 가치관과 태도를 통해 교육한다고 하였으며, 박찬옥(2010)은 유아교사는 교육의 특수 전략 이전에 유아와 상호작용하는 교사의 인성 자체가 교육적 의미를 갖는다고 할 수 있다고 하였다. 미분화된 발달적 특성을 지닌 유아 성품교육에 있어 유아교사의 인성은 그 어느 것보다 크게 작용할 수 있다. 인성교육의 효율적인 지도를 위하여 허경철과 조난심(1994)의 인성교육의 5가지 지도원리, 즉 통합적 접근 원리, 지속성의 원리, 관계성의 원리, 자율성의 원리, 체험의 원리를 기초로 하여 교사의 역할을 다음과 같이 정리하였다.

첫째, 모든 활동영역을 통하여 인성의 학습 기회를 갖도록 배려하고 일관성 있는 지도를 한다.

둘째, 인성덕목의 내면화와 습관화를 위하여 생활 속에서 꾸준히 학습이 이루어질 수 있도록 계획한다.

셋째, 유아에게 모범이 되고 자상한 생활의 안내자, 도덕적인 문제를 함께 고민할 수 있도록 한다.

넷째, 유아가 자율적으로 인성덕목과 관련된 문제를 결정하고 실천할 수 있고 유아의 직접 체험이나 활동할 수 있는 기회를 제공한다.

3) 부모교육

유아가 가장 많은 시간을 함께 보내는 사람은 바로 부모이다. 그러므로 유아교육에서 부모를 위한 교육은 중요하다. 유아기에 적절한 감각적 자극이나 책임 있는 양육자가 없는 경우 발달에 저해를 가져올 수 있다. 또한, 영아기는 인생의 시기에서 가장 빨리 가장 많은 것을 배우고 흡수하는 시기이며, 가장 많이 배울 수 있는 중요한 시기이다. 부모가 영유아기 자녀를 양육하는 데 있어 미숙함을 보이고, 자녀를 올바르게 교육하는 것에 힘들어하는 모습을 볼 수 있는데, 이는 아직 부모로서의 정체성도 확립하지 못한 점이 이유가 될 수 있다. 부모의 역할은 영아의 출생 또는 양육의 책임자이고, 자녀를 낳아서 키우는 양육의 주된 담당자이고, 자신감과 자율성을 위해 자녀를 훈련시키고, 정서적 욕구 충족, 사회성 발달 격려, 지적 성장자극, 개인의 발달적 욕구에 관심, 이해심을 가지고 훈육하며 이를 위한 적절한 양육환경을 제공하는 것이다. 정기적인 부모교육을 통해서 영유아발달에 대한 이해를 돕고 부모의 역할과 자녀 인성교육에 필요한 부모교육이 이루어져야 한다.

부모와 어떤 관계를 맺고, 부모로부터 어떤 영향을 받으며 교육을 받느냐에 따라 영아의 인성이나 성격, 인지발달에 큰 영향을 미친다. 영유아 인성교육을 위한 부모교육에서 영유아에 대한 인식의 변화, 부모의 역할과 교육적 사명에 대한 인식, 영유아와 부모가 함께 교육을 받을 수 있는 프로그램의 운영 등이 고려될 필요가 있다.

4) 인성덕목의 지도과정

우리가 중요한 품성 요소로 논의해 왔던 덕목들을 어떻게 지도할 것인가?의 문제는 학생이 그러한 덕목에 접하고 인지하고, 이해하고 실천할 수 있는 능력을 발달시키고자 함이다. 즉, 덕목을 어떻게 내면화할 것인가의 문제이다. 덕목에 대한 인지, 이해, 실천, 선택과 행동에 대한 반영적 사고와 반성의 과정을 통해 바람직한 가치와 덕목을 내면화하고 실천할 수 있는 능력을 발달해 갈 수 있을 것이다. 각각의 과정을 좀 더 살펴보기로 한다.

- 인식(awareness) : 인식은 교사와 다른 사람들이 덕목을 설명하고 규정함으로써 생겨나고 학교 공동체를 위한 교육의 언어와 품성교육의 방법을 통해 얻어진다. 교사가 존중, 친절, 근면 등의 단어를 사용하고 학생에게 그들의 지적 · 성격적 발달에서 이들 덕목의 중요성을 환기 시킬 때 이들이 중요함을 인식하게 된다.
- 이해(understanding) : 덕목의 이해는 학생이 "아하~ 그렇구나." 하고 알게 되는 경험을 할 때, 덕목에 맞게 생활하고 개인적인 행복과 다른 사람의 행복을 가져오는 선택을 할 때 일어난다.
- 행동(action) : 행동은 학생이 좋은 습관을 형성할 때 가능하다. 우리는 행동함으로써 그것이 되는 것이다. 정의로운 행동을 함으로써 정의롭게 되며 용감한 행동을 함으로써 용감해진다. 행동은 덕목을 실천하는 것이다.
- 반영적 사고(reflection) : 반영적 사고 또는 반성은 선택과 행동에 관한 숙고이다. 그것이 좋은 결정이었나? 아니면 나쁜 결정이었나? 왜 그런가? 다음에는 다르게 무엇을 할 것인가? 등의 반영적 사고는 덕목을 내면화하는 데 필수적인 자기지식이 발달하도록 도와준다. 이는 도덕적 합리화 능력을 길러 준다. 덕목의 형성은 우리가 잘 선택하고 행동할 수 있도록 해주는 마음과 감성과 행동의 좋은 습관들로 이루어진다. 덕목을 기르는 것은 학생들이 충만한 삶을 이끌도록 도와주며 이는 인성교육의 중심이 될 것이다. 행동하고 우리

가 한 일에 대해 반성하고 우리의 잘못으로부터 배우고, 열정, 존중, 정직과 같은 덕목으로 이루어진 삶을 어떻게 살아야 할지 더 깊게 이해하게 되는 것이다.

이러한 내면화 과정과 함께 영유아기의 인성교육에서는 교육의 자료와 소재도 매우 중요하다. 이를 위해 그림책과 인물 연구를 통한 지도가 제안되고 있다. 인성교육 지도의 자료로 덕목과 관련된 이야기를 통해 덕목에 대해 생각하고 느끼고 행동으로 내재화될 수 있도록 이끌고자 한다. 아동이 좋아하는 많은 동화와 그림책이 모두 좋은 인성교육의 지도자료가 될 것이다. 교육에서 흥미와 감동은 무엇보다 중요하다. 감동이 없다면 교육도 없다고 본다. 마음이 열리고 움직이는 감동의 그 순간이야말로 교육이 일어나는 순간이 될 것이다. 이와 함께 품성 요소를 실천한 인물들의 이야기를 통해 품성덕목의 중요함과 실천에 관심을 갖고 이를 내면화할 수 있도록 도와줄 수 있다. 이야기를 통해 감동을 전하는 것이 중요할 것이다. 동화와 인물들의 이야기는 감동을 불러일으키는 매력 있는 인성교육자료가 될 것이다(홍순정 외, 2016).

2 인성지도 활동계획안 사례(인성덕목: 존중과 예의)

영유아기 인성교육에서 중요하게 다룰 것으로 기대되는 덕목으로 존중, 배려, 정직, 정의, 책임감과 같은 기본 가치 덕목과 친절, 예의, 근면성실, 인내와 관용, 자기관리, 대인관계, 열정 등의 실천적 덕목이 제안되고 있다. 이들 덕목 중 존중과 예의를 중심으로 어린이집과 유치원에서 활용할 수 있는 지도방안을 살펴보기로 한다. 특히, 그림책과 인물 연구를 활용하여 전개한 지도안을 살펴보기로 한다(홍순정 외, 2016).

[인성덕목 : 존중]

1) 존중의 개념

앞에서 논의했듯이, 존중(respect)은 모든 인간의 행동과 사고의 기본 가치이다. 모든 생명체에 관한 귀한 존재임을 알고 행동하는 것을 존중이라고 할 수 있다. 인간이 스스로를 존중하는 것부터 시작해서 나아가 모든 사람과 생명체, 사물은 그들만의 가치가 있으며 그 가치를 인정하고 소중히 하고자 하는 기본 윤리이다.

존중은 타인에 대한 존중과 자신에 대한 존중이 포함되어야 한다. 상대를 존중하는 마음은 저절로 생기지 않는다. 이 역시 노력과 연습이 필요하다. 다른 사람을 존중하기 위해서는 그 사람을 있는 그대로 볼 수 있어야 한다. 또한, 그 사람의 장점을 보고 그것을 긍정적으로 평가할 수 있어야 한다. 우리가 존중받고자 한다면 먼저 상대방을 존중하는 법을 배워야 한다. 그러한 마음이 생기도록 늘 생각을 가다듬고 연습하여 우리의 삶 속에 존중심이 내재화되도록 하는 법을 익혀야 한다. 내가 존중받으려면, 내가 먼저 상대를 존중해 주어야 한다.

가까운 주변에서부터 존중을 실천하도록 한다. 주변의 친구들에게 친하다는 이유로 막말을 하지는 않는지, 주변 친구들을 함부로 깎아내리지는 않는지 등의 소소한 일에서부터 존중은 시작되어야 한다.

유아교육에서 존중은 인성교육의 중요한 요소로 제시된다. 더욱이 유아 존중의 보육, 교육 개념이 부각되면서 존중의 개념은 새롭게 관심을 받고 있다. 누리과정에서는 유아의 바른 인성을 위하여 배려, 존중, 협력, 나눔, 질서, 효 등을 유아를 위한 주요 인성교육 요소로 제시하고 있다(교육과학기술부, 2011, 2013). 그중 존중이란 사람이나 사물의 존재를 존중하고 그 가치를 소중히 여기는 것을 의미한다.

교육과학기술부(2011) 인성교육 프로그램 자료집에서 제시한 존중덕목을 보면 자신과 전통문화에 대한 존중, 다른 사람들과 다른 문화에 대한 존중, 생명과 환경에 대한 존중으로 다루어 이를 누리과정의 하위 영역과의 관계를 살피고 있다. 예를 들어, 의사소통영역의 듣기, 말하기, 읽기, 쓰기 등에서 다른 사람의 말과 의견을 경청하고 존중하며 소통함과 관련이 있고, 사회관계영역에서는 나와 가족, 다른 사람, 사회, 세계 등으로 확장되어 가는 하위 내용의 기본 배경으로 존중은 기본적 가치이다. 예술경험영역에서 모든 존재의 아름다움을 찾아보고, 아름다움을 감상하며, 다양하게 같이 표현해 보는 접근은 존중의 가치인식을 더욱 풍부하게 할 수 있다. 자연탐구영역에서 탐구하는 태도 기르기와 과학적 탐구하기에서 생명체와 자연현상 알아보기에 대해서 다뤄지는 내용은 상대를 배려하며 존중하는 방법을 알게 한다. 기본적으로 누리과정에는 자아존중에서 각 하위 영역의 성격에 따라 타인 존중, 생명존중, 환경존중, 민주시민 의식에 관한 내용이 포함되어 있음을 볼 수 있다.

2) '존중'에 관한 동화 사례

존중과 관련된 동화에서 존중에서의 하위 요소와의 관련성을 살펴보기로 한다.

인성 덕목	도서명	그림책 정보		
		글/그림	출판사	연령
자아 존중	괜찮아	최숙희 글/그림	웅진주니어 (2009)	만 5, 6, 7세
자아 존중	내가 참 좋아!	강경수 글/그림 최혜영 감수	소담주니어 (2014)	유아, 초등저
자아 존중, 타인 존중	내가 최고야	루시 커진즈 지음 임정은 옮김	시공주니어 (2010)	유아
자아 존중, 타인 존중	모든 가족은 특별해요	토드 파 글/그림	문학동네 (2005)	유아
자아 존중, 타인 존중, 민주시민 의식	우당탕탕, 할머니 귀가 커졌어요	엘리자베트 슈티메르트 글/ 카롤리네 케르 그림/ 유혜자 옮김	비룡소 (2008)	유아, 초등저
자아 존중, 타인 존중, 생명 존중, 환경 존중	얼음소년	조원희 글/그림	느림보 (2009)	유아
자아 존중, 생명 존중, 환경 존중	브레멘의 음악대	그림 형제 글 조희정 그림	한국 가우스 (2016)	유아, 초등저
자아 존중, 타인 존중, 민주시민 의식	싸움에 관한 위대한 책	다비드 칼리 글/ 세르주 블로크 그림/ 정혜경 옮김	문학동네 (2014)	유아, 초등저
자아 존중, 타인 존중, 민주시민 의식	고릴라 가족	앤서니 브라운 글/그림	웅진주니어 (2012)	유아
자아 존중, 타인 존중, 생명 존중, 환경 존중	밤나무 아들 밤손이	이경혜·허태준 글/그림	웅진닷컴주니어 (2011)	유아, 초등저
자아 존중, 타인 존중, 생명 존중,	눈이 되고 발이 되고	권정생 지음	국민서관 (1999)	유아, 초등저
자아 존중, 타인 존중, 생명 존중,	은혜갚은 까치	송경진 지음	한샘닷컴 (2004)	유아, 초등저

위의 존중 관련 동화를 활용하여 유아와의 활동으로 적용할 수 있는 자료 활용 방법에 대해 살펴보기로 한다.

〈동화 1〉

(1) 도서명: 『내가 최고야』/루시 커진즈 지음, 임정은 옮김/시공주니어(2010)

(2) '존중'과 관련 요소: 타인 존중, 민주시민 의식

: 유아기 시기의 자연스러운 사고의 특성은 자기중심성이다. 유아는 자신만 최고라고 생각하기 쉽다. 그러나 나만 존중하고 타인은 존중하지 못하면, 친구를 무시하는 아이가 될 수도 있다. 이 그림책은 자신이 가장 최고라고 여기는 '멍멍이'의 이야기를 담아 유아가 동일시할 수 있도록 그려냈다. 나와 똑 닮은 멍멍이를 내세워 '나'뿐 아니라, '너'의 존귀함을 배우도록 유도하며, 사람은 타고난 그대로 소중하고 최고임을 깨닫게 해 준다. 그리고 내가 존귀한 만큼 타인의 존귀함도 생각해 볼 수 있는 기회를 제공한다.

(3) 자료 활용 방법

- 그림책을 들려준 후 토의주제로 활용해 본다.
  : '잘한다는 것은 어떤 것일까?', '최고가 가장 좋은 것인가?' 등 우리 반 모두가 최고가 될 수 있는 방법 토의해 보기
- '내가 자신 있는 것' 장기자랑대회를 열어 몸을 사용하거나, 그림 등의 작품으로 표현해 보는 활동을 한다.

〈동화 2〉

(1) 도서명 :『우당탕탕, 할머니 귀가 커졌어요』/엘리자베트 슈티메르트 글, 카롤리네 케르 그림, 유혜자 옮김/비룡소(2008)

(2) '존중'과 관련 요소 : 타인 존중, 민주시민 의식

: 현대사회의 아파트 생활이 많아지면서 생긴 층간 소음에 관한 책으로 나와 가족, 친척이 아닌 이웃과의 관계에서도 기본적인 존중이라는 가치가 필요함을 인식할 수 있도록 돕는다. 특히, 나와 연결된 사람까지의 이기주의와 나도 남에게 피해를 주지 않고 남의 도움도 안 받는다는 식의 개인주의에 해당하는 사람에게도 인간사회에서 기본적으로 갖추고 지켜야 할 도리와 가치는 존중임을 인식시켜 준다. 약간의 피해도 이해하고 존중할 수 있는 분위기가 필요하다. 나와 타인과 주변 환경에서 같이 상생할 수 있는 분위기가 될 수 있도록 하여야 한다.

(3) 자료 활용 방법

- 우리 이웃의 생활주제를 다루며, 층간 소음을 줄이는 방법, 이웃 간에 지켜야 할 예절 등에 대해 이야기해 볼 수 있다.
- 그림책을 잘 읽고, 직접 층간 소음 실험하여 너무 심각한 소음을 유발하면 다른 사람에게 피해가 될 수 있다는 것을 이해해 볼 필요가 있다.
- 층간 소음을 경험한 유아의 인터뷰도 해 보고 언어영역에 전시하거나, 그림책에 나온 위층 아이들과 아래층 할머니가 같이 행복해질 수 있는 다양한 창의적인 방법을 모색해 보아야 하고, 할머니에게 드리는 편지를 작성하는 등 층간 소음으로 벌어질 일들에 대한 존중을 실천해 보기로 한다.

〈동화 3〉

(1) 도서명 : 『얼음소년』/조원희 글 · 그림/느림보(2009)

(2) '존중'과 관련 요소 : 환경 존중

: 환경에 대한 존중, 지구 온난화에 관한 문제를 다루고 있다. 인간의 편리함, 인간끼리의 관계만 중요하게 생각하다 보니 환경에 대한 존중은 놓친 것이 아닌지 생각해 보아야 한다.

(3) 자료 활용 방법

- 그림책을 읽고 관련 질문을 하며 토의를 한다.
  - 얼음소년은 왜 북극으로 가야 했을까?
  - 눈 대신 비가 내리는 이유는 무엇일까?
  - 사람들의 편리함 때문에 존중받지 못한 상황은 어떤 것들이 있을까?
  - 환경을 보호하고 존중하는 방법으로 우리가 어떻게 해야 할까?
- 얼음집 녹지 않게 만들기 과학실험을 한다.
  - 아이스크림 케이크 상자 안에 얼음 집(그릇 가운데에 이글루 모양으로 작은 그릇을 넣어 얼려 얼음집 모양을 만듦)을 두고, 주변에 드라이아이스를 놓아두고 어떤 환경에서 녹는지 관찰해 본다(드라이로 뜨거운 바람을 일으키기, 분무기로 비가 내리는 장면 일으키기, 태양열을 대신하여 전기스탠드 조명 비추기 등).
  - 어떤 상황으로 변화했는지 관찰해 보고, 그림책의 주인공 얼음소년이 얼마나 아프고 속상했는지, 녹을 수밖에 없었던 이유를 생각해 본다.

〈동화 4〉

(1) 도서명 : 『브레멘의 음악대』/그림형제 글, 조희정 그림/한국가우스(2009)

(2) '존중'과 관련 요소 : 타인 존중

: 동물을 의인화하여 이용가치가 없어 쓸모없게 되어 버린 자들을 저버리는 인간의 냉혹한 모습을 풍자하고 있다. 사람들에게는 버려졌지만 서로를 존중하고 배려하고 협력하여 슬기롭게 도둑을 물리치게 되었다.

(3) 자료 활용 방법

- 우리가 꾸미는 브레멘의 음악대 : 브레멘의 음악대는 매우 유명한 전래동화로 다양한 활동으로 전개할 수 있다. '우리가 만드는 동화 대본'을 써서 동극으로 표현해 본다. 동극 대본은 서로 존중하는 질문과 격려 등 창의적으로 작성해 보도록 한다.

〈동화 5〉

(1) 도서명 : 『싸움에 관한 위대한 책』/다비드 칼리 지음, 세르주 블로크 그림, 정혜경 옮김/문학동네(2014)

(2) '존중'과 관련 요소 : 타인에 대한 존중

: 싸움의 원인은 존중이 기본으로 되어 있지 않기 때문이다. 언제 싸움이 일어나는지 계속 이야기하다 보면, 상대방으로부터 존중받지 못해서가 가장 근본적인 원인이다. 싸움에 관한 요인을 잘 파악하고 타인을 존중하는 마음으로 시작됨을 인식하여야 한다.

(3) 자료 활용 방법

- 싸우는 원인을 생각해 보고 등장 인물에게 편지를 쓴다.
- 싸우는 원인을 생각해 보고 친구들과의 규칙을 정해 본다.
- 우리 반을 평화롭게 만드는 방법에 대해 토의활동을 한다.

3) 인물 연구

존중덕목과 관련된 인물에 대한 이야기는 좋은 인성교육의 소재가 된다. 위인과 본받을 인물 가운데에는 모범이 되는 덕성을 가지고 있는 인물이 많이 있다. 그 인물의 삶에서 존중덕목과 관련된 내용을 중심으로 들려주고 이야기 나누기를 통해 품성덕목에 대해 느낄 수 있도록 지도한다. 인물 연구의 사례로 프란치스코 교황, 앨버트 슈바이처, 에이브러햄 링컨, 간디, 마더 테레사, 정조 등을 들 수 있다.

4) '존중'에 관한 활동계획안

존중과 관련하여 유아와 인성교육활동을 할 수 있도록 인식-이해-실천-반영의 지도과정을 따라 계획된 활동계획안의 예들을 보기로 한다.

〈활동 1〉

<table>
<tr><td>활동명</td><td colspan="2">나는 특별해요</td><td>관련요소</td><td>자아 존중</td></tr>
<tr><td>활동목표</td><td colspan="4">• 그림책의 내용을 이해하고, 주인공 리키가 자신의 단점을 슬기롭게 극복한 방법을 알 수 있다.
• 자신과 친구는 다른 점이 있음을 알고 존중하는 방법에 대해 알 수 있다.
• 자신의 장점과 단점을 이해하고 존중하며, 자신의 모습을 사랑하는 태도를 기른다.</td></tr>
<tr><td>활동유형</td><td colspan="4">동화 듣고 이야기 나누기
(동화 듣고 나의 장단점 생각해 보기, 자랑스러운 나 소개해 보기)</td></tr>
<tr><td>활동시간</td><td colspan="2">20분</td><td>집단 형태</td><td>대집단, 모둠 활동</td></tr>
<tr><td>활동자료</td><td colspan="4">『내 귀는 짝짝이』 그림책, 활동 워크지, 막대인형, 마이크</td></tr>
<tr><td rowspan="2">단계</td><td colspan="4">교수학습과정</td></tr>
<tr><td>내용</td><td colspan="3">교사발문</td></tr>
<tr><td>인식</td><td>『내 귀는 짝짝이』 그림책을 듣고 이해한다. 주인공이 단점을 인정하고 자신의 모습을 사랑하는 모습을 이해하고 동일시한다.</td><td colspan="3">• 『내 귀는 짝짝이』 동화를 듣고 리키의 마음이 어땠을지 공감해 보자.
• 어떤 점이 기억에 남는지 이야기해 볼까?
• 리키가 자신의 짝짝이 귀를 해결하기 위해 쓴 방법 중 가장 기억에 남는 방법은 뭐가 있었니?</td></tr>
<tr><td>이해</td><td>리키의 귀처럼 내가 다른 친구와 다른 점, 특별한 점을 소개할 수 있다.</td><td colspan="3">• 리키에게 해 주고 싶은 말이 있는지 이야기해 본다.
• 리키처럼 나도 특별한 점, 다른 점이 있는지 생각해 보자.
• 활동지에 나의 특별한 점을 그림이나 글로 표현해 보자.</td></tr>
<tr><td>행동</td><td>나의 장단점을 종이에 각각 적고, 나와 타인이 장점과 단점으로 특별함이 있음을 알 수 있다.</td><td colspan="3">• 나의 장점, 특별한 점을 앞에 나와 발표해 볼까?
• 이건 나의 장점을 자신 있게 발표할 수 있도록 도와줄 마이크야. 자, 누가 씩씩하게 발표해 볼까?
• 나의 단점, 고치고 싶은 점은 어떤 것이 있을까?
• 나누어 주는 종이에 한 번 써 보자.
• 이 단점과 고칠 점은 반드시 고치기로 하자.
• 다음 주에 단점 중 고치려고 노력한 점에 대해 이야기해 보자.</td></tr>
<tr><td>반영</td><td>나의 장점을 바탕으로 자랑스러운 나에 대해 자신 있게 발표해 보고 나를 사랑하는 태도를 반영할 수 있다.</td><td colspan="3">• 나의 장점과 자랑스러운 나에 대해 친구들 앞에서 발표해 보자.
• 나뿐 아니고 친구들도 특별한 점이 많구나. 잘 들어보았니?
• 정말 특별한 점을 많이 갖고 있구나. 그것을 자랑스럽게 생각하도록 하자.</td></tr>
<tr><td>활동평가</td><td colspan="4">자신의 특별한 점에 대해 이야기하였는데, 외형상의 특징, 신체적인 특징들을 이야기하고 쓰는 경우가 많다. 자신의 장점을 신체적인 특징, 성격, 잘할 수 있는 것 등으로 바꾸어 질문을 확장하자 점차 자신의 장점에 대해 자세히 이야기할 수 있다. 앞에 나와 마이크를 들고 자신의 장점과 특징을 발표해 보는 활동을 하였더니 즐겁고 자신 있게 이야기하였다.</td></tr>
</table>

〈활동 2〉

<table>
<tr><th>활동명</th><td colspan="2">자화상 그리기</td><th>관련요소</th><td>자아 존중</td></tr>
<tr><th>활동목표</th><td colspan="4">• 표정과 모습은 달라도 모두 소중한 존재임을 인식한다.
• 내 얼굴을 자세히 관찰하고, 자화상을 그릴 수 있다.
• 자화상에 나타난 색, 선, 형태 등에 대해 탐색한다.</td></tr>
<tr><th>활동유형</th><td colspan="4">조형활동</td></tr>
<tr><th>활동시간</th><td colspan="2">20분</td><th>집단 형태</th><td>대집단, 개별 활동</td></tr>
<tr><th>활동자료</th><td colspan="4">세계 여러 나라의 작가가 그린 다양한 자화상 이미지</td></tr>
<tr><th rowspan="2">단계</th><th colspan="4">교수학습과정</th></tr>
<tr><th>내용</th><th colspan="3">교사발문</th></tr>
<tr><th>인식</th><td>자화상이 무엇인지 알아보고 여러 나라의 작가가 그린 다양한 자화상의 이미지를 찾아본다. 자신의 얼굴 모습을 관찰하고 인식한다.</td><td colspan="3">• 자화상이란 말을 들어본 적이 있니? 자화상이란 자신의 얼굴을 그림으로 그린 것이란다.
• 어떤 그림이 있니? 무엇을 그린 것 같니?
• 자신의 얼굴을 자화상으로 어떻게 표현한 것 같니?</td></tr>
<tr><th>이해</th><td>화가가 그린 자화상의 눈, 코, 입 등의 표현을 거울에 비친 자신의 얼굴을 살펴보고 특징을 찾아보고 감상해 본다.</td><td colspan="3">• 자기의 얼굴을 잘 관찰해 볼까?
• 눈은 어떠니? 코는 어떠니? 입은 어떠니?
• 만약 자신의 얼굴을 자화상으로 그려 본다면 어떤 부분을 특징적으로 그릴 것 같니?</td></tr>
<tr><th>행동</th><td>자신의 얼굴 특징을 잘 기억하고 자화상을 그려 본다.</td><td colspan="3">• 소중하고 하나뿐인 내 얼굴의 특징을 잘 기억해서 자화상을 그려 보자.
• '나는 눈이 크고 예뻐요.', '난 소중한 코가 예뻐요' 등 자신의 소중한 얼굴을 기억해서 자화상을 표현해 보자.</td></tr>
<tr><th>반영</th><td>자신의 얼굴을 표현한 자화상에서 가장 마음에 드는 부분을 이야기해 보고 전시해 본다.</td><td colspan="3">• '나는 눈이 크고 예뻐요', '난 내 얼굴 중 코가 마음에 들어요' 등으로 자신이 그린 자화상을 보며 이야기해 보자.</td></tr>
<tr><th>활동평가</th><td colspan="4">• 얼굴 모양 종이, OHP 용지, 사포 종이 등 다양한 재료를 활용할 수 있다.
• 자화상을 그리고 전시하여 친구들이 그린 자화상을 감상하며, 나의 자화상이 소중하듯 친구들도 자신의 자화상에 대해 애착이 있음을 인식하고 자화상을 그린 친구들과 함께 작품을 감상하며 자아존중감과 더불어 타인을 존중하는 기초적 관점을 가진다.</td></tr>
</table>

〈활동 3〉

활동명	모든 가족은 특별해요	관련요소	타인 존중
활동목표	• 가족의 형태가 다양함을 안다. • 서로 다른 유형의 가족이라도 서로 사랑하고 돕는다는 것을 이해한다. • 가족의 소중함을 느낀다.		
활동유형	신체표현		
활동시간	20분	집단 형태	대집단, 모둠 활동
활동자료	『모든 가족은 특별해요』 그림책, 다양한 가족 목걸이, 「그대로 멈춰라」 음원		

단계	교수학습과정	
	내용	교사발문
인식	가족의 의미를 알고 다양한 가족이 있음을 인식한다.	• 『모든 가족은 특별해요』 동화를 들어보았는데 너희들이 생각하는 가족이란 무엇일까? • 누구든 가족이 될 수 있고 가족이 되는 방법은 아주 다양하단다. • 너희들이 알고 있는 다양한 가족은 어떤 가족이니?
이해	다양한 가족에게 공통점이 있음을 알고 존중해야 함을 이해한다.	• 다양한 가족 유형들이 사이좋게 지내려면 어떤 방법이 있을까? • (다양한 유형의 가족을 보여 주며)이 가족 구성원에는 누가 있니? • 우리도 이렇게 다양한 유형의 가족의 구성원이 되어 보면 어떨까? • 어떤 느낌일까? 한 가족이라면 어떻게 지내야 할까?
행동	신체표현을 하면서 다양한 가족의 유형에 대해 이야기한다.	• 모두 다양한 가족의 얼굴이 한 명씩 그려져 있는 목걸이를 수수께끼 상자에서 하나씩 뽑아서 목에 걸고, 「그대로 멈춰라」 음악에 맞추어 걷다가 신호악기 소리가 나면 선생님이 이야기하는 수만큼 가족들이 모여 보도록 하자. • 5명이 모여 새로운 가족을 만들어 보자. • 함께 모인 5명이 목걸이를 보면서 어떤 가족 구성원이 모였는지 알아보자. • 노래에 맞추어 목걸이에 그려진 가족의 역할을 표현해 보자.
반영	나와 다른 유형의 가족을 어떻게 생각해야 할지 이야기한다.	• 친구가 나와 다른 식구를 가졌다면 어떻게 할까? (놀리거나 괴롭히지 않는다.) • 나와 다른 유형의 가족도 서로 사랑하고 아끼는 마음은 같단다. • 아빠와 엄마가 너희들을 사랑하고, 너희가 엄마 아빠를 사랑하는 것처럼 모든 가족이 서로 사랑하는 마음은 같단다.
활동평가	목걸이를 걸고 아빠, 엄마, 할머니, 아기, 강아지, 외국인, 초등학생 오빠 등 다양한 가족 구성원 중 하나를 골라 무작위로 모둠을 만들어 해 보면서 만약 이러한 구성원으로 가족이 된다면 어떻게 살아가야 할지 생각해 보게 한다. 서로를 존중하며 사는 것이 바람직한 것임을 이야기한다.	

[인성덕목 : 예의]

1) 예의의 개념

예의란 기본적으로 나 아닌 다른 사람을 존중하고 이해하는 예의범절을 뜻한다. 예의(禮儀)의 사전적 의미를 살펴보면 '존경의 뜻을 표하기 위하여 예로써 나타내는 말투나 몸가짐'으로 정의된다(네이버 국어사전). 예로부터 우리나라는 타인을 공경하는 예절 바른 행동으로 '동방예의지국'이라 불렸다. 이는 부모, 조부모 등 웃어른의 모범과 훈련을 통해 자녀들에게 예절교육이 자연스럽게 이루어졌기 때문이다(김정신, 2004). "유아기에는 옳고 그름을 판단하는 것을 배우고 양심이 발달한다."라고 허비거스트(Havighurst, 1952)가 말했다. 이를 근거로 이 시기에 예의를 가르치는 것이 필요하다.

예의는 인간을 인간답게 지내도록 하는 것이다. 그것은 우선적으로 자신을 위한 것이며, 타인과 원만한 관계를 맺으며 살아가야 하는 인간의 기본 도리를 깨닫게 하는 것으로 인간의 삶에 필수적인 요소이다. 현대사회에서 부모와 교사는 예절교육을 등한시하려는 경향이 있으나, 선진사회로 나아가는 데 기초적인 민주시민 정신을 기르기 위한 최우선 과제로 여겨야 한다.

유아의 예절교육은 상대방을 존중하고 사랑하며, 우애의 마음이 행동에 자연스럽게 나타나도록 하는 데 중점을 두어야 한다. 예절은 모두 다 시일 내에 습득되는 것이 아니므로 끊임없이 상기시키고 지도해 주어야 한다.

생활 예절과 습관은 영아기부터 이루어진다. 2세 정도가 되면 신체 조절을 할 수 있게 되면서 세상을 만나고 친구와 놀이를 하면서 협동을 배우게 되므로 이 시기에 양육자는 친구와 함께 지낼 때에 지켜야 할 예절이 있다는 사실을 가르쳐야 한다.

유치원과 어린이집 누리과정에서는 기본생활습관과 질서, 예절, 배려, 협력 등 바른 인성을 기르는 데 중점을 둔다. 사회라는 공동체 안에서 건강하고 행복한 구성원으로 살아가기 위해서는 유아기부터 바른 기본생활습관과 올바른 인성을 갖추어야 한다. 타인 및 공동체와 바람직한 관계를 맺기 위한 올바른 인성은 자신의 일을 스스로 하고 다른 사람에게 피해를 주지 않도록 예의를 갖추고 배려하며, 정해진 규칙을 준수하고 공동체 구성원이 공유하는 행위의 기준과 도덕적 가치를 내면화하는 것을 포함한다. 유아기는 인성의 기초가 형성되는 시기일 뿐만 아니라 교육의 효과도 매우 커서 이 시기에 형성된 태도와 습관은 평생 동안 지속된다. 따라서 유아기부터 기본생활습관, 예절, 배려, 협력 등 실천 위주의 인성교육이 실시되어야 한다. 기본생활습관과 인성교육은 하루아침에 이루어지는 것도 아니고 특정한 시간을 정해 놓고 집중적으로 지도한다고 이루어지는 것도 아니다. 이는 일상생활 속에서 유아기부터 지속적으로 실시되어야 하며, 생활하는 모든 공간과 시간 속에서 통합적인 과정으로 이루어져야 한다.

2) 예의 관련 동화 사례

예의와 관련된 동화와 관련 요소들을 간략히 살펴보기로 한다.

인성 덕목	도서명	그림책 정보		
		글/그림	출판사	연령
예의, 예절	예절이 필요해!	필립 잘베르 글/그림	한울림어린이(2015)	유아
예의, 예절	마들린느의 예절 수업	존 베멀먼즈 마르시아노 글/엄혜숙 옮김	한솔수북(2008)	유아
예의, 예절	엄마를 웃게 하는 예절 사전	김진섭 글/한수진 그림	밝은 미래(2010)	초등
예의, 예절	내가 먼저 인사해요	김별 글/이정은 그림	큰북작은북(2014)	유아
예의, 예절	알리키 인성교육 2 예의	알리키 브란덴베르크 글/정선심 옮김	미래아이(2002)	유아
예의, 예절	괴물 예절 배우기	조안나 코울 글/재러드 더글라스 리 그림/이복희 옮김	시공주니어(1997)	초등
예의, 예절	이럴 땐 "고마워요!" 하는 거야	황윤선·황정임 글/송수미 그림	노란돼지(2011)	유아
예의, 예절	조금 특별한 여우	양지안 글/전혜령 그림	(주)교원(2011)	유아

〈동화 1〉

(1) 도서명:『엄마를 웃게 하는 예절 사전』/김진섭 글, 한수진 그림/밝은 미래 (2010)

(2) '예의'와 관련 요소

: 사람과의 관계에서 제일 중요한 것이 바로 예절이다. 집에서 지켜야 할 기본예절에 관한 지식을 책을 통해 익힌다.

(3) 자료 활용 방법

- 속담풀이로 알아보는 예절 익히기
- 내가 잘할 수 있는 예절에 스티커 붙이기
- 예절 바른 친구, 예절을 배워야 할 친구 분류해 보기

〈동화 2〉

(1) 도서명:『이럴 땐 "고마워요!" 하는 거야』/황윤선 · 황정임 저, 송수미 그림/노란돼지(2011)

(2) '예의'와 관련 요소

: 상대에게 고마움을 느끼며 표현하는 예의를 알아가는 동화이다.

(3) 자료 활용 방법

- 인형극 활동:손인형으로 친구가 장난감을 주면 "고마워."하고 인사해 보기
- 물건을 받을 때 인사말 말로 표현하기:"고마워요.", "감사해요." 교실에서 생활하며 활동하기

〈동화 3〉

(1) 도서명:『괴물 예절 배우기』 조애너 콜 글, 재러드 더글라스 리 그림, 이복희 옮김/시공주니어(1999)

(2) '예의'와 관련 요소

: 괴물도 지켜야 할 예의가 있는 것처럼 친구들끼리, 어른에게 공손하게 인사를 드린다.

(3) 자료 활용 방법

- '예의란 무엇일까?'에 대해 이야기 나누어 본다.

〈동화 4〉

(1) 도서명:『예절이 필요해!』/필립 잘베르 글 · 그림/한울림 어린이(2015)

(2) '예의'와 관련 요소

: 무례하고 버릇없는 행동이 어떤 것인지 정확하게 알아 예절, 예의를 알 수 있도록 한다.

(3) 자료 활용 방법

- 예절은 언제 어디서 필요할까?
- 내가 경험한 무례한 행동, 불쾌한 행동, 기분 나쁜 행동이 어떤 것이었는지 이야기하기

3) 예의에 관한 활동계획안

기본적으로 이야기, 동화, 그림책과 인물 이야기를 소재로 활용하며, 지도과정에서는 인식, 이해, 실천, 반영의 과정을 따라 활동계획안을 마련한다.

〈활동 1〉

<table>
<tr><th>활동명</th><td colspan="2">예절이 필요해!</td><th>관련 요소</th><td>예의</td></tr>
<tr><th>활동목표</th><td colspan="4">• 상황에 적절한 인사 예절과 식사 예절, 관계에서의 예절에 대해 안다.
• 상대방에 대한 배려하는 마음을 갖는다.</td></tr>
<tr><th>활동유형</th><td colspan="4">동화 듣고 이야기 나누기</td></tr>
<tr><th>활동시간</th><td colspan="2">20분</td><th>집단 형태</th><td>대집단, 소집단</td></tr>
<tr><th>활동자료</th><td colspan="4">『예절이 필요해!』 그림책</td></tr>
<tr><th rowspan="2">단계</th><th colspan="4">교수학습과정</th></tr>
<tr><th>내용</th><th colspan="3">교사발문</th></tr>
<tr><th>인식</th><td>• 상황마다 필요한 인사 예절이 있음을 안다.</td><td colspan="3">• 친구를 만나고 헤어질 때는 어떻게 인사를 할까?
• 어른을 만났을 때 어떻게 인사하면 좋을까?
• 음식을 먹을 때 어떠한 마음으로 먹으면 좋을까?
• 친구가 싫어하는 행동은 어떻게 하면 좋을까?
• 상대가 말을 할 때는 어떤 자세로 들으면 좋을까?</td></tr>
<tr><th>이해</th><td>• 그림책을 본 후 동물들의 입장을 말해 본다.
• 식사습관, 위생관리, 다른 사람에 대한 배려 등에 대해 알아본다.</td><td colspan="3">• 그림책에 나온 동물들의 입장을 이야기해 보자(익살스러운 사자, 토끼에게 당하기만 하는 거북과 코끼리, 어설픈 하마, 사슴, 부루퉁한 곰, 악어).
• 짓궂은 토끼의 입장을 말해 볼까?
• 그림책의 동물 친구들에게 어떤 이야기를 해 줄까?
• 누구에게 어떤 말을 해 주고 싶니?</td></tr>
<tr><th>행동</th><td>• 친구에게 피해를 주는 행동은 하지 않고, 상황에 맞게 예의를 갖추어 표현해 보고 o, x 퀴즈로 활동해 본다.</td><td colspan="3">• 상황에 맞게 예의를 갖추어 인사를 나누어 보자.
• 입 안에 음식을 가득 넣은 채 말하지 않아요.
• 재채기를 할 땐 꼭 손으로 입을 가려요
• 다른 사람의 물건을 마음대로 만지지 않아요.
• 친구를 때리거나 밀치지 않아요.
• 화장실에서 나온 뒤에는 손을 깨끗이 씻고, 닦아요.
• 교실에서는 뛰지 않고 걸어 다녀요.
• 친구가 이야기할 땐 친구의 말을 귀 기울여 들어요.
• 관련 그림카드와 문항에 o, x로 대답해 보세요.</td></tr>
<tr><th>반영</th><td>• 기관에서 활동할 때 꼭 지켜야 하는 예절에 대해 약속한다.</td><td colspan="3">• 우리 반에서 다른 친구들과 예의 바르게 지내려면 어떤 약속을 하면 좋을까?
• 우리 반에서 서로를 존중하며 지켜야 할 약속을 정하고 지키도록 노력해 보자.</td></tr>
<tr><th>활동상 유의점</th><td colspan="4">• 상황에 적절한 인사말과 예의 있는 태도를 생각해 볼 수 있는 발문을 한다.
• 상대방의 입장이 되어 배려하며 친구가 싫어하는 행동을 하지 않는 약속을 정한다.</td></tr>
</table>

〈활동 2〉

<table>
<tr><td>활동명</td><td>가족 간의 언어 예절을 지켜요</td><td>관련 요소</td><td>예의</td></tr>
<tr><td>활동목표</td><td colspan="3">• 가족 간에 지켜야 할 언어 예절이 있음을 안다.
• 가족 간에 지켜야 할 언어 예절을 지킬 수 있다.</td></tr>
<tr><td>활동유형</td><td colspan="3">이야기 나누기</td></tr>
<tr><td>활동시간</td><td>20분</td><td>집단 형태</td><td>대집단, 모둠 활동</td></tr>
<tr><td>활동자료</td><td colspan="3">『반말쟁이 민지』 그림책, 상황에 맞는 인사 그림자료</td></tr>
<tr><td rowspan="2">단계</td><td colspan="3">교수학습과정</td></tr>
<tr><td>내용</td><td colspan="2">교사발문</td></tr>
<tr><td>인식</td><td>동화 『반말쟁이 민지』를 들려주고, 어른과 형제에게 하는 언어 예절이 다른 이유를 생각해 본다.</td><td colspan="2">• 우리 집에는 누가 살고 있니?
• 아침에 원에 오기 전 가족에게 어떻게 인사를 하였니?
• 동화 『반말쟁이 민지』에 대한 이야기를 들어보자.
• 동화 속 민지는 어떤 어린이라고 생각하니?
• 민지는 어른들께 어떤 말을 사용하였니?
• 왜 어른들께는 높임말을 써야 할까?
• 바르고 예쁜 높임말에는 어떤 것들이 있을까?</td></tr>
<tr><td>이해</td><td>가깝고 소중한 가족끼리도 지켜야 할 언어 예절이 있음을 이해한다.</td><td colspan="2">• 나와 가깝고 친한 사람이라도 함부로 말하면 기분이 어떨까?
• 가깝고 친한 사람끼리도 지켜야 할 언어 예절이 있단다.
• 엄마, 아빠, 할머니, 할아버지, 동생, 오빠에게 어떻게 이야기하면 좋을까?</td></tr>
<tr><td>행동</td><td>상황에 맞는 언어 예절을 알아보고 따라서 행동해 본다.</td><td colspan="2">• 아침에 일어나서와 잠자기 전 인사드리는 모습을 보고 따라 해 보자.
• 식사하기 전과 식사 후 인사드리는 모습을 보고 따라 해 보자.
• 부모님이 출근할 때와 퇴근할 때 인사드리는 모습을 보고 따라 해 보자.
• 동생, 언니(누나), 오빠(형)와의 언어 예절을 지키는 모습을 보고 따라 해 보자.</td></tr>
<tr><td>반영</td><td>가족 간에 지켜야 할 언어 예절을 알아본 경험을 이해하고 실천한다.</td><td colspan="2">• 가장 가깝지만 사랑해야 하는 우리 가족 간에 지켜야 할 예절에 대해 이야기해 볼까?
• 가족 간에 또 어떤 언어 예절을 지키면 좋을까?
• 인사할 때 고개를 숙이고 공손하게 말하기로 약속하자.</td></tr>
<tr><td>활동상 유의점</td><td colspan="3">• “가는 말이 고아야 오는 말이 곱다.”라는 속담처럼 유아가 언어 예절의 중요성을 알 수 있도록 발문한다.
• 가까운 가족일수록 더 예의를 지켜서 대해야 함을 알고 실천할 수 있는 인사법을 본보기로 보여 준다.</td></tr>
</table>

〈활동 3〉

<table>
<tr><td>활동명</td><td>식사 예절을 지켜요</td><td>관련 요소</td><td>예의</td></tr>
<tr><td>활동목표</td><td colspan="3">• 음식의 소중함을 안다.
• 음식을 먹을 때 바르게 앉아서 먹는 식사 예절을 지킨다.</td></tr>
<tr><td>활동유형</td><td colspan="3">이야기 나누기</td></tr>
<tr><td>활동시간</td><td>20분</td><td>집단 형태</td><td>대집단, 모둠 활동</td></tr>
<tr><td>활동자료</td><td colspan="3">그림책, 상황에 맞는 인사 그림자료</td></tr>
<tr><td rowspan="2">단계</td><td colspan="3">교수학습과정</td></tr>
<tr><td>내용</td><td colspan="2">교사발문</td></tr>
<tr><td>인식</td><td>음식을 접할 때의 마음가짐에 대해 이야기 나누고, 식사할 때 지켜야 할 행동에 대해 이야기 나눈다.</td><td colspan="2">• 음식을 먹을 때는 어떻게 해야 할까?
• 감사하는 마음으로 소중하게 다루어요.
• 앉아서 먹어요.
• 돌아다니지 않아요.
• 식사할 때 지켜야 할 약속은 무엇이 있을까?
: 편식하지 않기, 숟가락·젓가락 바르게 사용하기, 손으로 먹거나 다른 사람들에게 피해 주지 않기, 돌아다니거나 소리 내면서 먹지 않기</td></tr>
<tr><td>이해</td><td>바르게 앉아서 식사할 때의 예절을 생각하고 이해한다.</td><td colspan="2">• 자신의 자리에 바르게 앉아 식사하면 기분이 어떨까?
• 다른 친구들과 기분 좋게 식사하면 기분이 어떨까?</td></tr>
<tr><td>행동</td><td>급식 시간을 활용하여 음식을 먹을 때 바르게 앉아서 식사하는 예절을 지키며 먹어 본다.</td><td colspan="2">• 음식을 보며 이름, 색깔, 냄새 등을 눈으로 확인해 보자.
• 감사하는 마음을 가져 보자.
• 바르게 앉아서 골고루 맛있게 먹자.
• 다 먹은 식판을 정리해 보자.</td></tr>
<tr><td>반영</td><td>식사할 때 바르게 앉아 먹기로 약속한다.</td><td colspan="2">• 점심이나 간식을 먹을 때는 감사하는 마음을 가지며 바르게 먹도록 하자.
• 버리지 않고 골고루 먹기로 해 보자.</td></tr>
<tr><td>활동상 유의점</td><td colspan="3">• 음식을 소중히 다루며 만들어 주신 분에 대해 감사한 마음을 갖고, 편식하지 않고 골고루 먹을 수 있도록 지도한다.</td></tr>
</table>

CHAPTER 07

영유아 문제행동의 이해

영유아 교사의 활동 중에서 유아가 보이는 문제행동에 대해 바르게 대처하고 지도하는 일은 매우 중요하다. 이는 또한 교사가 가장 어려움을 갖는 부분이기도 하다. 유아 행동 지도를 위해서는 영유아기의 발달 특성과 함께 시기별로 나타날 수 있는 문제들에 대한 이해가 필요하다. 발달시기별로 유의해야 할 부적응 행동들과 함께 실제 현장에서 자주 접하는 문제들에 대해서 살펴보기로 한다. 이와 함께 전문가의 도움이 필요한 정신장애 형태에 대해서도 알아보기로 한다.

1 인간발달과 정신건강

1) 태내기

수정이란, 남성의 정자와 여성의 난자가 결합되는 것으로, 수정이 되는 순간부터 한 개체의 생명이 시작된다. 수정 후부터 약 280일 동안 태아는 어머니의 체내에서 자라게 된다. 이 기간 동안 태아의 여러 신체기관이 형성되고 기능이 시작되며, 기관의 크기와 무게가 급속히 증가한다(송명자, 2004). 태내기는 난체기, 배아기, 태아기를 거쳐 발달한다. 먼저 난체기는 수정에서부터 수정체가 나팔관을 거쳐 자궁벽에 착상하기까지 2주간의 시기에 해당한다. 수정체가 자궁벽에 착상함으로써 전 태내발달과정을 통해 지속될 모체와의 밀착된 의존관계가 시작된다.

두 번째 단계인 배아기는 수정 후 약 2~8주 사이에 해당하는 시기로서, 이 기간 동안에 중요한 신체기관과 신경계가 형성된다. 이 시기가 시작되는 3~4주경에는 배아의 크기가 약 0.7cm이던 것이 이 시기의 끝 무렵이면 사람의 형태를 대체로 갖추게 되며, 무게는 약 0.9g, 키는 2.5cm 정도가 된다. 수정 후 4주경에는 얼굴 모양이 만들어지고, 사지가 생기고 손과 손가락이 형성 · 분화된다. 5주경부터 소화기관이 분화되기 시작하여 식도, 위, 간 등이 내장 벽에서 부풀어 나와 생기며, 기관과 허파도 형성된다. 또한, 뇌의 기초적 기능이 시작된다.

세 번째 단계는 태아기이다. 약 8주에 첫 뼈세포가 나타나면서 배아는 태아가 되기 시작하며, 12주에는 임신기의 마지막 단계인 태아기로 접어든다. 이 기간 동안 배아기에 형성된 각 기관의 구조가 더욱 정교화되며, 기능이 더욱 원활해지는 등 빠른 발달을 보인다. 근육발달도 급격히 이루어지며, 출생 후 몇 년이 지나서야 완성되지만 중추신경계도 이 기간 동안에 발달한다.

태내기 발달에 영향을 미치는 요인으로 유전적 요인, 임산부의 상태, 외부 환경, 임산부의 정서와 마음가짐, 태교 등을 들 수 있다.

2) 영아기

(1) 영아기의 발달 특성

① 신체발달

생후 24개월간의 영아기는 일생 중 신체적 발달이 가장 빠른 시기로 신체의 모든 부분이 급속한 성장을 보인다. 키의 성장은 몸무게의 증가에 비해 그 속도가 느리다. 신생아의 키는 1년 후 출생 시의 1.5배가 되며, 몸무게의 경우, 3개월이 되면

2배 정도가 되고 1년이 되면 출생 시의 3배가 된다.

② 운동발달

영아가 신체를 움직일 수 있다는 것은 그만큼 행동반경이 넓어지고, 그들이 지니고 있는 호기심을 만족시킬 수 있는 기회가 많다는 것을 뜻한다. 생후 1년에 얻을 수 있는 운동기능은 기어 다닐 수 있는 것이고, 2년째 획득할 수 있는 운동기능은 걸을 수 있는 것이다.

③ 생리적 기능

신생아의 수면을 살펴보면, 하루 중 18~20시간을 잠을 자면서 보내며, 2세가 되면 12~14시간으로 수면 시간이 줄어든다. 생후 6개월 정도가 되면 밤 동안 한 번에 6~7시간을 지속적으로 자게 된다.

영양 공급은 모유나 우유로 지속되다가 일정 시기가 되면 이유를 시작해야 하며, 이유의 시기는 영아에 따라 개인차가 크지만, 세계보건기구와 국제아동구호기금에서는 아기의 체중이 출생 시의 두 배 또는 체중이 7kg 정도가 될 때가 바람직하다고 권고한다. 12개월 이후 영아의 식사는 이유식에서 유아식으로 바뀌게 된다. 영아 초기의 배설은 방광이나 직장이 가득 차면 괄약근이 자동으로 열리면서 이루어진다. 이것은 대소변 통제에 필요한 신경과 근육이 성숙되지 않았기 때문이다. 수의적으로 괄약근이 통제되는 시기에 배변훈련이 시작될 수 있는데, 대변은 13개월, 소변은 20개월부터 가능해진다.

④ 언어발달

영아기 초기의 의사소통은 언어를 사용하지 않고서 시작하나, 영아기가 끝나는 2세쯤이면 언어 능력의 발달이 급격하여 150~200개 정도의 어휘를 갖게 된다. 언어를 습득하고 사용하기 전에도 아기는 그들의 울음, 표정, 몸짓 등으로 어머니와 의사소통을 한다. 아기가 처음 내는 소리는 울음이다. 울음은 가장 강력한 의사전달 방법이다. 왜 우는지 구분이 되지 않는 울음에서 울음의 이유를 알 수 있는 것으로 바뀐다. 즉, 배가 고파 우는 소리는 몸이 아파서 우는 것과 다르고, 기저귀가 젖어 불편해서 우는 것과도 그 울음소리의 강도나 음조가 다르다. 영아는 돌을 전후해서 한 단어의 말을 하기 시작하는데, 주로 '엄마', '아빠', '맘마', '멍멍' 등 가족의 명칭이나 음식, 동물의 이름을 말한다. 이때 한 단어는 한 문장의 역할을 한다. 생후 18개월에서 20개월이 되면 두 단어를 조합한 말을 할 수 있게 되며, 2세경에는 초보적 문장을 사용한다.

⑤ 정서발달

생후 얼마 되지 않은 영아는 배냇미소라 하여 외부 세계와는 관계없이 미소를 짓는다. 생후 2~3개월이 되면 어머니의 모습이나 장난감을 보고 사회적 미소가 나타난다. 기쁨에 대한 실험으로 기쁜 정서적 표현을 언제 구별할 수 있는지를 밝히기 위한 습관화 실험에서 생후 2개월 된 영아도 행복한 표정과 무표정을 구별하였다. 공포의 표정을 구별하는 것은 생후 5개월이 되어야 가능하다. 공포 감정을 유발하는 자극물이 영아기에는 비교적 적기 때문이기도 한데, 낯가림 시기가 되면서 애착관계가 형성된 사람과의 격리와 낯선 사람과의 만남은 공포 감정을 유발시킨다. 분노의 감정도 공포와 마찬가지로 생후 5개월 정도의 영아가 구별하였다. 영아는 배고플 때와 아플 때의 분노 감정이 가장 크다. 불안은 애착행동과 낯가림과 관련이 있는데, 어머니와의 격리불안이 주된 불안의 원인이다. 영아는 여러 가지 운동기능을 발달시키면서부터 학습한 능력을 나타내려고 주변에 있는 것들에 관심을 표시한다. 4, 5개월부터 호기심을 나타내기 시작하며 6, 7개월이 지나면 물건을 잡아당겨 흔들면서 좋아하고, 2세가 되면 남자나 여자의 모양이나 음성에 흥미를 느낀다.

⑥ 인지발달

영아기 어린이는 감각기관을 통해 주변 환경의 정보를 지각하고, 선택적으로 획득한 정보를 조직하며, 환경적 자극에 반응하는 도식을 형성함으로써 인지발달을 이루게 된다. 지각발달의 경우, 외부 자극에 대한 반응과정에서 자극을 인지하는 작용으로 외부 자극을 인지하기 위해서는 이를 수용할 수 있는 감각기관의 발달이 우선되어야 한다. 영아기에 획득하는 중요한 개념 중의 하나가 대상영속성이다. 이는 하나의 사물이 자신과 주변 세계에 대한 논리적 사고가 가능해야만 획득될 수 있는 것으로 대상이 눈에 보이지 않아도 존재한다는 것을 아는 것은 보이지 않는 대상에 대해 생각할 수 있다는 것을 의미한다.

⑦ 사회정서발달

출생 후 1년 사이에 형성되는 중요한 발달적 특성인 기질과 애착은 생의 초기에 형성되지만 인간의 전 생애발달에 결정적인 영향을 미치는 정의적 특성이다.

ㄱ. 기질

기질(temperament)이란 성질과 정서적 반응의 강도, 특히 정서반응의 질적인 면에서의 지속적인 개인차를 말한다. 개개인의 특정 기질, 예를 들어 편안함, 외향성, 수줍음 등은 타고난다고 믿는데 신생아도 성인과 마찬가지로 각각 다르다. 따라서 한 아동의 특성을 다른 아동에게 일반화한다는 것은 어려우며, 매우 조심스럽다.

이렇게 아동을 일반화하는 것은 어렵지만 아동의 기질에 관한 연구를 보면 일반적으로 편안한 아동(40%), 까다로운 아동(10%), 느린 아동(15%) 및 독특한 아동(35%)으로 나뉜다. 편안한 아동은 행복해하며, 쉽게 새로운 상황에 적응하나, 까다로운 아동은 환경 변화에 대해 심하게 저항하며, 잘 적응하지 못한다. 느린 아동은 반응이 느리며, 반응의 강도가 낮고 종종 부정적이다. 대다수의 독특한 아동은 다양한 정서적 반응을 보인다.

ㄴ. 애착

애착(attachment)이란 한 개인이 자신의 삶에서 다른 특정한 사람에게 갖는 강한 정서적 유대를 말한다. 인간의 애착, 즉 영아와 엄마의 애착에 관해 연구한 보울비는 부모와 영아의 초기 상호작용은 정서적 발달에 결정적이라고 주장한다. 초기 애착형성은 그 이후의 대인관계에 결정적인 영향을 미친다. 영아기에 안정된 애착을 형성하지 못하면 신뢰감과 자신감을 발달시킬 수 없다. 생후 7~8개월경부터 엄마에 대한 영아의 애착은 매우 강해져 엄마가 자신을 떠나는 경우나 낯선 이에 대한 두려움을 보인다. 이를 격리불안이라 한다. 대부분의 영아는 엄마와 안정애착을 보인다. 안정된 애착을 형성한 영아의 엄마는 애정적이며, 아기의 욕구에 민감하게 반응할 뿐 아니라 이러한 영아는 타인을 신뢰하는 성인으로 성장하며, 영아와 엄마의 안정된 관계는 정서인지발달을 순조롭게 하고 사회성 발달을 돕는다.

⑧ 자아인식발달

자아인식발달은 우선 영아가 다른 사람과 자신이 분리되어 있다는 것을 인식하고 어머니의 신체와 자신의 신체가 다르다는 것을 아는 것으로 시작된다. 즉, 자아인식발달의 첫 단계는 분리된 자아감각을 발달시키고 자신의 모습을 인식하는 것이다.

출생 초기의 영아는 엄마와 자신이 마치 하나인 것처럼 단일 단위로 생각하고 자신의 몸과 엄마의 몸을 구분하지 못한다. 생후 6~8개월경의 영아는 자신과 엄마가 분리되어 있음을 막연히 의식하기 시작한다. 9~12개월의 되면서 영아는 자신이 울면 누군가가 안아주고, 딸랑이를 떨어뜨리면 누군가가 주워 주는 과정에서 자신과 타인의 기본적인 차이점을 파악하기 시작한다. 15~18개월경에는 분리된 자기의 관념이 비교적 명확해지고, 21~24개월에는 분리된 자아감각이 거의 확립된다.

영아는 분리된 자아감각을 형성하면서 자신을 인식한다. 자아인식은 자신과 타인이 별개의 존재임을 아는 것으로 존재자아라고도 부른다. 자아인식은 생후 초기에 부모나 주위 사람들과의 사회적 접촉을 통해 형성되며, 지적 발달과 병행하여 자아인식이 발달되어 간다.

영아의 자아인식발달을 연구하기 위한 방법 중 하나는 거울을 사용하는 것이다. 거울을 보고 반응하는 형태는 연령에 따라 차이가 있다. 생후 2~3개월 된 영아는 거울에 비친 자신의 모습에 가끔 주의를 기울인다. 6개월에 이르면 영아는 거울에 비친 자신을 보고 방긋거리고 놀잇감을 주려고도 한다. 9개월부터 영아는 자신이 거울에서 보았던 것과 그 앞에 있는 것 사이의 유사성을 발견하고 반복적인 시도를 한다. 15개월 이후에는 거울에 비친 자신의 몸을 의식하는 행동을 더 많이 하게 된다. 즉, 거울에 비친 모습을 보며 자기 옷의 주머니나 옷의 그림을 직접 만져 본다. 21~24개월에 이르면 자신의 모습을 쳐다보며, 미소를 띠거나 머리카락을 만지거나 입 안에 있는 것을 만진다.

(2) 영아기에 나타날 수 있는 문제

① 감각박탈

아이가 순하다고, 어머니가 몸이 불편해서, 혹은 아이가 보기 싫어서 등의 여러 이유로 아이에게 신체적·인간적인 자극을 주지 않으면, 태어날 때 대뇌가 정상적이었던 아이라도 후에 지능박약이 될 수 있으며, 감각박탈이 일어나는 정도에 따라 정신기능발달에 지연이 오게 된다. 또한, 시기가 늦을수록 치료가 어려워진다. 감각박탈 아동은 전반적인 발달지연을 보이면 가급적 빨리 적절한 자극을 제공해 주어야 한다. 기질적인 원인이 있는 아이는 교정 가능한 원인인지 진단을 받아야 하며, 교정이 어렵거나 원인불명인 경우는 소아정신과에서 주기적인 점검과 특수교육전문가의 도움을 받아야 할 것이다. 특정 기능의 발달만 지연되는 경우는 특수발달장애에 해당하는데 말이나 걷기가 늦되는 경우를 말한다.

② 발달지연(늦되는 아이)

여러 가지 신체적인 이유로 인해 발달이 늦은 경우로 원인에 따라 치료가 달라진다. 감각박탈 아동은 전반적인 발달지연을 보이며, 가급적 빨리 적절한 정신적·신체적 감각자극을 제공해 주어야 한다. 기질적인 원인이 있는 아동은 교정 가능한 원인인지를 진단받아야 하고, 교정이 불가능하거나 원인이 불명인 경우에는 소아정신과에서 주기적 점검과 특수교육지침을 받아야 한다.

③ 급성 격리반응

애착관계가 형성된 사람이나 낯익은 존재와 격리될 때 이에 저항하는 것을 말한다. 저항하는데도 격리를 시키면 아이는 일정 시간 후에 상황을 변화시키는 것을 포기하게 되고 잠잠해지는데 흔히 어른들은 '이제 됐다'고 생각하지만 사실 아이에게는 정신적인 상처가 생긴 상태이다. 포기하는 것 자체가 정신적으로 상처가 된다. 이러한 상황이 자주 반복되는 것은 아이에게 해롭다. 아이가 이런 반응을 보일 때에는 즉시 아이에게 가서 안아주고 달래 주어야 한다.

④ 수유장애

원인에 따라 치료가 달라지지만 어린 시기의 영양이나 수유장애는 유아의 정신과 신체에 큰 장애가 되므로 원인을 찾아 교정해 주어야 한다.

⑤ 자폐증

외부와의 접촉을 꺼리고 자기만의 세계를 고집한다. 대부분의 소아자폐는 태어나면서부터 증세를 나타낸다. 자폐아 증세의 아이들은 첫째, 정상적인 대인관계가 형성되지 않는다. 둘째, 언어발달에서 특이한 현상들이 나타난다. 셋째, 반복적이고 제한적인 행동을 한다. 현재로써는 증세를 조기에 발견하여 적절한 치료로 언어장애 등 전반적인 발달장애를 최소화하는 것이 대책이다. 자폐증 치료는 행동요법을 중심으로 하는 치료교육이 효율적인 것으로 알려져 있고, 인지, 언어, 사회화에 가장 많은 신경을 써야 하므로 일상생활 속에서 자연스럽게 사용될 수 있도록 가르치는 것이 중요하다.

⑥ 지능박약

신체발육이나 운동기능을 제외한 정신기능에 주로 결함을 보이는 것으로 생후 2~3개월 이내라도 진단이 가능하면 치료를 서두르는 것이 좋다. 지능결손의 원인에 따라 차이는 있지만 대체로 지능발달은 조기발견과 조기치료가 극히 중요하다.

⑦ 반응성 애착장애

애착관계가 형성된 모성적 대상으로부터 떨어져 있어야만 하는 2세 이하의 영유아에게서 나타난다. 아동은 처음에 분리이별에 대해 저항을 보이다가 후에는 실망과 좌절 상태에 빠지고 그 후로는 애착관계의 분리를 보인다. 이를 '탈착'이라고 하는데 정서적으로 어머니와 멀어진 상태로 설사 어머니가 다시 돌아오더라도 아동은 예전과는 다른 반응을 보인다. 즉, 어머니를 완전히 잊어버린 것은 아니면서도 그러한 어머니에 대한 분노심을 가지게 되며, 한편으로 다시 그러한 일이 일어날까 두려워한다. 즉, 상반된 감정을 가지게 된다. 이런 아동은 평생 대인관계에 무감정한 성격을 갖거나 따뜻한 인간관계를 형성하는 데 제한적인 능력을 갖게 된다. 반응성 애착장애는 여러 가지 유형이 있는데 이는 애착관계에서 생기는 상처의 모습과 정도에 따라 아동의 증상이 달라지기 때문이다. 진단은 같아도 반응성 애착장애를 치료하는 방법은 다양하다(홍순정 · 이규미, 2009).

3) 유아기

(1) 유아기의 발달 특성

① 신체발달

만 2세부터 6세까지의 유아기 신체발달은 크게 두 가지 면에서 중요한 의의가 있다.

첫째, 이 시기의 신체발달은 여러 발달영역의 기초가 된다. 즉, 신체발달은 유아의 외형과 기능적 발육뿐만 아니라 지능과 언어발달, 정서발달, 사회성 및 성격발달의 근원이 된다. 둘째, 신체발달은 특히 정신발달에 영향을 준다. 신체의 어느 한 부분에 결함을 지닌 아동은 사회생활에 물리적 환경이나 타인으로부터 오는 반응에 심리적이고 정신적인 부담감을 안게 되어 열등감을 지니게 된다.

둘째, 유아기의 신체발달은 유전적 요인, 환경적 요인, 균형 있는 영양 공급 등의 세 요인이 골고루 갖추어졌을 때 촉진된다. 유아의 올바른 성장을 위해서는 신체발달을 저해하는 요인들을 제거시켜야 함은 물론 더욱 나은 생활환경을 마련해 주어야 한다.

② 인지발달

유아의 인지발달은 지각, 기억, 유아가 가지는 개념의 발달로 나누어 살펴볼 수 있다. 먼저 지각은 자극에 대한 반응과정에 있어 자극을 인정하는 작용인데, 일반적으로 외계의 사물, 성질, 상태, 운동관계 등을 직접적으로 파악하는 정신적인 작용, 즉 대상의 성질을 인지하는 심적 과정이다. 유아기의 지각발달은 처음에는 부분적인 특징에 따라 단순하게 사물을 파악하기 시작하나, 연령이 증가할수록 자극의 각 부분을 연결하여 전체적으로 지각할 수 있게 된다. 두 번째는 유아의 기억으로 연령이 높아짐에 따라 기억력이 증가되고 그 지속기간이 길어진다. 유아기의 기억발달 특징을 요약하면 유아는 전체적인 기억을 한다. 3세경의 유아는 노래나 이야기를 처음부터 끝까지 외우고 기억한다. 그러나 외웠던 것을 중간부터 기억하지는 못한다. 또한, 유아의 기억은 유아의 감정이나 욕구와 관련된다. 셋째로 유아가 가지는 개념은 유아가 속해 있는 문화와 과거 경험에 의존한다. 유아의 개념은 처음에는 거의 모호하고 미분화되어 있으나, 차츰 명료해지고 분화되어 간다.

이 시기는 피아제의 인지발달단계 중 전조작기로 유아는 상징적으로 사고를 하게 되며 언어를 사용하게 된다. 그러나 이들의 사고는 매우 직관적이다. 즉, 이들은 논리나 추론을 거의 사용하지 못한다. 또한, 전조작기 유아는 매우 자아 중심적이어서 다른 사람의 입장이나 견해를 이해하지 못한다.

③ 정서발달

유아는 전체적으로 쾌정서보다 불쾌의 정서가 더 빨리 나타난다. 헐록(Hurlock, 1956)은 유아기 정서의 특징으로 다음 네 가지 점을 지적하였다. 첫째, 유아의 정서는 경과기간이 짧다. 유아의 정서는 보통 2~3분 계속 나타났다가 갑자기 멈추는데, 이러한 현상은 유아가 성인과는 달리 그들의 정서를 외적 행동에 남김없이 표시하기 때문이다. 둘째, 유아의 정서는 강렬하다. 유아의 정서는 아주 강렬하게 폭발하는 듯 표현되는 것이 특징이다. 셋째, 유아의 정서는 변하기 쉽다. 유아의 정서는 돌발적이고 극단적으로 변해간다. 넷째, 유아의 정서는 자주 나타난다. 유아는 성장하면서 여러 가지 상황이나 경우에 적응하는 능력이 발달하므로 성인보다 정서를 표현하는 횟수가 많다. 다섯째, 유아의 정서적 반응의 유형은 대체로 비슷하다. 그러나 학습과 환경에 의한 영향으로 점차 개별화되기 시작한다.

다른 발달영역과 마찬가지로 정서발달은 개인에 따라 차이가 있다. 즉, 어떤 유아는 정서반응이 빨리 나타나는가 하면, 어떤 유아는 늦게 나타나는 경향이 있다. 이와 같이 정서의 분화 상태나 정도, 반응 대상 등은 개인마다 다르다.

④ 사회성 발달

유아기의 사회성 발달은 자신을 한 개인으로 점차 인식하게 되면서 자신에 대해 긍정적 혹은 부정적 개념을 형성하기 시작하는데, 유아는 자신을 몸을 가지고 있는 하나의 독립체로 인식하게 되고 자신의 몸을 스스로 조절한다는 사실을 알게 된다. 그리고 자신의 몸에서 일어나는 변화와 다른 사람과의 비교를 통해 자신의 몸에 관심을 갖게 됨으로써 신체적 자기의식을 갖게 된다. 유아기에는 신체성장과 근육운동으로 자신이 자기의 몸을 자유롭게 통제할 수 있어 자기의 일을 스스로 잘할 수 있다는 생각을 갖게 되는데, 이로써 자율감이 발달한다.

또한, 이 시기에는 개인이 자기 자신에게 부여하는 가치와 그들이 행하는 일의 성공을 예견하는 자존감이 발달하는데, 이는 부모의 양육태도에 따라 차이를 보인다. 유아는 부모나 주위 사람들에 대한 동일시 과정을 통해 그들이 가지고 있는 가치태도 및 행동기준을 내면화하게 되는데, 이것은 유아가 속하고 있는 사회나 문화 집단의 규칙과 기준을 학습하는 사회화 과정이 된다.

또 한 가지 중요한 요인은 또래 간의 사회적 행동이다. 유아는 대체로 3~5세가 되면 또래들과 아주 가까이 지내면서 노는 것을 볼 수 있다. 유아가 다른 유아와 뜻을 맞추어 잘 지내게 되면 우정이 싹트게 된다. 그러나 그 기간이 길지 못하고 한쪽이 일방적으로 좋게 생각하는 경우가 많다. 사회적 교류로 사회적 행동을 익혀가는 가운데 유아는 만족과 욕구불만의 두 가지 경험을 하게 된다. 이 두 가지 사회적 행동을 다 경험하면서 결국은 모순된 사회적 반응을 나타내게 된다. 유아의 싸움은 대개 협력해서 노는 능력이 부족한 데서 많이 일어난다. 이 시기의 싸움은 소유물에 대한 갈등으로 인해 일어나며, 가장 친한 친구와 많이 싸우는 경향이 있다.

⑤ 도덕성 발달

피아제는 유아의 도덕발달을 크게 두 단계로 나누어 설명하였다. 첫 단계는 옳고 그름에 대한 판단을 완전히 권위자의 결정에 의존하는 타율적 단계이고, 두 번째 단계는 도덕적으로 보다 성숙한 단계로서 자율적 단계라고 불렀다. 자율적 단계에서 개체는 외부의 법칙이나 다른 사람의 의견에 지배받지 않고 개인이 창출해 내는 도덕성에 의해 지배된다. 자율적 단계에 이르면 인간은 규칙에 무조건 복종하기보다는 실제로 그 자신이 규칙을 구성하고 상호합의나 상황, 의도 등을 고려하여 규칙을 받아들인다.

유아기의 도덕성 발달에 영향을 주는 요인은 가정환경과 놀이친구, 대중 매체 등이 있다. 일반적으로 유아는 가족들과의 상호접촉을 통하여 많은 행동을 습득하게 된다. 즉, 유아가 부모나 형제들의 행동을 관찰모방하는 것이다. 가족들의 행동은 모범의 의미를 지니며 본보기가 된다. 유아가 바람직한 행동을 했을 때 적극적인 보상을 주며, 바람직하지 못한 행동을 했을 때 처벌을 주어 사회적으로 인정된 행동규범을 습득하게 하고, 점차 옳고 그름을 분명하게 판단하는 도덕적 인식능력을 내면화시켜야 한다. 유아가 걷기 시작하면서부터는 또래 친구들과 어울려 놀기 시작한다. 이때 유아의 도덕적 기준과 행동은 친구들에 의해 영향을 받는다. 즉, 유아는 친구들의 좋은 행동이든 나쁜 행동이든 아무런 이유 없이 호기심이나 충동에 이끌려 행동을 취하는 경우가 흔히 있다. 또한, 유아기에는 각종 그림책이나 TV 장면을 통해서 쉽게 행동을 모방한다. 특히, 유아는 공격적이고 모험적인 장면을 보면 즉시 자극을 받아 그대로 자신도 해 보려는 경향이 있으므로 부모의 관심이 필요하다.

(2) 유아기에 나타날 수 있는 문제

① 수면장애

이 시기에 이르면 불안정한 아이는 불면증을 보여 편히 잠들지 않고 자주 깨거나 울기도 한다. 낮잠과 밤잠의 주기가 깨지기도 하고 피곤해하면서도 자지 않거나 특별한 조건하에서만 잔다. 예를 들면, 엄마가 옆에 있어야만 자고, 이제 깊이 잠들었겠지 하고 일어나면 금방 깨어나기도 한다.

② 과잉보호

부모의 과잉보호는 이 시기의 중요한 과업인 분리개별화 과정에 해를 미친다. 과잉보호를 할 경우 결국 유아는 정신적인 속박 상태에서 지내게 되며, 스스로 알아서 하는 것이 줄어들고, 주변 환경의 변동에 매우 취약한 아이가 된다.

③ 반항적이고 부정적인 행동

지속적으로 부모에게 반항하거나 타인에게 해가 되는 행동을 한다. 매사에 싫거나 부정적인 것으로 반응한다. 이러한 행동은 정상적인 것은 아니며, 또한 지속적인 것이어서 아이 자신에게나 부모에게 어려움을 가져온다.

④ 공생정신병

아이가 부모의 정신세계에서 분리개별화, 즉 독립하지 못하고 같은 정신세계의 테두리 내에서 안주하는 것을 말한다. 주로 어머니와 공생정신병 상태에 놓이게 되고, 서로 편하기 그지없지만 환경 변화에 혼자 스스로 대처하는 것이 없거나 대개는 그 어머니가 미리 해결해 주므로 할 일이 없다. 어린 나이에서는 별로 문제가 안 되는 것처럼 보이지만 나이가 들수록 사태가 심각해진다. 결국, 아이는 상전이 되고 어머니는 종이 된다. 아이는 어머니 없이 아무것도 못 하고 어머니는 아이 없이는 불안해서 살 수가 없다. 아이가 아프면 어머니도 아프고, 어머니가 슬프면 아이도 슬프다. 이들은 두 사람이 아니고 한 사람인 것이다. 이는 심각한 정신적 질병이다.

⑤ 미사회화된 공격행동

주변의 입장을 고려하지 않거나 혹은 주변에 해가 되는 공격적인 반응행동을 말한다.

⑥ 정신사회적 박탈

친구나 이웃이 없는 환경에서 이 시기를 지내면서 정신적 발달 과제인 사회화를 하지 못하게 된 결과이다. 정도에 따라 심각한 문제가 되기도 한다. 예를 들면, 사회성이 부족하거나 집 이외의 장소에서는 말을 하지 않는 모습, 엄마와 떨어지기가 힘들어 놀이방이나 유치원에 적응이 어려운 경우가 발생할 수 있다. 나이가 들수록 교정이 어려워지고, 나이가 들면 혼자서 지내는 것을 좋아하며, 인간관계를 부담스러워 하고 회피하게 된다.

⑦ 유뇨증, 유분증

소변을 가리지 못하거나 대변을 지리는 것을 말한다.

⑧ 악몽과 야경증

악몽은 잠을 자다가 꾸는 아주 무서운 꿈을 말한다. 4~6세경 상상력이 풍부하고 환경에 민감한 나이가 되면 일상생활에서 일어나는 여러 현상에 대한 공포감이 생긴다. 흔히 귀신, 괴물, 도깨비에 대한 공포가 시작되는 시기가 바로 이 시기이다.

야경증은 아이가 잠을 자다가 갑자기 소리를 지르며 잠자리에서 일어나 공포에 질린 상태로 목적 없이 무엇을 짚으려는 행동을 보이거나 방안을 왔다 갔다 하는 행동을 보이는 것이다. 이때 아이는 무서움과 공포에 질려 있고 눈동자는 멍청한 상태에서 식은땀을 흘리며 숨을 몰아쉰다. 옆에서 부모가 아무리 달래도 부모의 얘기에 전혀 반응이 없다가 몇 분이 지나면 자연히 다시 잠들어 버린다. 악몽과 야경증은 다르다. 악몽은 부모가 옆에서 토닥거리거나 껴안고 잠시 다독거려 주면 다시 잠이 들고, 공포의 정도도 야경증만큼 심하지는 않다. 악몽의 경우에는 아이가 꿈 내용을 기억해 내지만 야경증은 지난밤 일을 전혀 기억해 내지 못한다(홍순정 · 이규미, 2012).

4) 아동기

(1) 아동기의 발달 특성

① 신체발달

아동기 신체적 발달의 특징은 영아기나 유아기에 비해 그 성장의 속도가 매우 느리다는 것이다. 그러나 신체기관의 성숙으로 인해 두뇌 개발이 활발해지는 시기이다. 또한, 유치가 빠지고 영구치아가 자라게 되며, 더 튼튼하고 더 빠르고 잘 조절된 신체를 유지하게 되는 시기이다. 이동의 신체적 발달양상은 아동이 유능하고 책임 있는 사회적 존재로 발달하는 데 있어서 기본이 된다. 운동 능력의 발달은 이미 가지고 있는 기술이 더 정교해지게 되어 균형과 협응의 발달이 두드러지게 된다. 특히, 남자 아동과 여자 아동 간에 운동기능과 능력에 차이가 나타나는데, 남아의 경우 5세부터 17세까지 기술이 증가하게 되는 반면, 여아는 13세경에 최고치에 도달하다가 쇠퇴하거나 같은 상태를 유지하게 된다. 이 시기의 운동조절 능력 중에서도 아동의 뛰기와 공놀이 기능이 크게 발달하는 특징을 지닌다.

② 인지 · 언어발달

학령기에 접어들면서 아동은 심신이 발달하고 기존의 문화를 받아들여 학습함으로 인해 인지적으로 현저한 발달을 나타낸다. 피아제는 인지발달적 관점에서 학령기를 구체적 조작기라고 하였다. 이 시기가 되면 아동은 사건과 사물 사이의 어떤 원칙이나 관계를 이해하고 이용할 수 있다. 구체적 조작기에 나타나는 중요한 능력은 탈중심화이다. 이는 어떠한 상황을 한 가지 관점이 아닌 여러 관점에서 동시에 고려할 수 있는 능력을 말한다. 또한, 물체가 공간적 배열을 달리하거나 모양을 다르게 해도 그 속성은 변하지 않는다는 보존 개념에 대한 이해가 발달한다. 보존의 판단은 가역성과 필연성을 이해함으로써 가능하다.

구체적 조작기의 아동은 사물을 분류할 수 있게 되고 대상 물체 간의 공통성이나 차이점 및 관계성을 이해하게 된다. 복잡한 지각적 조직을 할 수 있게 되는 새로운 능력은 아동이 읽기를 한다거나 셈을 이해한다든지, 창의적인 예술적 작업을 하는 능력이 점차로 증가하는 데서 찾아볼 수 있다.

아동기에는 언어를 자신의 지적인 의사소통도구로 인식하고 학습도구로 인식할 정도로 언어 능력이 현저히 발달된다. 일상생활에서 아동이 주고받는 언어를 통해 아동의 언어발달을 알 수 있다. 학령기 아동은 때로 문법적 오류를 범하기도 하지만 유아기 때의 특이한 어법은 거의 사용하지 않는다. 말하는 독특한 패턴이 뚜렷하게 생기게 되고, 말의 길이도 길어지고, 문장은 복잡해져서 비교적 의미 있는 생각을 할 수 있게 된다.

아동기에는 대화하는 상대방의 연령 · 성별 · 이해 정도 · 사고방식 등과 같은 것을 어렴풋이나마 더듬어 알게 되고, 이런 여건에 맞도록 자기 언어를 선택조절해서 구사할 수 있게 되어 간다.

③ 정서, 사회성 발달

아동이 성장함에 따라 정서적 표현 방법도 달라진다. 유아기의 정서는 미분화된 직접적인 표현을 했으나, 아동기는 불쾌 감정 등을 스스로 억제할 수 있으며, 분화된 간접적인 표현을 한다. 즉, 내면화된 정서로 발달되어 가는 것이다. 아동기에 나타나는 몇 가지 중요한 정서 형태를 살펴보면, 아동기에는 공포보다 노여움이 더 자주 나타난다. 아동기의 노여움은 욕망이 좌절되거나 실수했을 때나 놀림 받거나 꾸중을 들을 때 나타나기 쉽다. 아동기 공포는 처음에는 시각적 · 청각적 대상이나 구체적이고 직접적인 자극에 의해서 일어나지만, 점차 상상적이고 가상적 공포로 변해 간다.

학령기가 되어 초등학교에 입학하는 것은 많은 아동에게 하나의 새로운 경험이 된다. 여러 교사와 성인이 부모 외의 권위적인 양육자가 된다. 또한, 학교에 입학하면 다양한 성격, 사고, 행동양식을 보이는 친구들의 또 다른 사회적 집단이 아동의 발달에 영향을 미치는 요인으로 대두된다. 또래집단으로 불리는 이 집단은 또래나 친구가 될 수 있는 연령이나 능력이 비슷한 아동들로 구성된다. 8세나 9세 정도에는 보통 또래집단에 참여하여 그 집단의 영향을 받는다. 아동의 또래집단에 대한 애착은 더욱 커지나, 부모에게는 말이 없고 무뚝뚝하기 쉽다. 아동이 성장함에 따라 또래집단은 보다 공식적이고 조직적으로 변하며, 아동의 성장과정에서 여러 가지 기능을 한다.

첫째, 사회화의 기능으로 또래와의 관계에서 또래집단의 규칙을 준수해야 하고 협동심이나 타협을 필요로 한다. 이러한 경험을 통해 자기중심적인 사고나 행동은 줄어들고 점차 사회 구성원으로서 성공적인 사회적 상호작용을 위해 필요한 기술이나 규범을 배워 나간다.

둘째, 태도나 가치관의 형성으로 또래집단은 다른 가치에 우선하는 집단만의 고유한 가치를 공유한다. 지금까지 아무 비판 없이 받아들인 부모의 가치관에 대해 다르게 생각하며 자신들 나름대로의 태도나 가치관을 형성하게 된다. 아동기에는 특히 또래집단의 행동에 동조하고자 하는 욕구가 강하며 또래집단의 행동기준은 아동에게 사회적 압력으로 작용한다.

셋째, 정서적 안정감 제공으로 아동기에는 또래집단으로부터의 평가가 부모의 평가보다 더 중요한 의미를 갖는다. 또래집단으로부터 수용되고 인정받음으로써 부모가 제공할 수 없는 정서적 안정감을 느끼며, 긍정적인 자아개념을 형성하게 된다. 때로는 또래집단이 기성세대의 권위에 대항하거나 위험한 행동을 하기도 하며, 반사회적 행동을 요구하기도 한다. 그러나 아동은 이러한 집단에 소속됨으로써 정서적 안정감을 얻게 되며, 이는 우정이 발달하는 기초가 된다.

넷째, 인지발달과 정보 제공의 측면으로 또래와의 상호작용 과정에서 생기는 갈등을 경험함으로써 인지발달 수준이 향상된다. 또래집단의 지식이나 정보 전달은 성인을 통해 이루어지는 것보다 더 효율적으로 이루어진다. 이들과의 관계를 통해 아동은 보다 쉽고 용이하게 사회에 적응하는 방법을 배우며, 지식이나 정보를 제공받는다.

아동의 자아존중감과 가치는 대부분 그들을 대하는 다른 아동과 성인의 방식에서 온다.

(2) 아동기에 나타날 수 있는 문제

① 거짓말

일반적으로 아동의 거짓말 형태는 상상에서 오는 거짓말, 공포에서 오는 거짓말, 자랑에서 오는 거짓말, 과장에서 오는 거짓말, 남을 곤란하게 하려는 거짓말 등이 있다. 그 형태가 어떤 것이든 거짓말을 하면 보다 더 빈번하고 정도가 심한 거짓말로 이어질 수 있다는 문제점이 있으므로 부모나 교사는 거짓말을 하는 것의 이면에 있는 참된 이유를 파악할 필요가 있다. 자신을 방어하기 위해 거짓말을 한 경우는 자존심에 상처를 주거나 심신에 고통을 주는 심한 벌을 주면 거짓말을 더 자주 하는 결과를 초래할 수 있기 때문에 보다 많은 관심과 애정을 보여 주고, 건전한 자아개념을 형성하도록 배려해야 한다.

② 도벽

학교에서 친구의 물건을 가져오거나 가게의 물건을 몰래 가져오는 아동이 있다. 이러한 경우 부모 중에는 나이가 어려서 사리분별력이 부족하기 때문이라고 생각하여 가볍게 넘기려고 하나, 도벽은 아동의 습관으로 발전하여 보다 심각한 문제가 생길 수 있는 문제이므로 주의 깊게 신경을 써야 한다.

도벽의 동기를 파악해 내는 것은 쉽지 않으나 단순하게 친구에게 자랑하고 과시하기 위해서 훔치는 아동은 부모가 대개 아동에게 관심이 적고, 방임하는 가정에서 성장한 경우가 대부분이다. 어렸을 때부터 모든 요구를 들어주는 가정에서 성장한 아동도 타인의 소유물을 중요시한다는 개념이 미약하여 자신이 가지고 싶은 것이면 남의 것이라도 생각 없이 가질 수 있다. 또 부모가 절대적인 권위만을 내세우고 자녀에게 복종만을 강조하는 경우 아동은 자신의 존재나 소유를 인정받지 못했기 때문에 욕구불만의 충족을 위하여 물건을 훔칠 수도 있다.

일반적으로 도벽이 있는 아동은 자신의 욕구나 행동을 조절하는 능력이 부족한 경우가 많으므로 자기통제력을 길러 줄 필요가 있다. 특히, 나쁜 친구를 사귀어 친구의 협박 때문에 훔치는 아동이나 장기간 반복되는 도벽의 문제는 분노, 좌절, 심신의 허약함과 관련된 심각한 문제인 만큼 전문가의 도움을 받을 필요가 있다.

③ 또래관계의 문제

아동기에는 또래가 그들의 삶에서 차지하는 비중이 높아진다. 또래에게 협동적이고 다정한 사회적 행동을 함으로써 인기가 있는 아동이 있는 한편, 배척아동과 소외아동처럼 또래 수용도가 낮아 또래관계에서 위기에 처하는 아동도 있다.

배척아동은 또래와 상호작용할 때 갈등을 유발하거나 공격적 행동과 과잉행동 같은 부정적인 사회적 행동이나 산만한 행동을 보이며, 미성숙한 사회적 · 인지적 놀이를 한다. 또래에게 배척당하는 아동은 다른 아동의 순수한 행동을 적대적인 것으로 잘못 해석하여 적대적이고 공격적인 반응을 보인다. 또래와의 대화에도 거의 참여하지 않기 때문에 조망수용 능력을 발달시키거나 타인의 의도를 정확하게 파악하는 것을 배우지 못한다.

소외아동은 또래에게 인기가 없다는 면에서는 배척아동과 유사하나, 공격적 행동을 보이지 않는 점이 다르다. 주로 혼자 놀며, 또래와의 상호작용이 적고 자신에게만 주의집중하는 경향이 있다. 이들은 또래와의 상호작용이 적음에도 불구하고 스스로 외로움을 보고하지는 않으나 또래를 의도적으로 회피하거나 또래와의 관계에서 부적절하게 행동하는 아동은 심리적인 문제로 위기 상황에 처할 수도 있다(홍순정 · 이규미, 2009).

2 영아의 생활 문제행동과 지도

아무리 좋은 생각과 노력으로 영아를 가르치려고 하지만 영아에게는 문제행동이 나타날 수 있고 그 행동은 대부분 쉽게 고쳐지지 않는다. '고쳐 줘야지.' 하면서 시간이 가고, 야단을 치기도 하고 달래보기도 하지만 별 효과가 없고 그러다 보면

'애들이 다 한때 그럴 수도 있지.'라고 합리화해 버리거나 문제라고 생각되는 행동들을 걱정만 한다. 문제행동은 시간이 지날수록 고치기가 어렵고 잘못하면 늘 영아하고 싸우게 되면서 부모와 영아의 관계만 나빠질 수도 있다. 영아에게 어떤 문제행동이 나타날 때, 그 행동을 바로잡을 수 있는 가장 좋은 방법은 영아 스스로가 자신의 잘못을 깨닫고 고칠 수 있게 하는 것이다. 무엇보다도 영아가 이해할 수 있는 언어로 올바른 행동에 대한 동기부여를 해 주는 것이 필요하다. 자주 나타나는 문제들을 살펴보기로 한다(홍순정 외, 2013).

1) 0~18개월

(1) 공격성 및 고집부리기

엄마 화장품을 깨뜨리거나 거울을 깨거나 물건을 던져서 못 쓰게 만든다. 또 책을 찢기도 하고 귀한 물건을 엉망으로 만들어 놓기도 한다. 밥을 먹을 때 일부러 이리저리 물과 밥풀을 흩트려 놓기도 한다. 다른 영아를 꼬집기도 하고, 아무에게나 가서 뺨을 때리는 등의 난폭한 행동을 보이기도 한다.

- 지도

의도가 없는 잘못인 만큼, 행동에 대한 결과만 알려 준다. 이 시기의 영아가 다른 영아를 때리거나 물건을 집어 던지는 등의 잘못은 사실 잘못이 아니다. 영아가 나쁜 뜻으로 그런 행동을 하는 것이 아니기 때문이다. 이 시기 영아의 나쁜 행동의 근원은 '호기심'이다. 궁금해서 직접 만져 보고 해 보는 것이다. 잘못을 하지 않은 영아를 혼내면 영아는 정서적으로 불안한 영아가 된다. 영아는 자신의 행동에 주눅이 들어서 마음껏 탐색활동을 하지도 못하고 기가 죽어서 소심하고 위축된 영아로 자라기 쉽다. 반대로 반항적인 영아가 되기도 한다.

2) 18개월~3.4세

"싫어!"를 입에 달고 살아서 앞뒤 가리지 않고 내키는 대로 반항을 한다.

(1) 고집 피우기

자신이 할 수 없는 영역인데도 영아는 자기가 하겠다고 고집을 피우고, 그러다가 사고를 친다. 혼자 높은 계단을 올라가겠다고 고집을 피우다가 구르기도 하고, 동생을 돌보아 준다고 하면서 동생을 떨어뜨리거나, 엄마를 도와주겠다고 하면서 일을 엉망으로 만들기도 한다.

- 지도

엄마가 어떤 행동을 보일 때 좋아하는지 알면서도 살짝살짝 눈치를 보면서 반대되는 행동만 골라서 하는 경우가 있다. 그러나 벌을 주면 줄수록 더 심해진다. 뒤돌아서면 똑같은 짓을 한다. 이럴 때는 못 본 척 넘어가는 것이 최선책이다. 혼낼수록 더 심해진다. 영아는 그것을 바라고 잘못을 하기 때문이다.

(2) 떼쓰기

자신이 사달라는 물건을 사주지 않을 때는 주위 상황이 어떻건 울고불고 떼를 쓴다. 심한 경우 백화점 등의 공공장소에서 바닥에 드러눕기까지 한다. 잘못된 행동인지 알면서도 다른 영아의 물건을 강압적으로 뺏거나 일부러 나쁜 짓만 골라서 하는 행동도 보인다. 엄마와 영아가 매일 전쟁을 치러야 하는 시기이다.

- 지도

이 시기는 세상이 자기 것인 양 자신감에 넘치는 때이므로, 영아는 자기 뜻대로 하려고 고집을 피우고 떼를 쓴다. 이때는 엄마가 영아 뜻대로 하도록 최대한 배려해 주는 것이 좋다. 영아가 너무 심하게 떼를 쓴다고 걱정하는 엄마가 있는데, 이런 경우는 대부분 엄마가 그동안 영아에게 혼내고 강압적으로 눌렀기 때문에 영아의 행동이 더 강하게 나타나는 것이다. 강하게 밀어붙여야 엄마에게 먹혀 들어간다고 생각하기 때문이다. 영아 뜻대로 해 주면서 위험한 행동을 할 때는 결과를 알려 주고 왜 그런 행동을 하지 않아야 하는지 설명해 주는 것이 좋다. 영아의 고집을 자꾸 꺾으면 더 떼가 심해지거나 반대로 소극적이고 복종적인 영아가 되기 쉽다.

(3) 손가락 빨기

아주 어린 영아의 경우 손가락을 빠는 것은 큰 문제가 되지 않지만, 3~4살까지 그런 버릇을 계속하면 부모로서는 걱정이 된다.

- 지도

부모는 무조건 성급하게 자녀를 처벌하거나 야단쳐서는 안 되며, 자녀의 성장을 방해하는 원인을 제거한다는 입장을 가져야 한다. 경우에 따라서는 벌을 주는 쪽보다 자녀를 신뢰해 주는 쪽이 보다 효과적인 경우가 있다. 그렇게 할 때 이런 행동은 차츰 줄어들 것이다(황산성, 2013).

3 유아, 아동, 청소년의 정신장애

아동, 청소년의 기능 수준은 발달적으로 변화하는 특징이 있기 때문에 아동, 청소년에 대한 진단은 보수적인 것이 바람직하다. 진단을 내릴 경우 앞으로 아동, 청소년의 인생에 미칠 수 있는 잠재적 영향을 고려해야 하지만 동시에 정확하고 적절한 진단은 그에게 필요한 보호와 서비스를 받는 데 도움이 되기도 한다. 굳이 진단이 필요할 때는 잠정적인 진단(a working diagnosis)을 내리고 상담 및 치료과정 동안 이를 확인하거나 수정해 나가야 한다(Pledge, 2003). 이 절에서는 DSM-IV의 진단기준을 중심으로 아동 청소년기에 나타나는 정신장애의 진단기준과 임상적 특징을 살펴보기로 하겠다(홍순정 · 이규미, 2013).

1) 주의력 결핍–과잉 행동장애

주의력 결핍-과잉 행동장애(Attention-Deficit/Hyper-Activity Disorder : ADHD)는 부주의, 과잉행동 및 충동성에 관한 증상들로 사회적 · 학업적 · 직업적 기능에 임상적으로 심각한 장애가 초래되는 장애이다. 진단기준에 제시된 과잉행동 및 충동성에 관한 증상들 중 6가지 또는 그 이상이 6개월 동안 부적응적이고 발달 수준에 맞지 않는 정도로 지속되며, 이러한 증상이 7세 이전에 있었던 경우로, 이러한 장애가 두 가지 또는 그 이상의 장면(예 : 학교, 작업장, 가정 등)에서 존재한다.

DSM-IV 진단기준에 기술되어 있는 부주의, 과잉행동, 충동성에 대한 설명은 다음과 같다.

(1) 부주의

- 세부적인 면에 대해 면밀한 주의를 기울이지 못하거나 학업, 작업 또는 다른 활동에서 부주의한 실수를 저지른다.
- 일을 하거나 놀이를 할 때 지속적으로 주의를 집중할 수 없다.
- 다른 사람이 직접 말을 할 때 경청하지 않는 것으로 보인다.
- 지시를 완수하지 못하고 학업, 잡일, 작업장에서의 임무를 수행하지 못한다(반항적 행동이나 지시를 이해하지 못해서가 아님).
- 과업과 활동을 체계화하지 못한다.
- 지속적인 정신적 노력을 요구하는 과업(학업 또는 숙제 같은)에 참여하기를 피하고, 싫어하고, 저항한다.
- 활동하거나 숙제하는 데 필요한 물건들(예 : 장난감, 학습 과제, 연필, 책, 또는 도구)을 잃어버린다.
- 외부의 자극에 의해 쉽게 산만해진다.

(2) 과잉행동

- 손발을 가만히 두지 못하거나 의자에 앉아서도 몸을 꼼지락거린다.
- 앉아 있도록 요구되는 교실이나 다른 상황에서 자리를 떠난다.
- 부적절한 상황에서 지나치게 뛰어다니거나 기어오른다(청소년 또는 성인에서는 주관적인 좌불안석으로 제한될 수 있다).

- 조용히 여가활동에 참여하거나 놀이하지 못한다.
- '끊임없이 활동하거나' 마치 '자동차(무엇인가)에 쫓기는 것'처럼 행동한다.
- 지나치게 수다스럽게 말을 한다.

(3) 충동성

- 질문이 채 끝나기 전에 성급하게 대답한다.
- 차례를 기다리지 못한다.
- 다른 사람의 활동을 방해하고 간섭한다(예 : 대화나 게임에 참견한다).

진단기준에는 증상이 부적응적이어서 생활 장면에 부적절한 면이 있으며 방해가 된다는 점, 그리고 동등한 발달 수준에 있는 다른 아동보다 더 빈번하고 심하다는 점, 또한 상황적인 것이 아니어서 적어도 6가지 또는 그 이상의 증상이 6개월 이상 지속되고 있다는 점을 강조한다. 초등학교에서 발견되는 ADHD 아동의 전형적인 모습은 수업 시간에 조용히 앉아 있는 시간이 짧아 수업을 방해하는 행동을 많이 하는 것이며, 과제를 끝까지 완성하지 못하고 대화 중에도 다른 사람의 말에 귀를 기울이지 못하고 활동에 대한 세부지침을 따르지 못한다. 이러한 결과는 반항이나 지시에 따르지 않으려는 의도보다 부주의에서 오는 것이 특징이다. ADHD는 초등학교 입학 전에는 진단하지 않는다. 그러나 초등학교에 들어가면서 작업 수행이 뒤떨어지는 양상이 나타나고 또래들로부터 비협조적이고 어수선한 아이로 취급당하거나 자신의 부적절감으로 자존감이 저하되고 우울해지는 등 이차적인 문제가 수반되므로 조기 발견해서 적절한 도움을 주어야 한다. 이러한 장애를 가진 아동 중에는 반항성 장애나 품행장애를 중복해서 갖고 있는 경우도 적지 않다.

DSM-IV에서는 품행장애와 반항성 장애를 '달리 분류되지 않는 주의력 결핍-과잉행동장애'로 분류하고 있는데, 이 두 장애는 아동, 청소년기의 대표적인 장애이므로 이어서 그 특징에 대해 살펴보기로 하겠다.

2) 품행장애

품행장애(Conduct Disorder)는 다른 사람의 기본 권리나 나이에 적합한 사회규준이나 규율을 위배하는 행동양상이 반복적이고 지속적으로 나타나는 장애이다. 진단기준에서는 사람에 대한 공격, 재산 파괴, 사기 또는 절도, 중대한 규칙위반에 대한 항목을 다음과 같이 제시하고 있는데 이 중에서 지난 12개월 동안 3개 또는 그 이상이 있으면서 최소한 한 항목은 지난 6개월간 나타나는 경우라고 기술하고 있다. 그리고 이러한 행동장애가 사회적, 학업적, 또는 작업 기능에 중대한 지장을 초래하는 경우이다.

(1) 사람과 동물에 대한 공격

- 자주 다른 사람을 못살게 굴거나, 협박하거나, 겁먹게 한다.
- 자주 싸움을 건다.
- 다른 사람에게 심한 신체 손상을 줄 수 있는 무기를 사용한다.
- 사람에게 신체적으로 잔인하게 대한다.
- 동물에게 잔인하게 대한다.
- 피해자와 맞서서 도둑질한다(예 : 노상강탈, 지갑 날치기 강도, 무장 강도 등).
- 다른 사람에게 강제로 성행위를 하게 한다.

(2) 재산 파괴

- 심각한 파괴를 일으킬 작정으로 고의로 불을 지른다.
- 다른 사람의 재산을 고의로 파괴한다(방화 제외).

(3) 사기 또는 절도

- 다른 사람의 집, 건물 또는 자동차를 파괴한다.
- 물품이나 호의를 취득하거나 의무를 피하려고 자주 거짓말을 한다.

- 피해자와 마주치지 않고 사소한 것이 아닌 물건을 훔친다(예: 파괴하거나 침입하지 않고 물건을 사는 체하며 훔치기, 문서 위조 등).

(4) 중대한 규칙위반

- 부모가 금지하는데도 자주 외박을 하며, 이는 13세 이전부터 시작되었다.
- 부모나 대리부모와 집에서 같이 살면서 최소한 두 번 이상 가출 또는 외박을 한다(또는 한 번 가출했으나 장기간 귀가하지 않음).
- 무단결석을 자주 하며, 이는 13세 이전부터 시작되었다.

또한, 18세 이상이면서 반사회적 성격장애의 진단기준에 맞지 않아야 품행장애라고 할 수 있다. 즉, 18세 이상인 경우 다른 사람의 권리를 무시하거나 침해하고, 사회적 규범을 지키지 못하고 구속당할 행동을 반복하는 경우 반사회적 성격장애로 진단될 가능성이 크다는 것을 시사한다. 일부 품행장애는 반사회성 성격장애로 발전할 수 있지만 상당수는 그렇지 않으며, 일부 문제가 되는 경우는 품행장애로 인한 주변의 거절과 가족과의 불화, 학교생활 실패, 불량한 또래관계 등이 복합된 결과일 가능성이 크다.

3) 반항성 장애

반항성 장애(Oppositional Defiant Disorder)의 핵심 증상은 권위적인 존재에 대한 거부적 적대적 반항행동이다. 이러한 반항행동으로는 자주 화를 내고 발끈한다, 어른과 말다툼이 잦다, 어른의 요구에 응하거나 규칙에 따르는 것에 자주 반항하거나 거절한다, 자주 다른 사람이 화낼 일을 일부러 한다, 자신의 실수나 나쁜 행실에 대해 다른 사람을 자주 비난한다, 다루기 힘들고 다른 사람 때문에 쉽게 자주 성을 낸다, 자주 화를 내고 성질을 잘 부린다, 자주 심술을 부리거나 복수심이 강하다와 같은 것으로 나이와 발달 수준이 같은 또래에 비해 더 빈번하며, 이러한 반항행동 중 4개 또는 그 이상의 증상이 최소한 6개월 이상 지속되어 사회적, 학업,

작업 기능에 중대한 기능을 초래하는 경우이다. 그러나 이러한 증상이 다른 정신질환, 기분장애에 의해 나타나는 것이 아닌 경우, 또한 행동장애의 진단기준이나, 18세 이상의 경우 반사회적 인격 장애의 진단기준에 맞지 않는 경우여야 한다.

반항성 장애는 부모, 교사, 친구관계에서 증상으로 인해 갈등이 많이 일어나며, 가정불화나 학교 부적응 행동으로 이어지는 경우가 빈번하다. 또한, 발병은 양부모 또는 한 부모의 문제행동이나 양육과정에서의 문제, 즉 부모의 기분장애, 반항성 장애, 반사회적 성격장애, 가정불화 등과 관련이 많은 것으로 알려지고 있다.

4) 학습장애

학습장애(Learning Disorder)는 읽기, 산술, 쓰기를 평가하기 위해 실시된 표준화 검사에서 해당 영역의 성적이 생활연령, 측정된 지능, 그리고 나이에 적합한 교육에 비해 기대되는 정도보다 현저하게 낮고 이러한 장애가 학업성취나 일상생활에 현저하게 방해가 되는 것을 특징으로 한다. 또한, 이러한 장애에 감각기관의 결함이 겹치면 그 결함에 동반되는 정도를 초과해서 심한 정도를 나타낼 때 읽기 장애, 산술장애, 쓰기 장애라고 말한다.

진단기준에서는 표준화 검사 결과를 기준으로 하고 있으나 이외에도 학업성취도, 학습행동관찰, 비표준화 검사를 통해 발견될 수 있으며, 장애가 의심되면 다양한 장면에서 다양한 도구를 통해 좀 더 정밀한 검사와 평가를 거쳐 확인해 나가야 한다.

이러한 장애는 성인기까지 지속적으로 학업적인 면이나 일상생활에서 문제가 되어, 한 개인의 낮은 자존심, 학교 부적응, 행동문제, 사회성 문제에 부정적인 영향을 주고 다른 장애가 중복되어 나타날 수 있다. 이들에게 바람직한 교육치료는 개인의 잠재력에 초점을 둔 개별화 학습으로 학습에 대한 실패감을 최소화하여 점진적으로 학습에 대한 흥미나 동기를 갖게 하는 것이다.

5) 운동기술장애

운동기술장애(Motor Skill Disorder)는 정신지체에 의한 것도 아니고 뇌성마비와 같이 일반적인 의학적 상태에 의한 것도 아닌 근육운동조정의 발달에 손상을 보이는 것으로 나이나 지능 수준에 비해 운동 능력이 현저하게 미숙하여 학업성취나 일상생활에 방해가 되는 경우이다. 아주 어린 아동은 동작이 서툴고 걷기, 기어 다니기, 앉기, 단추 잠그기와 같은 운동발달 과제가 지연되고, 좀 더 자란 아동은 퍼즐 맞추기, 모형 만들기, 공놀이, 그림 그리기, 글쓰기 동작에 어려움을 나타낸다.

6) 의사소통장애

의사소통장애는 지능 수준은 정상이지만 의사소통에 결함이 나타나는 장애로, 표현성 언어장애, 혼재 수용-표현성 언어장애, 음성학적 장애, 말더듬이, 그리고 달리 분류되지 않는 의사소통장애가 포함된다. 이중 표현성 언어장애의 경우, 현저하게 제한된 어휘, 시제에서의 오류, 단어 회상이나 발달 수준에 맞는 긴 문장이나 복잡한 문장을 만드는 데 어려움 같은 증상이 주된 특징이다. 혼재 수용-표현성 언어장애는 표현성 언어장애의 증상뿐 아니라 단어, 문장, 공간 용어 등 특정 유형의 단어를 이해하는 어려움과 같은 증상이 포함된다. 이 유형은 언어발달에 대한 표준화 검사 점수가 비언어적 지능검사보다 현저하게 낮은 것이 특징이다. 음성학적 장애는 나이와 말씨에 적합한 발달적으로 기대되는 언어 음을 사용하지 못해서 한 음을 다른 음으로 대치해서 사용하는 등의 증상을 나타낸다. 말더듬이는 말을 더듬는 현상이 최소 3개월 동안 나타날 때 진단한다.

이러한 의사소통장애는 비교적 경과가 좋으며, 자연치유되는 경우가 많지만, 회복이 불완전하거나 진행성 결함이 있는 경우 학습장애와 관련될 수 있다. 말더듬이는 연구에 따라 60~80% 자연적으로 회복된다고 보고되며, 전형적으로 회복은 16세 이전에 일어난다.

7) 정신지체

정신지체(Mental Retardation)란, 평균 수준 이하에 속하는 전체적인 지적 기능으로서 의사소통, 자기 돌봄, 가정생활, 사회적 기술이나 대인관계기술, 지역사회 자원의 이용, 자기관리, 기능적 학업기술, 일, 여가, 건강, 안전과 같은 기술영역 중에서 적어도 두 영역의 적응기능에 있어 심한 한계를 동반하는 경우를 의미한다. 발병은 18세 이전이어야 한다. 정신지체의 정도는 4등급으로 분류되며, 지능지수 50~55에서 70까지를 가벼운 정도의 정신지체, 35~40에서 50~55까지를 중간 정도의 정신지체, 20~25에서 35~40까지를 심한 정도의 정신지체, 그리고 20 또는 25 이하를 아주 심한 정도의 정신지체로 나눈다. 그리고 정신지체라는 심증은 있으나 장애가 너무 심하거나 협조가 되지 않아 표준화 검사에 의해 지능을 측정할 수 없을 때나 유아의 경우 정도를 세분할 수 없는 정신지체로 분류한다.

8) 전반적 발달장애

전반적 발달장애(Pervasive Development Disorder)는 발달의 여러 분야, 즉 사회적 상호작용과 의사소통기술에 있어서 심각하고 전반적인 장애가 있거나 상동증(常同症)적인 행동 및 관심, 활동이 있는 것이 특징이다. 그리고 이러한 장애가 발달 수준이나 정신연령에 비해 명백하게 이탈되어 있는 경우를 말한다. 여기에는 자폐성 장애를 포함하여 레트 장애, 아스퍼거 장애, 소아기 붕괴성 장애 등이 하위 유형으로 포함되어 있다. 자폐성 장애(Autistic Disorder)는 이 범주에서 가장 대표적인 장애로 3세 이전에 사회적 상호작용, 의사소통, 행동, 관심, 활동에서의 상동성과 반복적인 양상이 주된 증상으로 나타나는 장애이다. 레트 장애(Rett's Disorder)는 생후 5개월까지 정상발달이 되다가 30개월과 5세 사이에 머리 크기의 성장이 감속하고 이미 습득한 손기술을 상실하고, 손을 쥐어틀거나 손을 씻는 행동과 유사한 상동증적 손 움직임이 나타난다. 그리고 사회적 환경에 대한 관심이 감소하면서 언어발달에서도 장애가 나타나는 것이 특징이다. 아스퍼거 장애

(Asperger's Disorder)는 사회적 상호작용에서 심하고 지속적인 장애와 제한적이고 반복적인 행동이나 관심, 활동이 나타난다. 자폐성 장애와는 대조적으로 심각한 언어발달의 지연은 없고, 인지발달이나 나이에 맞는 자기보호기술 및 적응행동의 발달, 환경에 대한 호기심 발달에서는 심각한 발달지연이 나타나지 않는다. 끝으로 소아기 붕괴성 장애는 자폐증과 유사한 증상을 나타내지만 이들이 출생 후 2년 동안은 정상적인 발달이 이루어지다가 10세 이전 언어기능, 사회적 기술, 적응행동, 대소변 조절 기능, 놀이나 운동기술 중 2개 이상의 영역에서 현저한 기능상실이 나타나는 것으로 구분할 수 있다.

(1) 자폐성 장애

자폐성 장애(Autistic Disorder)는 전반적인 발달장애 중 가장 대표적인 장애로 이 장애의 가장 뚜렷한 증상은 부모를 포함하여 다른 사람과 의미 있는 사회적 관계를 맺지 못한다는 것이다. 예를 들어, 자기 이름을 불러도 반응을 하지 않는다든가, 특이한 언어를 사용하는 것, 사회적 미소의 결여, 눈 접촉을 하지 못하고 자기세계에만 빠져 있는 듯 보인다. 또한, 다른 아이나 상호놀이 또는 모방 게임에 대한 관심이 결여되어 있다. 특이한 행동을 보이는 예로는 특정 장난감에 대한 이상한 집착, 어떤 것을 집요하게 반복함, 화내기 등도 있다(Pledge, 2003). DSM-IV에 기술된 자폐성 장애아의 진단기준은 다음과 같다.

〈표 7-1〉 DSM-IV의 자폐성 장애 진단기준

A. (1), (2), (3)에서 총 6개(또는 그 이상) 항목, 적어도 (1)에서 2개 항목, (2)와 (3)에서 각각 1개 항목이 충족되어야 한다.
  (1) 사회적 상호작용에서의 질적인 장애가 다음 항목 가운데 적어도 2개 항목으로 표현된다.
    - 사회적 상호작용을 조절하기 위한 눈 맞춤, 표정, 몸자세, 몸짓과 같은 다양한 비언어적 행동을 사용함에서 현저한 장애
    - 발달 수준에 적합한 친구관계 발달의 실패
    - 자발적으로 다른 사람들과 기쁨, 관심, 성공을 나누지 못한다(예: 관심의 대상을 보여주거나, 가져오거나, 지적하지 못함)
    - 사회적으로나 감정적으로 서로 반응을 주고받는 상호 교류(reciprocity)의 결여
  (2) 질적인 의사소통장애는 다음 항목 가운데 적어도 1개 항목으로 표현된다.
    - 구두 언어발달의 지연 또는 완전한 발달 결여(몸짓이나 흉내 내기와 같은 의사소통의 다른 방법에 의한 보상시도가 없다.)
    - 적절하게 말을 하는 경우, 다른 사람과 대화를 시작하거나 지속하는 능력의 현저한 장애
    - 상동증적이고 반복적인 언어나 괴상한 언어의 사용
    - 발달 수준에 적합한 자발적이고 다양한 가상적 놀이나 사회적 모방놀이의 결여
  (3) 제한적이고 반복적이며 상동증적인 행동이나 관심, 활동이 다음 항목 가운데 적어도 1개 항목으로 표현된다.
    - 강도나 초점에서 비정상적인, 한 가지 이상의 상동증적이고 제한적인 관심에 집착, 특이하고 비효율적인, 틀에 박힌 일이나 의식에 고집스럽게 매달림
    - 상동적이고 반복적인 동작성 매너리즘(예: 손이나 손가락으로 딱딱 때리거나 틀기 또는 복잡한 몸 전체의 움직임)
    - 대상/물체(object)의 어떤 부분에 지속적으로 집착

B. 다음 영역 가운데 적어도 한 가지 영역에서 기능이 지연되거나 비정상적이며, 3세 이전에 시작된다.
  (1) 사회적 상호작용
  (2) 사회적인 의사소통에서 사용되는 언어
  (3) 상징적 또는 상상적 놀이

출처: 『정신장애의 진단 및 통계편람(DSM-IV)』(1995). pp. 103-104. 하나의학사.

자폐증의 정확한 원인은 아직 밝혀지지 않고 있다. 이에 대해 초기에는 부모의 지능이나 사회 경제적 수준, 부모의 아동에 대한 태도가 관련된다고 보았으나 최근에는 이보다 유전 및 생물학적인 요인과 관련이 있다고 보는 관점이 우세하다.

9) 급식 및 식이장애

급식 및 식이장애(Feeding and Eating Disorder)는 유아나 어린 아동이 음식의 영양분을 섭취하는 행동에서 이상행동이 나타나는 장애이다. 하위 유형을 살펴보면, 종이, 흙, 벌레, 동전, 기타 이물질 등을 습관적으로 먹는 이식증(Pica), 위장장애나 구역질 반응이 없는데도 음식물을 반복적으로 되씹거나 토하는 행동을 나타내는 반추행동장애(Rumination Disorder), 지속적으로 먹지 않아 심각한 체중 저하가 나타나는 급식장애(Feeding Disorder)가 있다.

10) 틱장애

틱(Tic)이란 갑작스럽고 빠르면서도 반복적으로 근육을 움직이거나 갑자기 이상한 소리를 내는 이상행동을 지칭한다. 눈을 깜빡거리거나, 얼굴 찡그림, 어깨 움직이기, 머리 휘젓기 등의 동작을 갑자기 나타내는 것을 운동 틱이라고 하는데 이러한 행동이 하나만 나타나는 경우(단순운동 틱)가 있는가 하면 여러 가지를 복합적으로 나타내는 경우(복합운동 틱)도 있다. 갑자기 킁킁거리는 소리를 낸다든가, 헛기침하기, 캑캑거리기, 엉뚱한 단어나 구절 반복하기와 같이 소리를 내는 것은 음성 틱이라고 한다. 다양한 음성 틱과 운동 틱이 1년 이상 지속적으로 나타나는 양상을 뚜렛 장애라고 하고, 운동 틱이나 음성 틱 중 한 가지만 1년간 지속되는 것을 만성적 운동 틱 또는 만성적 음성 틱이라고 한다. 또한, 운동 틱이나 음성 틱이 일시적으로 나타나는 경우를 일과성 틱장애라고 하는데 이는 최소한 4주 이상, 그러나 1년 이상 지속되지 않는 경우를 말한다.

이러한 틱장애는 스트레스 상황에서 더 많이 나타나고 안정되거나 집중해서 무엇에 몰두해 있을 때는 덜 나타나는 양상을 띤다. 따라서 아동의 스트레스 요인을 찾아 이를 해소할 수 있는 기회를 제공하면 치료에 도움이 된다.

11) 배설장애

배설장애(Elimination Disorders)는 대소변을 가릴 수 있는 나이가 되었음에도 불구하고 이를 가리지 못하고 옷이나 장소에 관계없이 배설하는 것을 말한다. 배설장애의 하위 유형에는 유뇨증과 유분증이 있다. 유뇨증은 5세 이상의 아동이 신체적 문제가 없음에도 옷이나 침구에 반복적으로 소변을 보는 것으로 이러한 행동이 3개월 이상 동안 매주 2회 이상 나타난 경우를 말한다. 유분증은 4세 이상의 아동이 대변을 적절치 않은 곳에 반복적으로 배설하는 것으로 이러한 행동이 3개월 이상 동안 매주 1회 이상 나타난 경우라고 할 수 있다(홍순정 · 이규미, 2012).

제 II 부

영유아 교사의 인성과 정신건강

CHAPTER 08

영유아 교사의 역할과 자질

1 영유아 교사의 역할

교사의 역할은 교사가 담당해야 역할행동, 교사에게 거는 기대 등으로 표현된다. 영유아 교사의 역할은 유아를 '가르치는 일'에 한정되지 않는다. 또한, 시대, 사회 문화와 가치관, 기관의 종류나 프로그램의 특성에 따라 역할은 다르게 규정된다. 일반적으로 교육과정 계획자, 연구자, 부모교육자, 평가자, 공동학습자, 상담자, 관리자, 의사결정자 등으로 요약되고 있다.

영아를 위한 교사에게는 보육 · 돌봄 · 보호의 역할이, 유아에게는 교육에 좀 더 초점이 맞춰짐을 인식하면서 영아반 교사와 유아반 교사의 역할을 다음과 같이 설명하였다(염지숙 외, 2013).

영아반 교사의 주요 역할로는 영아들과 신뢰 쌓아가기, ② 세심한 관찰을 통한 비언어적 의사소통 이해, ③ 적극적인 상호작용과 개입, ④ 기본생활습관지도, ⑤ 사회적 기술 형성 돕기, ⑥ 부모와의 상호작용 등을 들 수 있다(임주희, 2004; Keenan, 1998).

유아에 대한 존중, 가족에 대한 존중, 인간관계기술 등과 함께 영아의 요구에 신속하고 민첩하게 대처하는 일, 영아 자신이 사랑과 보호를 받고 있다는 확신을 갖도록 신체적 접촉하기, 언어적 자극의 제공, 놀잇감과 놀이를 통해 영아의 학습과 발달 촉진하기, 또래와의 상호작용지도 등이 강조되고 있다(이은해 외, 2013).

영아반 교사와 구별되는 유아반 교사의 역할로는 학습에 대한 활동과 지도가 좀 더 부각되고 있다. 즉, 다양한 경험을 제공하여 호기심과 탐구심 기르기, 융통성 있는 교육과정의 운영, 창의적 사고 발달 돕기, 개방된 질문과 탐구 시간 제공, 유아 개개인의 요구와 흥미에 관심을 두되 합리적으로 규칙이 지켜질 수 있도록 관리하기 등이 언급되고 있다. 교사의 역할을 예술가, 연구자, 임상의학자, 전문가, 설득자, 대화자, 도덕적 귀감으로서의 교사로 제시하며, 교사 역할의 다양성을 강조하기도 한다(염지숙 외, 2013).

1) 영아교사의 역할

첫째, 영아교사는 영아기 정서발달과 신체발달의 가장 중요한 시기라는 점을 인식해야 한다.

둘째, 영아교사는 영아기가 발달상 개인차가 큰 시기라는 점을 고려하여 개개인의 발달 속도와 기질 등에 따라 최대한 개별화된 지도를 하는 것이 바람직하다.

셋째, 영아교사는 영아가 많은 것을 배울 수 있는 능력이 있다는 것을 인식하고 가정과 같은 안정된 분위기와 효과적인 물리적 환경을 조성해 줌으로써 영아 스스로 학습 경험을 선택할 수 있는 기회를 제공하여야 한다.

넷째, 영아교사는 영아는 의사 표현에 한계가 있음을 인식하고 부모와 원활하고 긴밀한 의사소통을 해야 한다.

2) 유아교사의 역할

유아교사의 역할은 유아의 신체적 · 사회적 · 정서적 · 지적 발달을 촉진하는 활동을 계획하고 유아가 자신의 흥미와 관심에 따라 활동하도록 이끌 수 있어야 한다. 유아를 안전하게 보호하고 신체적 · 심리적 욕구를 충족시켜 줌으로써 유아에게 심리적인 안정감과 신체적인 편안함을 제공해 줄 수 있어야 한다. 이와 함께 유아가 자신의 감정을 표현하도록 돕고, 긴장을 풀어 주며, 내적 갈등을 해결하도록 돕는 데 중점을 두는 역할도 강조된다. 또한, 지식과 정보를 전달하고 유아가 기술을 발달시키도록 하는 역할이 기대된다. 즉, 유아의 지적 능력을 길러 주고 애정적 · 반응적 · 긍정적인 상호작용을 하는 역할을 말한다.

3) 영유아 교사의 역할에 대한 정의

영유아 교사의 구체적인 역할에 대해서는 학자마다 다양한 정의를 내리고 있다.

잘롱고와 아이젠버그(Jalongo & Isenberg)의 정의를 보면 다음과 같다(박은혜, 2004).

① 반성적 사고를 하는 실천인: 영유아 교사는 여러 가지 교육적인 문제에 대하여 심사숙고하고 윤리적인 의사결정을 할 수 있는 반성적 사고 능력이 필요하다.

② 영유아의 권리옹호자: 영유아 교사는 영유아 중심의 교육과정을 운영하고 영유아가 권리를 위해 노력한다. 특히, 글로벌 시대의 다문화적 특징이 있는 가정의 영유아가 다른 아동과 달리 부당한 대우를 받고 있는지, 교육 프로그램에는 잘 참여하고 있는지를 주의 깊게 관찰하여 이들의 권리가 충분히 반영될 수 있도록 노력하여야 한다.

③ 아동발달 전문가: 영유아 교사는 영유아의 성장과 발달에 대한 전문적인 지식을 바탕으로 영유아가 전인적인 인격체로 성장하는 데 필요한 도움을 준다.

④ 학습의 촉진자: 영유아 교사는 영유아의 학습을 위하여 적절한 환경을 마련

한다.

⑤ 학습환경의 구성자: 영유아 교사는 영유아가 학습을 위하여 안전하고, 건강하며 발달에 적합한 물리적 환경을 구성한다.

⑥ 교육과정 개발자: 영유아 교사는 유아, 부모, 지역사회의 독특한 요구에 따라 교육과정을 개발 · 조정한다.

⑦ 교육활동 계획자: 영유아 교사는 개발된 교육과정을 유아의 흥미와 요구에 따라 적절하게 운영한다.

⑧ 평가자: 영유아 교사는 영유아의 성장과 발달을 평가하고 교육 프로그램의 효과를 알아본다.

⑨ 역할 모델: 영유아 교사는 유아의 생활을 지도하며 문제해결 등의 시범을 보인다.

⑩ 부모교육자: 영유아 교사는 부모와의 신뢰로운 관계 형성을 통하여 도움을 주고받으며 지역사회와 연계한다.

⑪ 성장하는 전문인: 영유아 교사는 자신의 전문성 신장을 위하여 끊임없이 노력한다.

⑫ 정보관리자: 영유아 교사는 유아와 그 가족을 지원하기 위해 필요한 모든 자료를 정리하고, 이를 활용한다.

이외에도, 교육과정 설계자로서의 역할, 일과계획 및 수행자로서의 역할, 상담자 및 조언자로서의 역할, 연구자로서의 역할, 행정 업무 및 관리자로서의 역할 등이 논의되고 있다(조부경, 1997; Saracho, 1988).

또한, 영유아 교사의 새로운 접근으로서 다음과 같이 역할을 정의하기도 하였다(이영애 외, 2015).

- 관찰자로서의 교사
  - 자신을 유아발달을 연구하는 현장 연구자로 보기
  - 유아 놀이의 세부적인 내용을 이해하기

- 코치로서의 교사
  - 유아를 훈련시킬 수 있는 힘을 인식하고 기회 제공하기
  - 지원적인 위치에서 위기관리 능력 격려하기
- 기록자로서의 교사
  - 말해진 단어들을 받아 적을 수 있고 읽을 수 있는 모델 제공하기
  - 유아의 놀이와 언어를 문자와 그림 등의 표상으로 만들기
- 중재자로서의 교사
  - 유아가 자신의 요구와 느낌을 말할 수 있는 안정적인 분위기 창조하기
  - 갈등을 사회적 기술로 배우는 기회로 보기
- 건축가로서의 교사
  - 유아의 시선에 기초하여 공간 평가하기
  - 유아의 놀이 요구와 흥미에 맞도록 공간 적용하기
- 방송인으로서의 교사
  - 교실에서 관찰한 놀이 행동에 관한 소식을 널리 알리기
  - 유아의 활동과 창작품의 예를 수집하고 전시하기

2 영유아 교사의 자질

유아교사는 유아가 만나는 첫 번째 교사로서 현재 및 미래의 삶에 큰 영향을 준다. 또한, 유아에게는 자신을 보호해 주며, 자신과 세상을 열어 주며, 세상을 알고 살아 나가는 방법을 나누어 성장을 지원해 주는 존재이다. 이러한 교사의 자질과 역할은 시대나 상황에 따라 변화 · 발전해 왔다. 예를 들면, 유아교육이 단순히 어린이를 돌보고 정서적 · 사회적 발달에 초점을 맞추던 시기에는 교사의 따뜻한 품성, 감정이입, 어린이에 대한 사랑 등의 정서적 · 개인적 측면이 강조되었다면, 과

학적 방법이 강조되는 시기에는 특정 프로그램의 내용을 정확하고 분명하게 실행하는 능력을 중요시하였다. 또한, 최근에는 유아 개개인의 다양함과 개성, 창의성을 추구하는 시대로 능동적 학습자, 문제해결력, 창의적 사고를 강조하게 되면서 유아교사의 자질에 대한 논의도 달라지게 되었다. 이처럼 영유아 교사의 역할에 관한 관점은 시대에 따라 조금씩 변화해 왔다. 초기에는 유아교사의 역할이 어머니의 역할과 크게 다르지 않다고 보았다. 유아가 건강과 안전을 돌보아 주는 역할이 유아교사의 주된 역할인 것으로 생각하였다. 그러나 시간이 지나면서 가르치는 교사로서의 역할을 강조하기 시작하여 교육과정을 계획하고 실행하며 평가하는 자로서의 역할이 첨가되었다. 21세기에 요구되는 유아교사의 모습은 적극적으로 학습의 과정에 참여하여 스스로 지식을 구성해 가는 능동적인 학습자의 모습이다. 이에 대해 유아교사란 단순히 유아를 돌보는 정서적 지지자나 특정 프로그램을 수행하는 교육과정 수행자의 역할에서 벗어나 능동적인 교사가 되어야 한다고 주장한다(오문자, 2001). 능동적인 교사란 능동적으로 지식을 구성하고 교실이라는 공간에서 자신만의 독특한 문화를 형성하는 주체가 되며, 다양한 시각과 열린 자세를 가진 공동 학습자를 의미한다. 최근 들어, 일하는 여성이 증가하면서 유치원 종일반이나 보육시설에서 지내는 유아가 늘어남에 따라 보호의 역할이 다시 강조되었다. 이와 더불어 외국인 근로자, 국제결혼가정, 새터민가정 등의 영유아가 교육 및 보육기관에 취원하여 생활하고 있으므로 이들의 조화로운 운영이 영유아 교사의 또 하나의 역할로 대두되고 있다. 이러한 역할을 수행하기 위한 교사의 자질에 대한 논의도 다양함을 볼 수 있다. 풍부한 인간성과 교직에 대한 사명감 등을 포함한 자질을 갖출 것이 기대되고 있다. 또한, 사랑과 온정, 인내심, 활동력, 열린 마음, 포용력, 인간관계에 대한 관심, 융통성, 유머 감각 등이 강조된다(Almy, 1975).

유아를 좋아하며 융통성 있고 선입견을 갖지 않는 것, 지적 호기심, 유아와 부모에 대한 이해와 사랑, 자기성장 능력 등이 포함되기도 한다.

기본적으로 유아를 좋아하고 사랑하며 모성애를 가진 사람, 신체적 · 정신적으로 건강하고 안정되어 있는 사람, 교사로서의 사명감이 있는 사람, 유아의 발달과 심리의 이해와 전문적 소양을 갖춘 사람, 계속 노력하는 사람을 유아교사의 주요 자질로 논의되어 왔다(이상금, 1993).

이은화 외(1995)는 유아교사의 자질을 개인적 자질과 전문적 자질로 구분하여 다음과 같이 정리한다.

- 개인적 자질 : 1) 인성 – ① 유아에 대한 사랑
  - ② 인간에 대한 사랑
  - ③ 성실성
  - ④ 봉사성
  - ⑤ 사려성
  - ⑥ 자발성
  - ⑦ 도덕성
  - ⑧ 원만한 인간관계
  - 2) 건강 – ① 신체적 건강
    - ② 정신적 건강 – 긍정적 자아관
      - – 타인에 대한 긍정적 사고
      - – 건전한 인생관
      - – 정서적 안정
- 전문적 자질 : 1) 지식 – ① 일반교양지식
  - ② 유치원 교육과정에 대한 지식(누리과정/표준보육과정)
  - ③ 교육 방법 및 평가에 대한 지식
  - ④ 유아에 대한 지식
  - 2) 교육기술 – ① 교육과정구성기술
    - ② 프로그램 실천 및 평가기술
    - ③ 의사소통기술
    - ④ 부모 및 전문가 참여기술
    - ⑤ 창의성
    - ⑥ 융통성
    - ⑦ 교재교구의 제작 및 활동기술
  - 3) 교육관 – ① 교육에 대한 소명감
    - ② 직업윤리
    - ③ 전문성 함양 노력

또한, 좋은 교사의 특성으로 인성과 교수 능력이 강조되었다.

좋은 유아교사의 특성의 범주와 내용을 보면 다음과 같다(조경자, 2007).

- 인성 : 유아 사랑, 이해, 존중, 도덕성, 인내, 너그러움, 모성, 엄격, 일관성, 긍정적 사고, 성실성, 활발함, 원만한 대인관계, 세심함, 믿음직함
- 건강 : 신체건강, 정신건강
- 지식 : 유아에 대한 지식, 전공 지식, 교양
- 교수 능력 : 교육과정 구성, 실천 능력, 발달조장 능력, 학부모관계 능력, 다재다능함, 환경 구성 능력, 만성적 사고 능력, 관찰력, 순발력, 민감성, 창의성, 융통성(교구활용 관련 능력)
- 교육관 : 교육철학 및 신념, 열정, 자부심, 책임감 및 소명감, 공평함, 전문성 향상 노력(교직태도 및 직업윤리 관련 특성)

영유아 교사의 자질에 대한 여러 사람의 견해를 종합하여 제안한 것을 보면 다음과 같다(행동과학연구소, 2010 보고서 중에서).

① 영유아를 한 인간으로서 깊이 사랑하는 사람이어야 한다.

② 인간성이 풍부한 사람이어야 한다.

③ 신체적으로 건강한 사람이어야 한다.

④ 정서적으로 안정된 사람이어야 한다.

⑤ 명랑한 성격의 소유자이어야 한다.

⑥ 통찰력, 판단력 및 주의력이 풍부한 사람이어야 한다.

⑦ 교양이 풍부한 사람이어야 한다.

⑧ 연구하는 태도를 가져야 한다.

⑨ 강한 실천력을 가진 사람이어야 한다.

⑩ 투철한 사명 의식을 가진 사람이어야 한다.

⑪ 창의력이 풍부해야 한다.

⑫ 용모가 단정해야 한다.

⑬ 음성이 부드럽고 차분하며 발음이 분명해야 한다.

영유아 교사로서 성공적인 역할을 하려면 위와 같은 적절한 자질을 갖추고 있어야 한다고 본다. 여러 학자와 연구자는 교사의 중요한 자질로 수업기술, 인성적 태도, 정서 등 다양한 요소를 들고 있으나, 시대적 · 사회적 분위기나 요구에 따라 좋은 교사로서의 자질을 보는 관점은 유동적이다.

1) 개인적 자질

- 영유아에 대한 관심과 사랑 : 영유아 교사는 모든 영유아를 귀하게 여기는 마음이 있어야 한다.
- 신체적 · 정신적 건강 : 장시간 영유아와 상호작용하므로 신체적 · 정신적 건강이 필수적으로 요구된다.
- 원만한 인성과 의사소통 능력 : 영유아 교사는 다양한 사람과 더불어 살아갈 수 있는 원만한 인성이 필요하다.
- 성실성과 인내심 : 영유아 교사는 영유아의 모델로서 모든 일에 성실하게 임하는 삶의 태도를 보여 주어야 하며, 아직 숙련되지 못한 활동에 대해 인내하고 지켜봄으로써 영유아가 성취감을 느낄 수 있도록 지지하여야 한다.

2) 전문적 자질

전문적 자질은 영유아를 교육하고 보호해야 하는 영유아 교사로서의 역할 수행에 직접적인 영향을 미칠 수 있는 자질이다. 때로는 이러한 전문성을 갖춘 교사가 우수한 교사로 여겨지는데 교육의 대상인 학습자의 상태를 잘 아는 사람이며, 교육적 필요와 처방을 적절하게 내릴 수 있는 사람(한국교원교육학회, 2007)으로 표현되기도 한다.

- 전문적인 지식
- 개별화와 융통성

- 보살핌과 협력
- 개방성과 의사소통 능력
- 의사결정 능력
- 현장성과 정보기술의 이해
- 지속적인 자기갱신
- 삶에 대한 비전

3) 멘터로서의 자질

오늘날 멘터는 가이드, 스승, 후원, 좋은 아버지와 같은 복합적 의미로 사용되기도 한다. 교사는 위대한 멘터의 능력을 갖추기 위해 노력하는 학습자라고 말하며 지혜롭고 인간적이며, 철학자이고 동시에 심리학자이며, 실천자로서의 모습을 제시하였다. 이러한 멘터로서의 교사의 특성은 영유아 교사의 자질에 대한 새로운 시사점이 될 수 있다는 측면에서 관심을 가질 필요가 있다(김진항, 2012; 임승렬 · 김연미 · 이은정, 2014).

예비교사에게 교육 현장에서 일어날 수 있는 모든 일에 대비할 수 있도록 지식을 끊임없이 주입하고 가르치기는 어려울 것이다. 시대의 요구에 대응할 수 있도록 교사를 위한 지속적인 연수와 현직교육이 요구된다.

영유아 교사는 유아의 전인적인 성장과 발달이 이루어질 수 있도록 다양한 측면에서 지원하고 교육안녕을 위하여 최대한의 배려를 하는 것이 강조된다.

또한, 실제로 영유아교육에 몸담고 있는 교사와 부모가 영유아 교사에게 기대하고 있는 점들을 보면 다음과 같다(황산성, 2013).

영아교사의 자질로는 영아에 대한 애정과 사랑, 발달과정과 영아보육과 관련 지식, 기술, 태도의 습득, 영아의 개별적 기질과 부정적 까다로움도 풀어 줄 수 있는 수용 능력, 인내심, 온유함, 따듯한 품성과 인성, 신뢰감, 건강 등이 많이 언급되었다. 주 역할로는 보호, 신체적 · 심리적 안전과 보호의 역할, 밝고 긍정적인 행동과 유아와의 상호작용, 민감한 반응, 수용해 주기, 여유로운 보살핌 등이 강조되었다.

유아교사의 중요한 자질로는 개별 아동에 대한 이해와 지지, 유아교육을 포함한 다양한 영역에 대한 지식, 유아교육과정에 대한 이해 및 교수법과 관련된 기술, 유아에 대한 이해를 바탕으로 한 배려적 · 교육적 태도, 개방성, 순발력, 인내와 기다림, 배려, 공감적 이해, 사랑, 소명감, 공정함, 일관성, 도덕성 등이 제시되었다.

주 역할로는 다양한 활동 제공, 교육, 긍정적 지지, 유아의 흥미와 욕구를 프로그램에 반영하는 융통성과 개방성, 요구에 반응하는 능력 등이 중시되었다.

이와 함께 일반적으로 훌륭한 교사의 특성으로 기대되는 행동과 태도들을 살펴봄으로써 영유아 교사의 바람직한 인성과 교육활동에도 얼마간의 시사를 받을 수 있으리라고 본다.

3 바람직한 교사의 행동특성

훌륭한 교사는 무엇이 다른지 그들의 14가지 특성에 대한 연구(Todd, 송형호 역, 2009)를 중심으로 살펴보기로 한다.

① 교사의 자기인식으로서 주위의 훌륭한 교사들을 관찰하고 그들은 본보기로 삼아 더 나은 방식을 배우고자 하는 의지와 열정이 있어야 한다.

② 교육의 질을 결정하는 것은 많은 부분 교사에게 달려 있다. 열정적이고 창조적인 교사, 스스로 발전하고자 하는 교사가 중요하다.

③ '기대'가 가져오는 놀라운 힘을 믿는다.
훌륭한 교사는 학급 운영에서 희망과 기대를 갖고 임하며, 보통의 교사는 규칙을 중시하고 무능한 교사는 규칙을 어긴 결과, 즉 벌칙에 초점을 맞춘다. 누구나 반항적인 성향이 있기 때문에 바람직하지 않은 행동에 초점을 맞추어

규칙을 정하면 바람직하지 못한 결과를 가져오게 될 것이다. 학년을 시작하기 전 미리 목표를 정하고, 기대치가 얼마나 명확하고, 미래 지향적, 지속적으로 갈 수 있느냐 하는 점에 초점을 맞춘다면 유리의 기대에 다가갈 수 있을 것이다.

④ 문제의 예방에 보다 관심을 둔다.

학생이 잘못된 행동을 할 때 훌륭한 교사는 예방과 그 행동이 되풀이되지 않도록 하는 것에 목표를 두지만 무능한 교사는 지나간 잘못과 처벌에 목표를 두는 경향이 있다. 학생, 학부모, 그리고 교사 자신을 존경하도록 한다. 무례한 학부모와 학생과의 문제해결에서 인내심의 한계와 스트레스를 받더라도 전문가답게 행동하고 품위를 지키는 기술이 필요하다.

⑤ 훌륭한 교사는 학생에게 높은 기대를 가지며, 스스로에게는 훨씬 더 높은 기대를 갖는다.

가르치는 능력에 상관없이 많은 교사는 학생들에게 큰 기대를 갖고 있다. 그러나 훌륭한 교사는 학생뿐 아니라 스스로에게도 높은 기대를 갖고 노력하지만, 무능한 교사는 학생 및 주변 사람에 대한 기대치는 높은 반면 스스로에게는 기대를 갖고 있지 않음을 볼 수 있다.

⑥ 훌륭한 교사는 책임감을 가지고, 개선을 위해 끊임없이 노력한다. 교실에서 적절하게 학생을 관리하고 책임지는 것은 자신이라고 생각한다.

⑦ 언제나 칭찬과 존중으로 아동을 대한다.

훌륭한 교사는 교실과 학교에 긍정적인 분위기를 창출하고 모든 사람을 존경하며, 칭찬의 힘을 이해하고, 알고, 모든 학생을 좋아하지는 않겠지만 적어도 그런 것처럼 행동하려고 힘쓴다.

* 벤 비셀(Ben Bissel)은 '칭찬하기'가 긍정적 효과를 낼 수 있도록 다섯 가지 원칙을 제시하고 있다.

① 진정한 것을 칭찬하라 : 진실된 것, 진짜 노력이라 여겨지는 것에 대한 칭찬이 중요하다.
② 구체적으로 칭찬하라 : 다른 사람들의 긍정적인 노력을 구체적으로 인식하고 인정한다면 그들의 노력이 가치가 있다고 인식하게끔 도울 수 있다.
③ 바로바로 칭찬하라 : 칭찬이 강화 효과를 가지려면 바람직한 일이 일어났을 때 진실하고 구체적으로 해야 한다.
④ 순수하게 칭찬하라 : 칭찬은 상대가 진정으로 칭찬받을 일을 했기 때문에 하는 것이지 이번 일과 상관없는 다른 일을 해내기를 바라고 칭찬해서는 안 된다.
⑤ 개인적으로 칭찬하라 : 학생은 공개적 칭찬보다 교사의 사적인 인정을 바라는 경우가 많으므로 칭찬이 개인적일 때 효과적이다.

⑧ 불평불만보다는 긍정적인 태도를 유지한다.

교사의 평소 행동은 교실 전체의 분위기에 영향을 끼친다. 학부모와 학생에 대한 불평이나 불만을 이야기하고 믿기 시작하면 학부모와 학생은 교사가 믿는 대로 행동하기 시작한다. 훌륭한 교사는 학생과 학부모에게서 등교 첫날 보여 주는 존경을 계속해서 받을 수 있도록 노력을 기울인다. 훌륭한 교사는 학교에 대한 문제가 화제로 떠오를 때면 자신의 입장을 차분히 관철시키고자 노력한다.

⑨ 미안하다고 말하는 센스를 가진다.

좋은 교사는 학생에게 상처가 되는 행동이나 말을 하지 않고 끊임없이 칭찬을 하지만 문제가 생겼을 때 책임이 없더라도 그 일이 그렇게 되어서 유감이다, 미안하다고 사과할 줄 알며, 다른 학생이나 사람에게도 원만한 대인관계를 위해 사과의 기술을 가르칠 능력을 가지고 있다.

⑩ 때로는 작은 실수 등은 모르는 척하는 배려를 보인다.

교실 안의 모든 일을 인지하고 있지만 훌륭한 교사는 학생 개개인에게 관심을 가지고 있고, 문제가 발생하면 어떤 문제는 즉각적인 관심을 요하고 어떤 문제는 좀 더 기다려야 되는지 경험을 통해 알고 있다. 때로 작은 실수 정도는 모른 척 할 줄 알며, 섬세하게 학생을 다룰 줄 아는 기술을 가지고 있다.

⑪ 는 매사에 계획과 목적을 갖고, 이를 융통성 있게 조절할 줄 안다.

훌륭한 교사는 수업이 진행되는 과정을 조정하고 재조정하고 변경하여 자기

계획에 맞추며, 교실 배치, 교수 접근 방법, 시간 배당 등 모두 세심하게 계획하여 효율적인 학습환경을 만든다. 또한, 계획할 때 결과까지 예측해 보며, 책임지려 한다.

⑫ 우수한 학생을 항상 염두에 둔다.

훌륭한 교사는 그들의 목표가 높고 무언가 결정할 때 세 가지 기준을 생각한다. 1) 목적은 무엇인가? 2) 이 방법으로 목적을 달성할 수 있을까? 3) 우수한 학생들은 어떻게 생각할까? 일반적으로 어떤 결정을 내릴 때 교장이나 경영자는 사람들 중 비공식적 리더에게 자문을 구한다. 교실에서도 우수한 학생에게 초점을 맞추어 문제를 해결한다면, 모든 학생이 참여해 긍정적인 에너지를 발산하고 다 함께 전진하는 방법을 찾을 것이다. 그러나 특정 학생만 편애를 받는다는 인식이 생기면 다른 학생들에게 실망과 분노를 일으키므로 신중할 필요가 있다.

⑬ 어려운 결정에 직면했을 때 열심히 하는 사람이나 학생의 견해를 바탕으로 일을 결정한다. 노력하는 사람이라면 그 결정에 따르도록 노력하고 변화할 것이다.

⑭ 평가 중심의 교육이 되지 않도록 한다.

실제로 학력평가에서 성적이 좋은 학교는 점수보다 학생의 사회적 기술과 자긍심, 행동 책임감, 학교활동 참여도 등 학습의 실제적 문제에 중점을 둔다.

⑮ 배려를 바탕으로 결정을 하도록 한다.

훌륭한 교사는 학생을 배려하며, 교사 자신의 행동과 믿음이 감정과 연계되어 있으며, 감정의 중요성을 이해한다. 교사는 외부의 많은 간섭과 관심에 영향을 받고 부담을 느낄 수 있지만 교육자로서 핵심가치에 집중하며, 학생을 위해 옳은 것에 초점을 맞추도록 한다.

바람직한 영유아 교사의 특성으로 영유아 교사가 인식한 좋은 교사의 특성을 살펴보면 다음과 같다(백승선, 2010).

〈인간적 특성〉

- 0세 교사: 영아를 엄마처럼 사랑해 주기, 신체적 · 정서적으로 건강하기, 부모의 마음 이해하기, 영아의 새로운 시도를 격려하는 마음 갖기
- 1세 교사: 영아를 이해하고 허용하기, 항상 즐거움과 행복감 느끼기, 부모와 신뢰감 형성하기
- 2세 교사: 인내심 갖기, 부드러운 언행을 보이기, 적극적인 모습 보이기, 편안한 복장 하기, 부모와 안정적인 관계 형성하기
- 3세 교사: 항상 잘 웃고 재미를 느끼기, 원장과 긍정적 관계 형성하기, 책임감 갖기
- 4세 교사: 긍정적인 마음 갖기, 동료교사와 협력하기
- 5세 교사: 열린 마음 갖기, 단정한 복장 하기, 성취감 느끼기, 유아와 공감대 형성하기

〈전문적 특성〉

- 0세 교사: 기초적인 양육기술을 알고 영아 돌보기, 영아의 안전 및 건강관리 잘하기, 영아의 월령에 따라 적절한 신체적 움직임 및 탐색활동하기, 영아의 발달 관찰 및 확인하기
- 1세 교사: 영아와 지속적으로 의사소통하기, 부모와 영아발달에 대해 지속적으로 의사소통하기, 관찰을 통해 민감한 대처 능력 가지기, 영아보육에 대한 지식 가지기
- 2세 교사: 기본생활습관 지도 잘하기, 영아의 심리적 안전 돕기, 부모와 영아의 발달에 대해 상담하기, 영아의 발달단계에 따른 전문적 지식 가지기
- 3세 교사: 바른 모델링 보이기, 유아와 언어적 상호작용 잘하기, 유아의 독립성 키워 주기
- 4세 교사: 유아의 사회성 길러 주기, 다양한 활동지도 및 융통성 갖기, 유아의 인지적 욕구 채워 주기, 교사 역할 숙지하기
- 5세 교사: 수업을 효과적으로 계획하고 운영하기, 유아의 창의성 및 인지적

사고 능력 길러 주기, 초등학교와 연계한 부모상담 잘하기, 성교육과 관련한 안전 교육하기, 평가를 기초로 반성하기, 확실한 교육관 갖기

이와 함께 보육교사로서의 윤리, 아동존중, 아동학대에 대한 이해에 대해 세심한 관심을 갖고 교사로서의 역할을 수행해야 할 것이다. 이에 관해서는 부록을 참고하도록 한다.

4 교사의 인성

바람직한 인간으로서 갖추어야 할 품성으로 도덕적 · 실천적 덕목이 제시되고 있다. 또한, 인성교육에서 중요시하는 덕목은 교사가 갖추어야 할 품성이며, 덕목일 것이다. 인성교육에서 논의해 온 주요 품성을 중심으로 교사의 인성과 기본 태도들을 살펴보기로 한다.

- 친절
- 사랑
- 인내와 관용
- 존중
- 신뢰와 일관성, 긍정적 사고, 탐구심, 인내하기
- 책임감
- 근면성실
- 열정(활발, 유머, 탐구, 호기심)
- 대인관계, 배려
- 도덕성, 정직
- 자기관리와 자기성장

그동안 논의 되어 왔던 교사의 자질과 역할, 직무 등을 바탕으로 좋은 교사, 훌륭한 교사의 모습을 품성덕목과 연결하여 생각해 보기로 한다. 우리가 바람직한 교사에게 기대하는 행동부터 찾아보기로 한다.

1) 친절하게 말하기(친절+말의 중요성)

친절한 말과 태도는 사람의 마음을 열게 하고 편안함과 행복감을 준다. 유아가 어린이집이나 유치원에 도착했을 때 교사가 다정한 말과 태도로 맞이해 준다면 유아는 안정감과 행복감을 가지고 활동할 수 있을 것이다. 무엇을 할지 모를 때 교사가 친절하게 알려 주고 안내해 준다면 유아는 스스로 다음으로 갈 힘을 찾을 것이다. 때로는 친절한 말 한마디가 커다란 위로가 되는 것을 우리는 경험한다. 친절은 나에 대한 관심과 호의와 수용을 느끼게 해 준다. 또한, 친절을 담은 말은 그 자체로 위로와 격려가 된다. 친절한 말과 대화는 일상생활에서도, 교육 현장에서도 매우 중요하고 영향력 또한 크다.

열심인 교사가 오후 시간에 무심코 던진 "너 아직 그것도 못하니?", "넌 맨날 왜 그래?"와 같은 말에 유아는 큰 상처를 받는다. 그 후로는 모든 게 엉켜 버리고 부모와의 관계도 엉망이 된다. 세심하지 못한 말 한마디에 그 교사는 그간의 교육적 노력을 다 잃고 만다. 교사의 친절하고 다정한 말 한마디는 교육활동의 시작이 될 것이다.

2) 따뜻하게 안아 주기(사랑)

사랑은 영유아 교사에게는 일차적으로 기대해 왔던 품성덕목이다. 영유아기는 정서적인 지지와 수용이 가장 필요한 시기일 것이다. 부모와 교사가 자기를 사랑하고 환영해 주는 것을 충분히 느끼도록 표현해 주어야 한다. 안아 주고, 업어 주고, 손잡아 주고 다정하게 눈 맞추고 웃어 주는 행동에서 유아는 안정감과 행복감을 느끼고 신나고 자신 있게 자신을 표현하게 될 것이다. 사랑을 느끼지 못한다면 위축되고 소극적이 되고 공격적이 될 수도 있을 것이다. 유아에 대한 사랑과 그 표현은 유아교육의 가장 기본적인 요소라고 말할 수 있다.

3) 유아에게 바르게 반응해 주기(존중)

유아의 말과 표정, 몸짓, 표현을 잘 보고 존중해 주도록 한다. 그리고 유아의 표현에 긍정적이며 적극적으로 반응해 주어야 한다. 유아의 표현이 묵살당하거나 존중되지 않는 상황에서 유아는 단절과 좌절을 느끼게 되고 자신의 자존감을 키워가는 데 어려움을 가질 수도 있다.

유아를 각각의 인격체로 존중해 주는 일을 어쩌면 성인의 입장에서 소홀하게 지나갈 수도 있다. 영유아 교사로서 유아에 대한 존중은 언제나 새롭게 인식하고 존중의 태도가 몸에 배도록 노력해야 할 것이다. 더욱이 하루 중 긴 시간을 영유아와 함께 생활하면서 영유아의 다양한 요구를 만족스럽게 충족시켜 주는 일 또한 중요하다. 영유아기는 그 어느 때보다 성인의 반응에 민감하고 영향을 많이 받게 된다는 점을 잊지 않도록 한다.

4) 살피고 기다려 주기(인내와 관용)

영유아기는 신체적 · 정서적 · 인지적 발달이 급격하고도 시간을 요하는 시기이며, 개개 유아의 발달적 리듬도 다양하다. 교사는 영유아의 발달과정을 잘 이해하고 그들의 리듬에 따라 인내심과 이해심을 갖고 대해야 할 것이다. 미리 정해진 기준으로 유아를 대하지 않도록 하며, 각 유아의 발달 상황을 따라가 주고 그에 맞추어 유아의 행동을 기다려 주고 유아가 스스로 할 수 있도록 즐거운 마음으로 도와주는 것이 필요하다. 또한, 각 유아는 모두 다름을 이해하고 편견과 선입견 없이 이를 존중해 주는 것이 중요하다.

5) 믿어 주고 약속 지키기(신뢰와 일관성)

유아를 믿어 주고, 약속한 일은 꼭 지키는 것이 중요하다. 이와 함께 되고 안 되는 일, 그에 대한 반응 등을 일관성을 유지해 주어야 한다. 같은 행동에 대해 교사의 기분에 따라 때로는 칭찬받고 또 다른 경우에는 비난을 받는다면 유아는 혼란스러워 할 것이다. 유아에게 무언가 의심의 눈초리로 대하거나 못할 것이라고 전혀 기대하지 않는 등의 행동은 유아를 의기소침하게 하고 불안을 조성할 수도 있다. 신뢰의 문제는 유아뿐 아니라 동료, 부모관계에서도 중요하다. 이와 함께 교사로서의 책임감, 근면성실, 열정 어린, 긍정적 태도, 배려심 깊은 대인관계, 도덕성, 자기성장의 노력 등의 덕목을 갖추는 것이 기대되며, 신체적 · 정신적으로 건강해야 할 것이다.

6) 화내지 않기(감정 조절)

감정은 변한다. 화가 났다가도 좀 시간이 지나면 누그러진다. 죽을 듯이 미웠다가도 다시 좋아지고 좋았던 감정이 분노와 미움으로 변하기도 한다. 이런 감정은 시간을 갖고 그 이유와 상황을 이해하게 되면 사라지고 변한다. 그런데 감정이 고조된 그 순간에 그냥 표출하게 되면 꼭 후회하기 마련이다. 더욱이 어린 영유아에게 우위에 있는 교사가 화를 내고 심한 말이나 폭력을 쓰게 되면 돌이킬 수 없는 큰 일이 되고 유아에게는 큰 상처를 주게 된다.

어떤 이유에서건 유아의 행동에 화가 났다면 잠시 시간을 갖도록 한다. 불안정한 감정 상태로 유아를 대하지 않도록 한다. 후에 자신의 감정에 대해 생각해 보고 적절한 방법으로 해소할 수 있도록 한다. 상황에 대한 이해, 교사로서의 책임감, 휴식, 잠, 운동, 좋아하는 일 하기, 음악, 여행, 친구 만나 이야기하기, 친구, 좋아하는 사람, 가족들과 함께 좋은 곳에 가서 맛있는 것 먹기 등 기분전환을 위한 방법도 도움이 된다. 자신의 화는 교사 자신이 다루도록 한다. 그것이 유아에게 전달되어서는 안 된다.

7) 잘잘못을 가리거나 우열을 비교 · 평가하는 날카로운 눈으로 보지 않도록 하기(배려)

영유아는 이제 모든 것을 시작하는 시기이며 성장해 가는 과정에 있다. 많은 시도와 실험과 경험을 통해 성장해 가므로 그곳에서는 잘잘못을 말할 수 없다. 지나치게 평가적이고 정해진 수준을 제시하는 것은 유아에게 도움이 되지 않는다. 오히려 자율성과 자신감을 잃고 스트레스를 받기 쉽다. 기본적으로 무엇이든 허용하는 태도를 가지고 조금씩 필요한 내용을 안내하도록 한다. 영아에게 규칙 지키기를 강요한다거나 높은 기준을 일방적으로 제시하는 것은 피해야 할 것이다.

5 영유아 교사의 윤리

1) 보육교사의 윤리

보육교사의 자질과 함께 보육교사로서 지켜야 할 행동규범인 윤리에 대한 이해가 필요하다.

우리나라 어린이집 원장과 교사를 위한 윤리강령을 보면 다음과 같다(김은설 · 박수연, 2010; 중앙육아종합지원센터, 2013).

보육인 윤리선언

나는 영유아의 건강한 성장과 발달을 지원하는 보육교사(어린이집 원장)로서, 직무상의 윤리적 책임을 다하여 다음 사항들을 지킬 것을 다짐합니다.

1. 나는 내가 영유아에게 지대한 영향을 미치는 존재임을 잊지 않으며, 항상 스스로의 말과 행동에 신중을 기한다.
1. 나는 영유아의 인격과 권리를 존중하며, 어떠한 경우에도 영유아에게 해가 되는 일을 하지 않는다.
1. 나는 영유아 가정의 다양성을 이해하고 존중하며, 상호 신뢰하는 동반자적 관계를 유지한다.
1. 나는 동료를 존중하고 지지하며, 서로 협력하여 최상의 보육 서비스를 제공하기 위해 노력한다.
1. 나는 보육의 사회적 책임과 역할을 인식하고, 영유아의 권익과 복지를 위한 활동에 앞장선다.
1. 나는 「어린이집 원장·교사 윤리강령」을 직무 수행의 도덕적 규준으로 삼아 진심을 다하여 충실히 이행한다.

어린이집 원장 및 보육교사 윤리강령

보육은 영유아를 건강하게 양육하고, 안전하게 보호하며, 발달 특성에 적합한 교육을 제공하는 복지 서비스이며, 보육인은 사랑과 존중과 전문지식을 바탕으로 영유아의 전인적 성장에 영향을 미치는 전문직업인이다. 그러므로 보육인은 윤리적 의식과 태도를 가지고 사회적 본분에 임해야 한다.

이에 어린이집 원장과 보육교사는 스스로 책무성을 발현하여 윤리강령을 제정함을 밝힌다. 본 강령을 직무 수행의 규준으로 삼아, 보육 현장에서 발생하는 윤리적 갈등을 해결하고, 생존권, 보호권, 발달권, 참여권 등 영유아의 권리를 보장함으로써, 직무상의 윤리적 책임을 다하여 전문직업인으로서의 위상을 공고히 하고자 한다.

더불어 영유아와 그 가정, 동료와 사회의 존엄성을 존중하는 보육의 실천으로 다각적인 신뢰를 구축하고, 영유아의 잠재력을 최대한 발휘시킴으로써 영유아가 긍정적인 자아개념을 형성하고 유능한 사회인으로 성장할 수 있도록 도와 궁극적으로는 영유아와 그 가정, 동료와 사회의 통합적·이상적 복지 실현에 기여하고자 한다.

제Ⅰ장. 영유아에 대한 윤리

1. 영유아에게 고른 영양과 충분한 휴식을 제공하며 몸과 마음이 건강한 사람으로 자라도록 한다.
2. 성별·지역·종교·인종·장애 등 어떤 이유에도 영유아를 차별하지 않고 공평한 기회를 제공한다.
3. 영유아는 다치기 쉬운 존재임을 인식하여 항상 안전하게 보호한다.
4. 영유아에 대한 정서적·언어적·신체적 학대를 행하지 않는다.
5. 시설 내외에서의 영유아의 학대나 방임을 민감하게 관찰하며 필요한 경우 관련 기간(아동보호전문기관) 등에 보고하고 조취를 취한다.
6. 영유아의 인격을 존중하고 개인의 잠재력과 개성을 인정한다.
7. 개별적 상호작용 속에서 영유아의 요구를 수용하기 위해 노력한다.
8. 영유아의 사회·정서·인지·신체발달을 통합적으로 지원하는 보육 프로그램을 실시한다.
9. 특별한 도움을 필요로 하는 경우 전문가와 협력하여 영유아의 입장에서 최선의 대안을 찾는다.
10. 보육활동을 계획·실행·평가하는 모든 과정에서 영유아의 흥미와 의사를 반영한다.
11. 영유아의 개인적 기록과 정보에 대해 비밀을 보장한다.

제Ⅱ장. 가정에 대한 윤리

1. 상호 신뢰를 바탕으로 영유아의 가정과 동반자적인 관계를 유지한다.
2. 각 가정의 양육가치와 의사결정을 존중한다.
3. 경제적 수준, 가족 형태, 지역, 문화, 관습, 종교, 언어 등 어떤 것에 의해서도 영유아의 가정을 차별 대우하지 않는다.
4. 보육활동 및 발달 상황에 관한 정보를 정확하게 제공하여 영유아에 대한 가정의 이해를 돕는다. 다문화, 심신장애 등으로 의사소통에 도움이 필요한 경우 문제를 해결할 최선의 방법을 도모한다.
5. 어린이집 운영 전반에 관한 정보를 공개하여 영유아 가정의 알 권리에 응한다.
6. 보육 프로그램과 주요 의사결정에 영유아의 가정이 참여하도록 안내한다.
7. 필요한 사회적 지원, 전문 서비스 등 관련 정보를 제공하여 영유아 가정의 복리 증진을 돕는다.
8. 영유아 가정의 사생활을 보호하고 익명성을 보장한다.

제III장. 동료에 대한 윤리

[어린이집 원장]

1. 최상의 보육 서비스 제공에 필요한 인적 · 물적 환경의 조성 및 유지를 위해 노력한다.
2. 보육교사를 신뢰하고 존중하며 전문성과 자율성을 인정한다.
3. 성별 · 학연 · 지연 · 인종 · 종교 등에 따라 보육교사를 차별하지 않는다.
4. 업무 관련 의사결정이 필요한 경우, 보육교사의 의견 개진 기회를 보장한다.
5. 보육교사에게 지속적 재교육 등 전문적 역량 제고의 기회를 부여한다.
6. 보육교사에게 적정 수준의 보상(보험, 급여 등)을 안정적으로 제공하며, 복지증진에 힘쓴다.
7. 보육교사 개인의 기록과 정보에 대한 비밀을 보장한다.

[보육교사]

1. 존중과 신뢰를 바탕으로 협력하며, 서로의 전문성과 자율성을 인정한다.
2. 상호 간 역량계발과 복지증진에 부합하는 근무환경이 되도록 힘쓴다.
3. 어린이집 원장 및 동료와 영유아 보육에 대한 신념을 공유한다.
4. 보육교사로서의 전문성 향상을 위해 스스로 노력한다.
5. 어린이집 내에서 영유아 및 보육교사의 인권과 복지를 위협하는 비윤리적 사태가 발생한 경우, 법률규정이나 윤리기준(한국보육시설연합회 윤리강령위원회 참조)에 따라 조치를 취한다.

제IV장. 사회에 대한 윤리

1. 공보육에 대한 책임을 인식하고, 항상 질 좋은 보육 서비스를 제공한다.
2. 영유아의 안전을 위협하는 환경이나 정책이 발견될 시, 관계기관과 협의하여 개선한다.
3. 공적 책임이 있는 어린이집으로서 재정의 투명성을 유지하고, 부정한 방법으로 사적 이익을 취하지 않는다.
4. 영유아의 권익보호를 위해 관련 정책 결정 및 법률 제정에 적극 참여하며, 사회적으로 이를 널리 알리는 데 앞장선다.
5. 지역사회 실정에 맞는 어린이집의 책임과 역할을 인지하고, 실천하고자 노력한다.

출처 : 중앙육아종합지원센터(2013).

6 아동의 권리 존중에 대한 이해

교사의 윤리강령과 함께 유아의 권리 존중에 대한 이해 또한 중요하다. 유엔과 유네스코에서 제안한 유아의 권리협약에 대해 살펴보기로 한다.

유엔(United Nations, 1989)에서는 유엔아동권리협약(United Nations Convention on the Rights of the Child : UNCRC)이 만장일치로 채택되었으며, 현재 우리나라를 포함한 전 세계 194개국 나라가 비준하였다. 무차별의 원칙 및 아동 최선의 이익 우선 원칙하에 만들어진 유엔의 국제적인 약속에는 전 세계의 18세 미만의 아동이라면 누구나 마땅히 누려야 할 4가지 기본 권리를 규정하고 있다. 이를 구체적으로 살펴보면 다음과 같다.

모든 어린이들이 마땅히 누려야 할 권리

- 생존의 권리(Right To Survival) : 적절한 생활 수준을 누릴 권리, 안전한 주거지에서 살아갈 권리, 충분한 영양을 섭취하고 기본적인 보건 서비스를 받을 권리 등 기본적인 삶을 누리는 데 필요한 권리
- 보호받을 권리(Right To Protection) : 모든 형태의 학대와 방임, 차별, 폭력, 고문, 징집, 부당한 형사처벌, 과도한 노동, 약물과 성폭력 등 어린이에게 유해한 것으로부터 보호받을 권리
- 발달할 권리(Right To Development) : 잠재 능력을 최대한 발휘하는 데 필요한 권리, 교육받을 권리, 여가를 즐길 권리, 문화생활을 하고 정보를 얻을 권리, 생각과 양심과 종교의 자유를 누릴 수 있는 권리
- 참여의 권리(Right To Participation) : 자신의 생활에 영향을 주는 일에 대해 의견을 말하고 존중받을 권리, 표현의 자유, 양심과 종교의 자유, 평화로운 방법으로 모임을 자유롭게 열 수 있는 권리, 사생활을 보호받을 권리, 유익한 정보를 얻을 권리

출처 : 유니세프한국위원회(http://www.unicef.or.kr).

이와 같은 아동의 권리를 보장하는 데 있어서 중요하게 고려되어야 할 점은 모든 조치나 정책이 아동에게 가장 유익한 방향으로 결정되어야 함을 원칙으로 삼아야 한다는 것이다.

CHAPTER 09

영유아 교사의 직무

1 영유아 교사의 직무

영유아 교사의 직무는 법적 근거에서 찾아볼 수 있으며, 보육교사가 구체적으로 어떤 일을 하고 있는지 직무를 분석하거나 하루 일과를 분석함으로써 알아볼 수 있다. 먼저, 법적 근거를 통해 살펴보기로 한다. 유치원 교사는 「교육기본법」과 「유아교육법 시행령」에, 보육교사는 「영유아보육법」에 명시되어 있다.

1) 직무의 영역과 내용

유아교사의 직무		
직무영역	직무구분	직무내용
교수학습 준비영역	교육계획	연간, 월간, 주간 교육 계획하기/일일 교육활동 계획하기
	교재교구 준비	교재교구 제작, 보수, 정리하기
	환경구성	실내 흥미영역 배치하기, 주제에 따라 흥미영역 구성하기, 흥미영역외 교실환경(게시판 등) 구성하기, 교실 외(현관, 복도, 계단 등)환경 구성하기, 실외 흥미영역(바깥놀이터, 텃밭, 동물사육장 포함) 구성하기
	수업준비	수업준비를 위한 정보 검색하기, 교수자료에 대한 정보 얻기, 교수자료 준비 및 점검하기, 개별 수준에 따른 수업자료 수정하기
	수업협의	다른 교사와 수업에 관해 협의하기. 학급 내 교사 간 역할 분담하기
	등·하원지도	등원 지도하기, 귀가 지도하기
	놀이지도	실내놀이 계획 지도하기, 실내놀이 지도하기, 놀이 안전(놀잇감의 안전한 사용 포함) 지도하기, 놀잇감 정리정돈 지도하기, 놀이 평가 지도하기, 실외놀이 지도하기
	생활지도	인사하기 지도하기, 개인물건 정리 및 관리 지도하기, 언어사용 지도하기, 차례 지키기 지도하기, 아껴 쓰기 지도하기, 부적응 행동 지도하기, 친사회적 행동 격려하기, 문제 상황 개입하기, 급·간식 준비 및 정리 지도하기, 식습관 지도하기, 식사 전후 청결 지도하기, 옷 입고 벗기 지도하기, 화장실 사용 지도하기
	상호작용	영유아 간 상호작용 격려하기, 개별 유아의 발달과 수준에 따라 상호작용하기, 유아의 요구에 반응해 주기
교수학습 준비영역	활동운영	일과 소개 및 계획하기, 대집단 활동 운영하기, 소집단 활동 운영하기, 전이활동하기, 방과후 과정 특성화 프로그램/특별활동 수업하기, 방과후 과정 특성화 프로그램/특별활동 수업보조하기
교수학습 평가	유아평가	표준화 검사하기, 영유아관찰기록하기(일화기록 등), 일일 보고서 작성하기, 자유선택활동 놀이 성향 및 흥미영역 평가하기, 영유아 포트폴리오 제작 및 분석하기
	수업(교사) 평가	영유아와 하루 일과 회상하기, 수업에 대한 저널 쓰기, 학습경영록 평가란 기록하기, 교사 간 교육과정 운영 평가하기
	교육·보육 평가	교육·보육과정 자체 평가하기, 프로그램에 대한 부모 의견 수렴하기, 평가 결과 반영을 위한 계획 세우기

유아교사의 직무		
직무영역	직무구분	직무내용
전문성 신장	연수	원내 연수 발표하기(전달 연수 포함), 원내 연수 참여하기, 자격 연수, 승급교육 참여하기, 직무 연수, 보수교육 참여하기, 기타 외부 연수 참여하기(외부 수업참관, 시설 견학 포함), 영유아교육·보육 관련 전시회 견학하기
	연구	연구회 활동하기(연구동아리 등), 연구 참여하기(프로젝트 참여, 학술대회 참여 등)
	장학	전공과 관련된 상위 학교 진학하기, 신입교사 오리엔테이션 진행하기, 교육실습생 지도하기, 컨설팅 장학, 컨설팅 받기, 동료 장학하기, 자기 장학하기
	전문가로서 책무	교사로서의 윤리강령 실천하기, 교사의 법적 권리와 의무 이행하기, 소속기관의 팀 구성원으로 협동하기, 전문가와 네트워크 구성하기
대인관계 및 사회적 업무	대인관계	경조사 참여하기, 교사 친목 행사 참여하기, 상사 업무 보조하기, 손님 및 상사 접대하기
	지역사회와의 관계	지역사회 행사 참여하기, 지역사회 인사들과 네트워크 형성하기, 지역사회를 위한 봉사하기
영유아 보호 관련 업무	건강	전염성 질환 예방 및 대처하기, 교사 건강검진받기, 영유아 시진하기, 영유아 체격 검사하기, 적절한 휴식 취하도록 지도하기, 투약하고 확인 기록하기, 아픈 영유아 간호하기, 식단 확인하기(영유아 특이체질에 따른 확인), 실내 환기, 온도·습도·채광·조도 조절하기
	청결	씻기기, 기저귀 갈기, 배변 실수 처리하기, 구토 시 오물 처리하기, 교실 위생 점검하기, 영유아 개인용품 청결하게 관리하기, 놀잇감 청결 유지하기, 교실 청소하기, 교실 외의 시설 청소하기, 동식물 청결 관리하기, 세탁하기
	안전	영유아 안전에 관한 교육받기, 원내 안전규칙 세우기, 위험물에 대한 안전 관리하기, 차량 탑승하여 안전 지도하기, 아동학대의 징후가 있는지 살피기, 응급 상황 시 역할 분담 계획하기, 응급 상황 훈련하기, 응급처치 물품과 기능 익히기, 응급처치 하기, 실내시설 안전 점검하기, 실외시설 안전 점검하기
학부모 관련 업무	부모와의 연계	학기 초 학부모 오리엔테이션 하기, 부모-교사 협의회 하기(학부모 운영위원회 포함), 학부모와 수시로 정보 교환하기(전화, 문자 메시지, 쪽지, 가정통신, 면대면 등), 학부모 지원 요청하기
	부모상담	면담자료 준비하기, 개별 상담하기, 집단 상담하기, 면담일지 작성하기
	부모교육	수업참관하기, 부모 참여 수업하기, 학부모 워크숍하기, 부모교육하기
	가족지원	부모 간의 교류 제공하기, 지역사회 자원에 대한 정보 제공하기, 다양한 방법으로 가족지원하기

유아교사의 직무		
직무영역	직무구분	직무내용
행사 관련 업무	행사 준비	행사를 위한 정보 수집하기, 행사 계획하기, 행사 관련 유인물 제작 및 발송하기, 행사 관련 물품 준비하기, 행사 관련 프로그램 준비하기, 행사 관련 환경 구성하기
	행사 진행	행사 진행하기
	행사 마무리	행사 뒷정리하기, 행사 평가하기
사무 관련 업무	문서 작성 및 관리	교육·보육과정 운영 관련 문서 작성·관리하기, 교재교구, 도서와 관련된 문서 작성·관리하기, 원아 관련 문서 작성·관리하기, 교원 관련 문서 작성·관리하기, 안전 관련 문서 작성·관리하기, 공문서 처리·관리하기, 재무관리와 관련된 문서 작성·관리하기, 제 증명서 발급하기, 재무관리와 관련된 문서 작성·관리하기, 유인물 제작 및 발송하기
	사무 관리	전화 통화하기, 업무 포털(전자문서, 통합보육 시스템) 확인하기, E-mail 처리하기, 우편물 처리하기, 복사·출력하기(계획안, 가정통신 등) 회계 관련 업무하기
	물품 관리	재고 조사하기, 물품 구입계획 수립하기, 물품 구입하기, 물품 정리하기
	운영 관리	원아모집 관련 업무하기, 교육·보육과정 운영 관련 업무하기(교사협의회 등) 홈페이지 관리하기, 학급 편성하기, 버스 노선 짜기, 공동시설 사용협의하기, 야간 돌봄 원아 관리하기, 당직하기(문단속, 뒷정리) 자원봉사자 관리하기, 기관평가 관련 업무하기, 잡비 관리하기(교육비 외 예금 사진값 등 경비)
시설설비 관련 업무	시설 관리	실내·외 안전 점검 의뢰하기, 실내 소독계획 및 의뢰하기, 시설 수리 의뢰하기
	기자재 관리	기자재의 바른 사용법 익히기, 기자재 설치·보수 관리하기, 기자재 점검·보수하기

2) 하루 일과를 통해 본 영유아 교사의 직무

영유아 교사는 가르치며 돌보는 대상에 따라 역할 수행에 차이가 나타나는바, 영아교사와 유아교사의 직무를 세분화하여 제시하는 것이 도움이 된다(임승렬 · 김연미 · 이은정, 2014).

(1) 영아교사의 하루 일과에 따른 직무

- 등원 및 맞이하기 : 등원 시 영아와 영아의 부모를 따뜻하게 맞이하면 부모는 보육시설과 교사에 대해 신뢰를 가질 수 있으며, 유아의 분리불안을 최소화할 수 있다.
- 실내놀이 : 각 영아의 개별적인 특성이나 욕구를 고려하여 활동을 제안하거나 반응해 준다.
- 실외놀이 : 실외놀이터의 위험 요소를 점검하여 영아가 안전하게 놀 수 있도록 배려해 준다.
- 수유 및 간식과 식사 : 교사는 수유 및 간식, 식사 후의 시간, 식사에 관한 특이사항 등을 기록하여 귀가 시 부모가 참고할 수 있도록 일일 보고서 등에 기록한다.
- 기저귀 갈기 및 배변훈련 : 기저귀 가는 영역에 소리가 나는 모빌을 제공하고 안전거울을 통해 자신의 몸을 볼 수 있도록 해 준다. 단계적이고 점진적인 훈련을 통해 기저귀를 뗄 수 있도록 지도한다.
- 낮잠 자기 : 영아가 낮잠을 자거나 깰 때, 기분 좋은 상태가 되도록 안아 주고 미소 지어 주고 등을 어루만져 주며, 낮잠 시간과 횟수를 일일 보고서에 기록하여 부모에게 알려 준다.
- 오후 일과 : 영아의 요구를 수용해서 영아의 놀이에 소극적으로 개입하면서 오전놀이를 반복하거나 약간 확장해 보도록 한다.
- 귀가 지도하기 : 일일 보고서를 통해 하루 일과 중 수면, 식사와 간식, 배변, 놀이의 내용, 투약 여부 등을 알려 주어야 하고, 부모의 요구를 듣거나 질문에 답해 줄 수 있어야 한다.

(2) 유아교사의 하루 일과에 따른 직무

- 등원 및 맞이하기 : 어제 있었던 특별한 일이나 부모의 질문이나 부탁 등을 듣는다. 유아의 기분, 청결 상태 등을 살펴본다.

- 놀이계획 및 실내 자유놀이: 교사는 유아의 놀이 선택을 존중하고 각 흥미영역에서 교사가 계획하고 준비한 활동이나 유아의 자발적인 자유놀이를 진행한다.
- 전이: 유아 스스로 정리할 수 있도록 놀잇감의 제자리를 그림이나 사진으로 교구장에 정확히 제시한다.
- 집단 활동: 대소집단 활동은 이야기 나누기, 게임, 동화 및 언어활동, 음률활동 등이며, 교사가 일방적으로 주도하기보다는 유아의 반응에 따라 융통성 있게 전개한다.
- 실외 자유놀이: 실외에서도 신체활동, 물 · 모래놀이, 탐구활동 등이 고르게 일어날 수 있도록 하며, 다양한 영역을 구성하여 적절한 자료를 제공해 준다.
- 식사 및 간식: 식사 시간이나 간식 시간을 통해 영양교육, 바람직한 식습관 형성, 기본생활습관 훈련이 이루어지도록 한다.
- 낮잠 및 휴식: 연령이 높아질수록 유아가 낮잠 자기를 싫어하고 힘들어하는 경향이 있다. 이때 교사는 조용히 누워서 쉬거나 놀이실의 조용한 영역 혹은 독립된 공간에서 잠시 머물도록 한다.
- 오후 일과: 오전에 비해 계획된 새로운 활동을 줄이면서 유아 개인의 흥미를 바탕으로 발달적인 놀이가 편안하게 전개되도록 한다.

3) 보육교사 직무에 대한 연구

보육교사가 구체적으로 어떤 일을 하고 있는지 여러 연구를 통해 살펴보기로 한다. 보육교사의 직무 개념은 보육시설에 출근해서 퇴근하기까지의 모든 일, 보육교사가 하는 일, 주어진 역할이나 맡은 임무를 수행하는 것으로 인식하고 있다.

보육교사의 직무를 분석한 결과 영역은 보육활동 준비, 보육활동 실제, 보육활동 평가, 전문성 신장, 유아 보호 관련 업무, 학부모 관련 업무, 행사 관련 업무, 사무 관련 업무, 시설설비 관련 업무, 대인관계 및 사회적인 업무인 10개 영역으로 나타났으며, 직무내용은 보육활동 준비, 보육활동 실제, 보육활동 평가, 영유아 보호 관련 업무, 전문성 신장, 학부모 관련 업무, 행사 관련 업무, 사무 관련 업무, 시설 관련 업무, 대인관계 업무 등의 직무로 나타났다. 이 중 직무내용의 수가 많은 것으로 나타난 보육활동 실제, 영유아 보호 관련 업무, 사무 관련 업무, 보육활동 준비의 내용들을 좀 더 살펴보기로 한다(강문숙 · 황해익, 2008).

(1) 보육활동 실제 영역의 직무내용

- 놀이 : 실내놀이 계획 지도, 실외놀이 활동 및 평가 지도, 발달과업 수준에 따른 개별 지도
- 생활 : 바르게 인사하기 지도, 자기물건 놀잇감 정리 지도, 바른 언어 사용 지도, 차례 지키기 지도, 아껴 쓰기 지도, 부적응 행동 관리, 친사회적 행동 격려, 유아의 독립성 격려, 영양교육, 급 · 간식 준비 및 정리 지도, 식습관 지도, 식사 전후 청결 지도, 급 · 간식 도우미 지도, 낮잠 지도, 화장실 사용 지도, 귀가 지도
- 영유아 : 영유아 간 상호작용 격려, 개별 영유아와 긍정적 상호작용 하기
- 활동 : 대집단 활동 운영, 소집단 활동 운영, 전이활동, 특기교육, 특별실 활동 지도, 학기 초 오리엔테이션 진행
- 현장학습 : 현장학습 지도

이처럼 보육교사는 보육활동의 실제에서 많은 다양한 업무를 수행한다. 초중등 학교에서 교수학습의 실제는 수업 실시와 학습 지도, 생활 지도, 특별활동 등으로 이루어지며, 주로 대집단 활동의 과목별 수업이 이루어지는 데 비해 유아교육기관과 보육시설에서는 대소집단 활동과 교육목적이나 주제 및 시기에 따라 실시되는 현장학습을 통해 보육활동의 실제가 이루어진다. 놀이를 통한 보육과 생활 전반에 걸쳐 생활지도를 통한 보육이라는 점이 차이가 있다.

(2) 영유아 보호 관련 업무

① 영유아 보호 관련 업무 영역의 직무내용

- 건강 : 영유아 건강검진에 대한 계획 세우기, 교사 건강검진 받기, 적절한 휴식 취하도록 지도하기, 식단 짜기
- 청결 : 영유아 씻기고 기저귀 갈아주기, 배변 실수 처리하기, 실내 온도 · 습도, 채광 · 조도 조절하기, 영유아 개인용품 청결하게 관리하기, 놀잇감 청결 유지하기, 교실 청소하기, 교실 외의 시설 청소하기, 실내 소독 계획 및 의뢰하기
- 안전 : 아픈 유아 간호하기, 원내 안전 규칙 세우기, 영유아 안전 교육하기, 위험물에 대한 안전 관리하기, 안전 점검기록부 관리하기, 차량 탑승하여 안전 지도하기, 영유아 안전 관련 보험 가입하기, 아동 학대의 징후가 있는지 살피기, 응급 상황 시 역할 분담 계획하기, 응급 상황 훈련하기, 응급 상황에 대비해 부모 동의서 받기, 응급 시 의료 처치에 대한 부모 동의서 받기, 응급처치하기, 사고가 났을 경우 적법한 절차 따르기

보육교사는 영유아의 건강과 청결 그리고 안전을 위해 다양한 업무를 수행한다. 기본적으로 영유아의 성장과 발달에 대한 책임은 부모에게 있지만, 영유아는 하루 중 많은 시간을 어린이집에서 보내므로 이들을 건강하고 안전하게 돌보는 일은 중요한 일 중 하나이다. 이러한 직무 중 상급학교인 초중등 학교에서는 거의 수행되지 않는 직무들도 있다. 예를 들어, 초중등 학교의 행정 직원, 양호교사, 영양교사 등 직원들이 수행하는 직무까지 보육교사가 모두 처리해야 한다.

(3) 사무 관련 업무

① 사무 관련 업무 영역의 직무내용

- 문서 작성 : 교육과정 운영과 관련된 문서 작성하기, 원아 관리와 관련된 문서 작성하기, 교원관리와 관련된 문서 작성하기, 재무관리와 관련된 문서 작성

하기, 여성부 요청자료 작성하기, 각종 보고서 작성하기
- 문서 관리 : 각종 문서 관리하기, 회의록 관리하기, 각종 신청서 관리하기, 공문 처리하기, 유인물 제작 및 발송하기
- 사무 관리 : 전언 통신하기, 제 증명 발급하기, 우편물 확인하기, 예금 관련 업무하기, 사진 관련 업무하기, 회계 관련 업무하기, 당직하기
- 물품 관리 : 재고 조사하기, 물품 구입 계획하기, 물품 구입하기
- 운영 관리 : 원아모집 관련 업무하기, 홈페이지 관리하기, 학급 편성하기, 등·하원 차량 노선 편성하기

보육교사는 문서 작성 및 관리, 사무 관리, 물품 관리, 운영 관리 등의 다양한 사무 관련 업무를 수행하고 있다. 이러한 사무 관련 업무는 업무 분장에 따라 수행 정도가 다르며, 사무 관련 업무를 담당하는 행정인력이 대부분 없는 경우가 많아 보육교사에게 과중한 업무 부담이 될 수 있다.

(4) 보육활동 준비

① 보육활동 준비 영역의 직무내용

- 보육 계획 : 연간·월간 보육 계획하기, 주간 보육 계획하기, 일일 보육활동 계획하기, 현장학습 계획하기
- 교재교구 준비 : 교재교구 제작하기, 교재교구 보수·정리하기
- 환경 구성 : 주제에 따라 흥미영역 구성하기, 흥미영역 외 교실환경 구성하기, 교실 외 환경 구성하기, 실외 흥미영역 구성하기
- 수업 준비 : 수업 준비를 위한 정보 검색하기, 교수자료 준비 및 점검하기, 개별 수준에 따른 수업자료 수정하기
- 협의 : 다른 교사와 수업에 대해 협의하기, 학급 내 교사 간 역할 분담하기, 공동시설 사용 협의하기

보육교사는 보육활동 준비를 위해 보육계획을 하고, 교재교구를 준비하며, 교육환경을 구성하고, 수업을 준비하고 수업을 위한 협의 등의 직무를 수행함을 알 수 있다. 보육교사는 그 특수성에 있어서 초중등 교사와는 매우 다르다. 놀이 중심의 교육과정을 운영하여야 하며, 이러한 놀이를 지원해 줄 수 있는 환경 구성이 중요한 의미를 가진다. 또한, 유치원과 구별되는 것은 보육시설은 전반적으로 규모가 작으며, 실제 환경 구성과 지도는 제한되어 있어서 이런 경우 보육교사의 직무에서 제외되기도 한다. 보육교사가 보육시설의 규모나 환경에 따라서 이러한 직무를 수행할 수도 있고, 하지 않을 수도 있다.

보육교사의 직무 영역 중 보육활동 실제, 영유아 보호 관련 업무, 사무 관련 업무가 가장 많다. 이는 보육교사가 단순한 보호적 차원을 넘어서 유아의 발달을 촉진하고, 미래를 준비시킬 수 있는 전문적 지식과 기술을 가진 교수자로서, 상담자로서, 연구자로서 다양한 역할을 수행해야 하며(김신덕, 2000), 사무 관련 업무와 같은 행정 업무도 수행해야 하는 것이다. 보육교사는 어린 영유아를 보호하고 교육해야 하기 때문에 보호자의 역할과 부모교육 담당자로서의 역할까지 수행해야 하며, 영유아를 보육하는 본연의 직무 이외에도 평가인증에 따른 공문서와 구청 감사에 의한 공문서 등 여성부 요청자료나 각종 보고서 작성, 홈페이지 관리와 같이 여러 가지 사무 관련 업무가 많아 그 내용 또한 다양하고 많음을 알 수 있다. 이러한 과다한 직무들이 보육교사 본연의 직무인 영유아를 보육 · 교육하는 데 있어 소홀해질 수 있으며, 교수활동을 저해하는 요인이 될 수 있다(이기향, 2001; 최상근 외, 2009). 따라서 보육교사가 하지 않아도 되는 일을 분담해 줄 수 있는 인력의 지원이 필요하다.

보육교사가 하는 일은 초중등교사에 비해 업무가 다양하고 많은 것을 알 수 있다. 그리고 유아의 발달적 특성과 어린 영유아를 보호하고 교육하는 보육시설의 성격으로 영유아가 시설에 장시간 생활하는 것으로써 다양한 역할을 요구하고 있기 때문에 보육교사에게 기대되는 역할은 초중등교사보다 더 복잡하고 다양하다.

2 유아교사의 직무

유치원 교사의 경우에는 교수학습 실제에서 좀 더 세분화된 내용을 수행하고 있으며, 교수학습 실제와 관련된 일 이외에 보육교사와 같이 초등교사의 직무와 비교했을 때 유아 보호, 학부모 관련 업무 등 매우 다양한 내용을 포함하고 있다.

김은영과 박은혜(2006)는 직무분석을 통해 추출된 유치원 교사의 직무내용 유치원 교사의 직무를 워크숍, 일기 기록법, 전문가 협의, 전문가 자문, 현장 검증을 거쳐 10개의 영역과 190개의 하위 내용으로 추출하였다. 유치원 교사의 직무 영역은 교수학습 준비, 교수학습 실제, 교수학습 평가, 전문성 신장, 유아 보호 관련 업무, 학부모 관련 업무, 행사 관련 업무, 사무 관련 업무, 시설설비 관련 업무, 대인관계 및 사회적인 업무의 10가지로 정리하고 있다.

1) 교수학습 실제

교수학습 실제 영역은 유치원 교사가 교수학습의 실제를 위해 수행하는 모든 직무를 포함하는 영역으로 직무내용은 다음과 같다.

- 등·하원 지도: 등원 지도하기, 귀가 지도하기
- 놀이 지도: 실내놀이 계획 지도하기, 실내놀이 지도하기, 놀잇감의 안전한 사용 지도하기, 놀잇감 정리정돈 지도하기, 놀이 평가 지도하기, 실외놀이 활동 지도하기, 놀이 안전 지도하기, 발달과 수준에 따른 개별 지도하기
- 생활 지도: 바르게 인사하기 지도하기, 자기 물건 정리 지도하기, 바른 언어 사용 지도하기, 차례 지키기 지도하기, 아껴 쓰기 지도하기, 부적응 행동 관리하기, 친사회적 행동 격려하기, 교우관계 지도하기, 문제 상황 개입하기, 유아의 독립성 격려하기, 유아의 자율성 격려하기, 자조기술발달 장려하기, 정서적 안정 돕기, 영양교육하기, 급·간식 준비 및 정리 지도하기, 식습관

지도하기, 식사 전후 청결 지도하기, 급 · 간식 도우미 지도하기, 화장실 사용 지도하기

- 상호작용 : 유아 간 상호작용 격려하기, 개별 유아와 긍정적 상호작용하기, 유아의 요구에 반응해 주기
- 활동 운영 : 대집단 활동 운영하기, 소집단 활동 운영하기, 전이활동하기, 특별실 활동 지도하기, 특기교육하기, 학기 초 유아 오리엔테이션 진행하기
- 현장학습 지도 : 현장학습 전후 활동 지도하기, 현장학습 지도하기

2) 유아 보호 관련 업무

유아 보호 관련 업무 영역은 유치원 교사가 유아를 보호하기 위해 수행하는 모든 직무를 포함하는 영역으로 직무내용은 다음과 같다.

- 건강 : 유아 시진하기, 지역 의료기관과 협약하기, 유아 건강검진에 대한 계획 세우기, 교사 건강검진 받기, 전염성 질환 예방 대책 세우기, 적절한 휴식 취하도록 지도하기, 투약하고 확인 기록하기, 아픈 유아 간호하기, 식단 짜기
- 청결 : 유아 씻기기, 배변 실수 처리하기, 실내 온도 · 습도 · 채광 · 조도 조절하기, 유아 개인용품 청결하게 관리하기, 놀잇감 청결 유지하기, 교실 청소하기, 교실 외의 시설 청소하기
- 안전 : 항상 유아 주시하기, 유아 안전에 관한 교육 받기, 원내 안내규칙 세우기, 안전과 관련된 법규 따르기, 위험물에 대한 안전 관리하기, 안전 점검 기록부 관리하기, 차량 탑승하여 안전 지도하기, 유아 안전 관련 보험 가입하기, 아동학대의 징후가 있는지 살피기, 응급 상황 시 역할 분담 계획하기, 응급 상황 훈련하기, 응급 상황에 대비해 부모나 주 양육자 전화번호 관리하기, 응급 시 의료처치에 대한 부모 동의서 받기, 응급처치 물품과 기능 익히기, 응급처치 자격증 따기, 응급처치하기, 사고가 났을 경우 적법한 절차 따르기

3) 사무 관련 업무

사무 관련 업무 영역은 유치원 교사가 유치원 운영을 위해 수행하는 문서 관리 등의 직무를 포함하는 영역으로 직무내용은 다음과 같다.

- 문서 작성 : 교육과정 운영과 관련된 문서 작성하기, 원아 관리와 관련된 문서 작성하기, 교원관리와 관련된 문서 작성하기, 공문서 관리와 관련된 문서 작성하기, 재무관리와 관련된 문서 작성하기, 교육청 요청자료 작성하기, 각종 보고서 작성하기, 제 증명서 발급하기, 유인물 제작 및 발송하기
- 문서 관리 : 각종 문서 관리하기, 회의록 관리하기, 각종 신청서 관리하기, 공문 처리하기,
- 사무 관리 : 전언 통신하기, 우편물 확인하기, 예금 관련 업무하기, 사진 관련 업무하기, 회계 관련 업무하기, 당직하기
- 물품 관리 : 재고 조사하기, 물품 구입 계획 수립하기, 물품 구입하기
- 운영 관리 : 원아모집 관련 업무하기, 홈페이지 관리하기, 학급 편성하기, 버스 노선 짜기

4) 교수학습 준비

교수학습 준비 영역은 유치원 교사가 교수학습의 실제 활동을 하기 위해 준비하는 모든 직무를 포함하는 영역으로 직무내용은 다음과 같다.

〈교육 계획〉
연간 교육 계획하기, 월간 교육 계획하기, 주간 교육 계획하기, 일일 교육활동 계획하기, 현장학습 계획하기

- 교재교구 준비 : 교재교구 제작하기, 교재교구 보수하기, 교재교구 정리하기
- 환경 구성 : 실내 홍미영역 배치하기, 주제에 따라 홍미영역 구성하기, 홍미영

역 외 교실환경 구성하기, 교실 외 환경 구성하기, 실내 흥미영역 구성하기

- 수업 준비 : 수업 준비를 위한 정보 검색하기, 교수자료에 대한 정보 얻기, 교수자료 준비 및 점검하기, 개별 수준에 따른 수업자료 수정하기
- 수업 협의 : 다른 교사와 수업에 관해 협의하기, 학급 내 교사 간 역할 분담하기, 공동시설 사용 협의하기

5) 전문성 신장

전문성 신장 영역은 유치원 교사가 자신의 전문성 향상을 목적으로 수행하는 모든 직무를 포함하는 영역으로 직무내용은 다음과 같다.

- 연수 참여 : 원내 연수 참여하기, 자격 연수 참여하기, 직무 연수 참여하기, 기타 외부 연수 참여하기
- 참관 : 외부 수업 참관하기, 외부 시설 참관하기, 유아교육 박람회 참관하기
- 연구 관련 활동 : 학술대회 참여하기, 연구회 활동하기, 연구 참여하기
- 장학 : 전공과 관련된 상위 학교 진학하기, 신입교사 오리엔테이션 진행하기, 교생 지도하기, 교육청 장학지도 받기, 동료 장학 실시 및 받기, 자기 장학하기
- 전문가로서 활동 : 교사로서의 윤리 실천하기, 교사의 법적 권리와 의무 이행하기, 소속기관의 팀 구성원으로 협동하기, 다른 전문가와 네트워크 만들기

보육교사의 경우와 많은 부분 일치하나 유치원 교사의 경우에는 전문성 신장 영역의 직무내용이 더 많다. 유아교육의 질을 결정하는 데 교사 본인이 큰 비중을 차지함을 인식함에 따라 교사의 자질과 역할에 대한 기대가 매우 큼을 볼 수 있다.

당위적인 교사의 자질과 전문성에 대한 논의는 점차 실제 교사의 직무 능력에 대한 관심으로 더욱 구체화되고 있다. 영유아 교사에게 기대되는 직무에 대해서는 교사로서의 역할, 자질, 현 실제 현장에서 수행해야 하는 활동의 측면에서 논의되어 왔다. 또한, 어떤 일을 효율적으로 해낼 수 있는 능력이 강조되었다. 역량, 직무

역량은 직업의 핵심역량의 개념으로 보육교사, 유치원 교사의 핵심역량이 분석되기도 했다. 교사의 성공적인 업무 수행은 교사의 직무역량 보유에 따라 결정된다. 90년대 중반 이후 기업을 중심으로 종업원의 경쟁력 확보를 위하여 역량기반 교육훈련 접근에 높은 관심을 보였다. 최근 역량접근은 직업교육, 고등교육, 그리고 초중등교육에까지 도입되고 있다. 영유아 교사의 핵심역량은 유아교육기관에서 교사가 교육을 실천하는 데 필요한 지식과 기술, 태도 등이다. 다양한 교육 상황에서 효율적인 역할 수행을 하는 데 필요한 인성적 특성, 지식, 기술의 통합이다.

유치원 교사의 핵심역량연구를 바탕으로 우리나라 유치원 교사의 핵심역량영역으로 유아에 대한 이해, 교육과정 운영 및 평가, 건강, 영양, 안전지도, 가족 및 지역사회와의 관계를 포함한 대인관계 및 의사소통 실천, 학급 운영, 교직인성 및 전문성 개발영역을 구성하고 있다(신은수 외, 2011).

- 유아교사는 보호, 교육, 상담, 교수설계 및 조직, 평가와 같은 업무를 잘 수행할 수 있는 지식, 기술, 태도를 갖추도록 기대되어 왔다. 교사의 역할과 전문성이 이러한 전문 지식과 기술의 나열보다 현장 교사의 직무 수행 행위와 이들의 관점을 반영하는 경험적이고, 실증적인 직무를 기반으로 하는 능력과 역량의 개념으로 발전되고 있다. 직무역량은 특정 직무 분야에서 전문성을 발휘할 수 있는 잠재 능력 및 실천 능력이며, 직무를 성공적으로 수행할 수 있는 힘으로 본다(정선아 · 조대연, 2013).
- 유아교사의 직무역량에 대한 중요도를 보면 ① 교육과정을 유아의 수준에 맞게 설계, ② 유아의 발달 및 문제에 관하여 학부모와 상담, ③ 유아교육 연구활동, ④ 유아의 정서적 지원, ⑤ 실내 · 외 시설의 안전 점검, ⑥ 적합한 자료 개발과 활용, ⑦ 놀이관찰기록 포토폴리오 제작 및 분석, ⑧ 안전, 청결한 교육환경 구성, ⑨ 건강관리를 위한 생활지도이다(정선아 · 조대연, 2013).

특히, 유치원 교사와 어린이집 교사 모두에서 최우선 순위로 선정된 직무역량 중에는 유아에 대한 정서적 지원역량, 학부모와의 상담역량 등과 같이 교육과정운영 영역과 함께 유아에 대한 이해, 교직인성 및 전문성 개발, 대인관계 및 의사소통 실천 등이 부각되고 있다. 교사의 인성에 대한 관심과 교육이 요구되고 있음을 볼 수 있다.

교사의 인성적 특성 요인으로 유아와 함께 활동하고 매사 적극적으로 사고하며 유머 감각이 있어야 함이 지적되고 있다(류칠선, 1998). 교사 인성에 대한 보다 적극적인 관심은 여러 연구에서 볼 수 있다(권수현 · 이승연, 2011).

CHAPTER 10

영유아 교사의 직무 스트레스

영유아의 성장 · 발달에 어린이집과 보육교사는 크게 영향을 미치는 요인이며, 보육의 질을 결정하는 핵심요인이 되고 있다. 영유아에게 미치는 가정과 부모의 영향이 매우 큰 것처럼, 영유아가 오랜 시간 머무는 어린이집과 유아와 생활하고 지도하는 교사의 영향은 이에 못지않을 것이다. 교사에게 갖는 기대와 관심은 더욱 커져 가고 있다.

근래 우리가 심심찮게 접하는 어린이집 교사의 부적절한 행동들은 우리를 놀라게 한다. 이로 인해 사명감을 가지고 일하는 더 많은 교사가 불신의 눈길을 받고 매도되는 불편한 상황이 되기도 하였다.

방어 능력도 없이 전적으로 교사에게 의존해 있는 아기를 밀치고, 던지고, 밥을 억지로 먹이고, 있을 수 없는 일을 저지른 교사의 경우, “피곤했다.”, “화가 났다.”, “일이 너무 많아 스트레스가 쌓였다.” 등의 말을 하고 있다.

교사가 피곤하고, 화가 나 있고 스트레스를 받았다면 아이들을 어떻게 대하며 아이들은 어떻게 느낄까? 아이들에겐 두려움과 불안, 공포의 상황일 것이다. 설사 과중한 업무와 스트레스에 지치고 화가 나 있더라도 자신의 역할을 잊지 않고 자신의 감정과 스트레스를 적절히 관리하고 대처할 수 있다면 우리가 보호해야 할 아이들에게 상처를 주지 않고 교사로서의 역할을 다할 수 있으리라고 생각한다. 이처럼 유아를 돌보며 지원하고 지도해야 하는 교사의 인성과 정신건강은 매우 중요하다. 교사가 자신의 일에 가치와 만족을 느끼고 행복할 수 있다면 우리 아이들도 행복한 일상을 가질 수 있을 것이다.

교사에 대한 기대와 역할의 중요성이 강조되고 있는 데 비해 교사의 근무환경과 만족도는 매우 열악하다. 보육과 영유아교육의 질을 개선하기 위해 보육교사의 요인은 가장 중요하다. 최근 보육 대상의 연령 폭이 넓어지고 영유아 보육에 대한 수요와 사회적인 요구가 크게 증대되고 있다. 어린이집에 입학하는 영유아의 수가 증가하고 입학하는 연령대도 낮아지고 있다. 이처럼 유아가 어린이집에서 보내는 시간이 길어지고 있어 어린이집의 질 높은 운영은 영유아의 전인적 발달과 성장에 중요한 부분이다. 영유아기는 자아개념이 형성되고 타인에 대한 신뢰감을 학습하며, 인성의 기초가 습관화되는 시기로 보육교사와의 경험은 영유아의 성장과 발달에 영향을 끼치기 때문에 영유아를 담당하는 보육교사의 자질은 매우 중요하다.

관련 연구들(김옥희, 2007; 궁수정, 2010)은 열악한 근무환경에 대한 불만족은 보육교사의 직무성을 낮게 하며, 보육의 질은 보육교사가 자신의 일에 얼마나 만족하고 있느냐와 밀접한 관계가 있음을 시사하고 있다. 과도한 업무량, 적은 보수, 담당 업무에 대한 스트레스로 인해 보육교사 직업에 만족하지 못함을 보고하고 교육의 질적 향상을 위해서는 근무환경과 처우에 대한 개선과 지원이 필요함을 지적하고 있다.

특히, 유아교사의 경우 과중한 업무 시간과 저임금, 휴식 시간의 부족 등으로 인한 직무 스트레스로 교직에 대한 개인적 · 주관적 어려움을 겪으며, 교사 역할 수행 능력이 저하되고 있음이 보고되고 있다(조성연 · 주현아, 2005).

교사의 직무 스트레스는 교사가 직무 수행을 하는 과정에서 일어나는 긴장, 욕구 좌절, 불안, 분노와 의기소침과 같은 불쾌한 정서로 인해 나타나는 상태이다. 직무 스트레스가 지속되면 지쳐 직무 만족도가 떨어지고 직무 수행도 더 낮아지며, 이직에도 영향을 준다.

직무만족과 조직에 대한 헌신에 긍정적인 영향을 주는 것으로 정서적 지지, 자기조절감, 도전감, 평가적 지지, 물질적 지지 요인이 언급되었고, 부정적인 영향을 주는 것으로는 업무 과다, 관료적 운영 요인 등이 보고되었다(박은주 · 문태형, 2011). 이러한 연구들은 교사의 직무 스트레스를 낮추기 위한 프로그램이 필요함을 제안하고 있다.

한편, 직무만족이 교사효능감과 조직 활동에 긍정적인 영향을 주며, 교사효능감은 직무만족에 긍정적인 영향을 줌이 보고되었다. 또한, 직무 만족도로는 교사의 행복에 직 · 간접적인 영향을 미친다. 이는 영유아에게도 긍정적인 영향을 준다(임수진 · 여우진 · 이혜원, 2013).

교사가 직무에 만족하고 행복을 느낄 수 있도록 환경 개선, 교육의 기회와 체계적인 장치의 지원이 필요하다고 본다. 교사의 정신건강에 대한 관심이 그 어느 때보다 요구되고 있다.

영아 초기 적응과정에서 교사는 영아와의 관계, 부모와의 관계에서도 어려움을 겪는다. 영아 5명을 맡아야 하는 상황에서 동시에 5명의 엄마가 되는 일은 쉽지 않다. 또한, 제어할 수 없는 영아의 행동, 영아교사로서의 양육 경험 부족, 잠시도 쉴 수 없는 일과 등으로 초인간적인 능력을 발휘해야 함을 볼 수 있다. 또한, 부모의 협조 부족, 자기 아이만 생각하는 경향, 부모의 불안감과 불신감으로 더욱 어려움을 겪는다(김윤숙 · 조희숙, 2011).

이러한 어려움을 해소하고 좋은 보육 서비스가 되도록 하려면 어려움을 극복할 수 있는 심리적인 건강 상태, 부모의 신뢰와 협조 등이 필요하다.

유아교사의 행복 프로그램(강점 개발을 중심으로) 예비교사의 성격 강점과 행복과의 관계, 경력교사의 멘토 프로그램 등의 연구에서 볼 수 있듯이 교사의 인성과 행복에 관심이 높아지고 있음을 알 수 있다.

교사의 직무 스트레스와 관련된 요인들과 연구들을 살펴보기로 한다.

1 교사의 직무 스트레스

교사가 유아와 일관성 있게 지속적인 관계를 유지하며 긍정적 상호작용을 하는 것은 매우 중요하다. 교사의 불안정성이 유아발달에 부정적인 영향을 미치는 것은 많은 연구에서 보고되고 있다.

교사의 중요한 역할에 비해 여러 요인으로 인해 많은 스트레스를 겪고 있음 또한 지적되고 있다(김보들맘 · 신혜영, 2000). 교사가 경험하는 스트레스는 교사의 정신적 · 신체적 건강을 저해하는 요인이 될 뿐만 아니라 교육체계와 질에도 부정적인 결과를 가져오므로 보다 효율적인 교육을 위해서는 교사의 직무 스트레스를 올바로 파악하고 이를 예방 · 감소시키고자 하는 노력이 필요하다.

특히, 유아는 성격형성의 중요한 시기를 대부분 어린이집에서 보내므로 교사의 직무 스트레스가 유아에게 주는 영향은 매우 크다. 또한, 유아교육에 종사하는 교사의 직무 만족도가 낮음이 보고되고 있다(신지음, 1990; 신현주, 1998). 이처럼 낮은 직무 만족도와 열악한 환경, 낮은 사회적 인식 등은 교사에게 스트레스 원인이 될 수 있으며, 교사의 직무 수행에 영향을 주어 보육의 질을 구성하게 되고 그 영향은 유아에게 직접적으로 돌아간다. 따라서 교사의 스트레스를 낮은 수준으로 유지하는 것은 보육의 질을 향상시키는 중요한 요인이 될 것이다.

일반적으로 직무 스트레스의 요인으로는 조직에서의 역할, 관리자, 동료, 업무대상과의 대인관계, 개인생활 문제 등이 제시되어 왔다.

직무 스트레스의 요인과 반응을 정리해 보면 다음과 같다(이종목, 1989; 김보들맘 · 신혜영, 2000).

〈표 10-1〉 직무 스트레스 요인

주요 스트레스 요인	세부 스트레스 요인	
물리적 환경 관련 스트레스 요인 (physical environment related stressor)	• 조명 • 소음 • 온도 • 음파 및 진동	• 공기오염 • 사무실 설계 • 사회적 밀도
조직 관련 스트레스 요인 (organization related stressor)	• 직업요건 • 조직구조 • 경계-범위 역할 • 집단응집력 • 조직풍토	• 경력발달 • 집단 내 및 집단 간 갈등 • 지도유형 • 수행실적 평가 • 작업교대 정책
직무 관련 스트레스 요인 (job related stressor)	• 과제특성 • 기술 • 의사결정 참여	• 역할 갈등 • 역할모호성 • 역할과부하
개인 관련 스트레스 요인 (person related stressor)	• A형 행동 • 능력 및 경험 • 통제 소재	• 욕구 및 가치 • 인구통계적 변인 • 생활 사건
조직 외 관련 스트레스 요인 (extra-organizational related stressor)	• 가족 • 이주	• 경제적 지위 • 사회적인 지원

〈표 10-2〉 직무 스트레스 반응

반응	구체적인 내용
생리적 반응	혈압 상승, 심장박동의 증가, 발한, 호흡곤란, 근육의 긴장, 소화기장애의 증가
심리적 반응	분노, 불안, 우울증, 자존심 저하, 지적 기능 저하, 직무 불만족, 집중력 및 의사결정 기능의 저하, 신경증, 감독자에 대한 분개
행동적 반응	수행 저하, 결근, 높은 사고율, 높은 이직율, 충동적 행동, 알코올 및 약물복용의 증가, 의사소통의 장애, 인간관계 와해

어린이집 교사의 스트레스는 다음과 같다.

첫째, 시간에 관련된 문제. 즉, 긴 근무 시간, 많은 당직근무, 하루 종일 아이들과 함께 있어야 하는 시간의 유동성 부족 등을 들고 있다.

둘째, 교사 수의 부족. 즉, 학급을 담당하는 교사 수의 부족이다. 많은 유아 수의 학급을 혼자 담당해야 하는 부담이 지적되고 있다.

셋째, 부모와의 갈등. 의사소통 문제, 의견 차이, 부모의 지나친 요구 등으로 인해 스트레스를 경험하며, 심리적인 긴장 상태를 갖고 있다. 부모의 기대나 과도한 요구는 때로 교사의 자율성을 침해하기도 한다. 교사는 부모의 요구를 만족시킬 대안을 가지고 있지 않기 때문에 이러한 부담이 스트레스로 작용하기도 한다.

넷째, 어린이집에 대한 잘못된 인식이나 사회적 인식의 부족 또한 스트레스를 유발한다. 사회적 요인에 의한 스트레스는 경력이 많은 교사가 더 많이 지각하는 것으로 보고된다. 어린이집 교사의 주된 스트레스 반응으로는 업무 과중으로 인한 피로, 감기, 위궤양, 관절 이상, 분노, 우울, 위축, 자존심 저하, 신경증, 직무 불만족, 소극적인 사회생활, 의사소통장애, 대인관계 위축, 교사역할 수행 저하 등이 나타났음이 보고되고 있다. 이러한 스트레스 행동은 교사의 개인적 생활과 교실에서 동시에 나타났다(김보들맘 · 신혜영, 2000).

이러한 연구들은 어린이집 직무여건의 개원, 교사 대 아동의 비율을 낮추고 교사 수를 늘려 교대 근무제의 도입, 부모의 지나친 요구나 갈등을 중재해 줄 수 있는 지원과 조절, 부모교육과 아동 양육에 관한 정보 공유, 가족 서비스의 확대 등을 제안하고 있다.

대상 유아의 특성에 따른 교사의 효율적인 배치도 중요하다. 교사의 스트레스는 교사의 경력, 기관 유형, 아동의 연령 등에 따라 다르게 나타나며, 이들 요인에 따라 다양한 재교육, 정보 및 휴가 제공 지원이 필요하다.

오늘날의 직장인에게는 스트레스를 받으면서도 끈기 있게 업무를 수행하기 위해 사고와 감정을 조절하는 정신력 강화기술도 절실히 필요하게 되었다. 보육교사 역시 보육 현장에서 다양한 스트레스를 경험하게 되고, 이는 보육의 질적 수준을 하락시키고 나아가 아동학대를 발생하게 하는 요소로 작용할 수도 있다는 것에서 문제의 심각성이 있다. 보육교사 직무로 인한 스트레스에 대한 예시를 보기로 한다.

1) 보육교사의 직무 스트레스

보육교사의 직무 스트레스란 직무환경이 요구하는 것이 교사의 개인적 능력이나 자원 및 요구와 맞지 않을 때, 동료교사와 학부모 및 유아 등 인적 환경과의 상호작용에서 발생하는 다양한 갈등 상황에 적응하지 못하고 당면한 과제를 적절히 해결하지 못할 때 발생하는 불쾌한 신체적 · 정신적 반응이라고 할 수 있다. 보육교사의 가장 큰 직무 스트레스로 긴 근무 시간, 적은 보수, 업무 과다, 학부모와의 관계, 휴가의 절실함, 보수교육 제반의 개선 및 필요성 절감, 대체교사의 필요성, 보육교사 자격 남발 등으로 나타났다(성영혜, 1994; 조성연, 2004).

어떤 사람에게는 사소한 일도 그냥 지나쳐 버릴 수 없이 큰 부담이 될 수도 있다. 보육교사는 혼자 너무 많은 아이를 관리하고 보호해야 하거나 과중한 업무로 인하여 심각한 스트레스를 받을 수 있으며, 이러한 과도한 직무 스트레스로 아이들을 대상으로 학대를 자행하는 뉴스도 볼 수 있다.

2) 보육교사의 개인적 문제

개인 내적인 요인은 자아개념, 동기유발, 교사의 학력, 학급관리기술 등과 관련된 것이다. 이러한 요인에는 교직에 대한 지나친 무력감 · 무능함 · 무가치함의 지각, 역할 갈등과 역할 모호성, 개인적 충족감 등이 있다.

3) 동료 보육교사 간의 의견 충돌

보육교사는 동료 보육교사 간의 의견 충돌로 큰 스트레스를 받을 수 있다. 특히, 대부분 일과 시간을 함께 보내야 하는 보육교사가 동료 보육교사와 친분을 쌓지 못하고 갈등을 반복하게 된다면 이는 보육교사에게 큰 스트레스 원으로 작용할 수 있다. 동료 보육교사 간의 의견 충돌은 대부분 서로 배려하지 못하고 자기 주장만을 내세우면서 발생하는 것으로 보육교사 간의 의견 충돌을 예방하기 위해서는 타인의 말을 주의 깊게 듣는 자세가 필요하다.

4) 환경 요인 및 신체적인 스트레스 원

여러 가지 스트레스 유발 요인 중에서 환경적인 스트레스 원의 형태는 다양하지만 그 효과는 동일하다. 그중, 가장 분명한 스트레스 요인은 외상적 사건이다. 외상적 사건이란 인간의 일상적인 경험의 범위에서 벗어난 극히 위험한 상황을 의미한다. 예를 들어, 지진, 홍수, 해일과 같은 자연재해, 대형 참사, 전쟁, 대형 교통사고, 신체적 공격 등이 있다.

신체의 상처나 질병 또한 보육교사에게 스트레스 원으로 작용할 수 있다. 만성적 두통이나 일시적인 감기 등은 신체적 통증뿐만 아니라 정신적으로 몹시 힘들어도 대체교사를 사용하여 쉴 수도 없는 실정으로 스트레스가 배가 되는 것이다.

5) 스트레스 증상

암이나 당뇨, 비만, 고혈압과 같은 현대인의 질병이 본격적으로 증가하기 시작하고, 그 이후에는 스트레스에 의한 질병이 주류를 이루기 시작하여 현재까지 그 경향이 지속되고 있다. 스트레스는 현대인에게 만병의 근원이다. 우리의 몸에 생리적 반응과 긴장 상태를 가져와 신체적으로 저항력이 감소되면서 위장장애, 소화기장애, 근육긴장과 근육통, 피로, 두통, 피부 문제, 식사 문제, 불면증 등을 일으킨다. 또 직장 부적응증, 긴장과 만성피로에 의한 질병, 소모형 증후군, 무기력 증후군, 번아웃 신드롬, 심인성 정신질환 등 많은 질환도 겪고 있다.

보육교사가 자주 겪는 신체적 징후인 열을 동반한 두통으로 인해 불쾌한 표정을 지으며 환하게 웃지 못하고 표정이 자연스럽지 않다. 화장실도 제때 가지 못해 방광염, 변비와 설사가 주기적 또는 일시적으로 생긴다. 영아교사가 지각하는 것으로는 만성 피로가 있다. 정신적 징후로는 불안과 초조, 걱정, 죄책감에 잘 사로잡힌다. 마음을 정하지 못하고 변덕스럽기도 하고 울화가 치밀거나 좌절감이 커지며 화병이 생긴다. 행동적 징후로는 흡연이나 음주의 양이 증가하거나 몸차림에 무관심하며, 사소한 일에 흥분해서 과민 반응을 보인다.

전문대졸 이하의 영아교사는 대졸 교사보다 정서적 고갈을 더 많이 경험한다. 어린이집 근무 경력이 길수록 물질적 지지는 많이 받고 성취감 상실은 적게 느끼고 있었다. 그리고 어린이집을 옮긴 경험이 많은 교사가 만성피로감을 더 많이 느끼는 것으로 나타났다. 교사의 근무여건과 소진 및 사회적 지지와의 관련성을 분석한 결과를 정리하면, 근무 시간이 길수록, 월 보수액이 적을수록 소진을 더 많이 경험하고, 직장보육시설보다는 민간보육시설에 근무하는 교사의 소진 수준이 높은 것으로 확인되었다(유미나 외, 2013).

2 유아의 스트레스

1) 영유아 스트레스의 요인

교사뿐 아니라 어린이집과 유치원에 오는 유아도 스트레스를 받는다. 영유아의 스트레스를 일으키는 요인은 매우 다양하다. 연령, 성별, 기관 이용 시간 등에 따라 그 양상이 다르다. 가족과 떨어져 오랜 시간 기관에 머물게 되면 정서적으로 불안을 느끼고 스트레스를 받을 수 있다. 특히, 연령이 어릴수록 스트레스 요인으로부터 상처받기 쉽다는 점을 유의할 필요가 있다. 일반적으로 어린이집에 오는 만 2세부터 만 5세 유아의 스트레스 요인을 연령별로 살펴보기로 한다(강영자 외, 1997).

- 2세 : 규칙 지키기, 사회성 결여, 자기중심, 격리불안, 배변훈련, 잠자는 시간, 피로, 두려움 등
- 3세 : 소유욕, 질투, 격리불안, 혼동, 가벼운 거짓말, 두려움, 말, 활동 정도, 배변, 식사, 질문 등
- 4세 : 불안, 친구 사귀기, 권리주장, 성, 활동 정도, 두려움, 근심 등
- 5세 : 유치원, 격리불안, 걱정, 자랑하기, 이름 부르기 등

30개월 전후 대소변 가리기 시기에는 자신의 의지대로 되지 않으면 좌절감을 느끼고 스트레스를 경험한다. 발달이 늦더라도 시간을 주고 기다려 주는 곳이 필요하다. 또한, 말하는 것을 강요받을 때, 먹는 것을 강요받을 때 스트레스를 받게 된다. "꿀떡 삼켜."와 같은 말을 들으면 빨리 먹어야 한다는 강박증이 생기고 소화에도 문제가 생길 수 있다(오은영, 2012).

3세가 되면 친구를 사귀기 시작하는데, 쉽게 사귀지 못할 경우 스트레스를 받는다. 친구와의 관계에서 오는 스트레스를 받는 시기는 4세 정도이다. 친구와 어울리면 스트레스가 풀리고 정서적으로 안정이 된다. 반대로 친구를 만나 뛰어놀아야 할 시기에 제대로 욕구를 풀지 못할 경우, 심리적으로 불만족 상태에 빠지게 된다(이경선, 2016).

영유아 스트레스 원인은 연령별 발달과정에 따라 변화한다. 성별도 스트레스를 일으키는 요인 중 하나다. 평균적으로 남아가 여아보다 더 많은 스트레스를 받는다. 생득적인 차이와 성별에 따라 주어지는 환경적 · 문화적 차이가 남아와 여아가 느끼는 스트레스 수준에 다르게 영향을 미치기 때문이다.

또한, 기관 이용 시간이 길수록 스트레스를 더 받는다. 부모와 떨어져 있는 시간이 길면 정서적으로 불안해하고 피로가 오게 되어 스트레스를 겪을 수 있다.

2) 영유아의 스트레스 행동

영유아의 스트레스 행동은 스트레스를 받는 주요 원인과 마찬가지로 연령, 성별, 기관 이용 시간을 기준으로 차이를 보인다. 남아가 여아보다, 기관 이용 시간이 긴 아동이 기관 이용 시간이 짧은 아동보다 스트레스 행동을 자주 보인다.

CCBSI(Class Child Behavior Instrument)는 스트레스 항목을 크게 소극적 스트레스 행동과 적극적 스트레스 행동의 두 범주로 나누어 구성하였다. 그리고 적극적인 스트레스 행동은 자신에 대한 스트레스 행동, 타인에 대한 스트레스 행동, 물체에 대한 스트레스 행동 3개의 하위 범주로 구성되어 있다.

전체적인 항목은 다음과 같다.

- 소극적 스트레스 행동 : 몸으로 나타내는 스트레스 행동(표정 짓기, 타인에게 거부, 방관하기)
- 적극적 스트레스 행동 : 자신에 대한 스트레스 행동(무의식적으로 나타내는 행동, 반복적 · 제한적 움직임, 자기 학대, 학급 주류 이탈, 생리적 반응, 입에서 나오는 소리), 타인에 대한 스트레스 행동(적대적 · 공격적 행동, 의존적 행동, 부적절한 언어 행동), 물체에 대한 스트레스 행동(적극적 파괴 행동, 소극적 파괴 행동)

영유아 스트레스 연구들을 보면, 소극적 스트레스 행동은 만 5세 유아가 가장 많이 보이는 것으로 보고되고 있다. 만 5세 유아는 소극적 스트레스 행동 중에도 몸으로 나타내는 스트레스 행동을 가장 많이 한다. 자신에 대한 스트레스 행동은 만 2세 영아가 가장 많이 보인다. 타인에 대한 스트레스 행동에서 적대적 · 공격적 행동은 만 5세 영아가, 의존적 행동은 만 4세 영아가 가장 많이 보인다. 물체에 대한 스트레스 행동은 만 2~3세가 많이 보이고, 소극적 파괴 행동을 가장 많이 보이는 연령은 만 3세로 보고되고 있다.

3) 보육교사의 대처 방법 및 관리

영유아가 스트레스 행동을 보일 때, 보육교사도 함께 스트레스를 느끼는 경우가 많다. 교사는 아이가 평온을 되찾을 수 있도록 도와야 한다. 먼저, 영유아의 신호를 읽고 행동에 대한 인식을 바꿔야 한다. 영유아의 스트레스 행동을 단순히 '떼'라고 생각하는 인식을 버리고 선입견 없이 그 영유아에게 다가가도록 한다. 그리고 영유아의 스트레스 증후를 찾아야 한다. 갑자기 스트레스 행동을 보이는 것처럼 느껴질지라도 그 전에 미미하게나마 표현이 있었을 것이다. 스트레스를 낮추어 주는 것 역시 좋은 방법이다. 또한, 영유아가 스스로 자각하게 도와주어야 한다. 자기 자신을 앎으로써 자신의 실수를 고쳐 나갈 수 있다. 이와 함께, 아이가 차분해지는 활동을 찾아야 한다. 또래와의 긍정적 경험을 만들어 나간다면 또래관계를 통해 스트레스를 줄일 수 있다.

스트레스의 효과적인 대처 방법 중 하나로 친구 사귀기를 제안할 수 있다. 보육기관에서의 생활은 또래와 어울릴 수 있는 기회이므로 보육교사는 영유아가 친구관계를 잘 맺을 수 있도록 도와주도록 한다.

CHAPTER 11

스트레스의 이해와 대처

우리는 가정에서나 직장에서나 긍정적이든 부정적이든, 크고 작은 스트레스를 받고 있다. 복잡한 현대사회를 살아가면서 스트레스를 경험하지 않고 살 수는 없지만 심리적 · 신체적 건강을 위해 스트레스를 잘 관리하는 것은 심리적인 안정을 유지하는 데 매우 필요하다. 특히, 보육교사로서의 직무와 일상의 영유아지도 상황은 많은 스트레스를 가져올 수 있다. 교사 스스로 이러한 상황에 잘 대처함으로써 영유아지도에 부적절한 영향을 주지 않도록 해야 할 것이다. 스트레스에 대한 이해를 위해 먼저 스트레스에 대한 개념과 원인을 알아보고자 한다. 또한, 스트레스의 주요 증상과 증후군에 대해서 알아보기로 한다. 스트레스의 개인차에 대해 이해하고 관리해야 할 요소가 무엇인지 이해할 필요가 있다. 이와 함께 스트레스를 어떻게 관리하고 대처해야 하는지 다양한 방법을 살펴보기로 한다.

1 스트레스의 개념과 원인

1) 스트레스의 개념

우리는 일상적으로 스트레스라는 말을 자주 사용한다. 과중한 직무 부담, 시간에 쫓길 때, 잘 풀리지 않는 대인관계가 있을 때, 그리고 여러 가지 걸림돌이 많은 환경에 직면했을 때 우리는 스트레스를 느낀다. 스트레스가 심해지면 우울증에 걸리기도 하고, 과도한 스트레스는 갑작스러운 사망의 원인이 되기도 한다. 그러면서도 사람이 건강하게 살려면 어느 정도의 스트레스가 있어야 한다고 말하기도 한다.

스트레스(stress)는 라틴어로 곤경, 역경, 고통의 의미를 갖고 있는 단어(stringer)에서 유래된 말이다. 이 말이 의미하는 것은 스트레스가 고통을 수반하는 것이라는 것이고, 실제 우리는 힘든 상황에 직면했을 때 자신이 느끼는 부정적인 신체반응이나 감정 상태를 스트레스라고 말한다. 이럴 때 스트레스는 스트레스를 일으키는 자극에 대한 반응의 의미로 사용되고 있는 것이다.

스트레스는 인간의 환경에 대한 적응과정에서 경험하는 것이다. 즉, 생활 속에서 신체나 심리의 안정과 평형 상태를 깨는 어떤 자극에 직면했을 때 우리의 몸과 마음은 중추신경계의 작용으로 스트레스 상황에서 혈압이 오르고 땀이 나고 얼굴이 붉어지고 가슴이 뛰는 등의 반응이 나타난다. 반대로 스트레스가 없는 편안한 상태에서는 느긋한 몸과 마음 상태를 느끼게 된다. 그러나 이러한 상황은 활동 수준을 과다하게 낮추게 되고 우울증의 원인이 되기도 한다.

이렇게 스트레스는 신체적 · 심리적 평형 상태를 깨는 현상이지만 우리는 스트레스를 일으키는 자극을 만들기도 하고, 적정 수준에서의 스트레스는 오히려 삶의 활력소가 되기도 한다. 스트레스에는 불유쾌한 스트레스(Distress)가 있는가 하면 오히려 적절한 자극이 되고 건설적인 결과를 가져오는 유쾌한 스트레스(Eustress)도 있다.

그런가 하면 아무 자극이 없는 생활 역시 스트레스의 원인이 된다. 무료하고 자극이 없고 권태로운 일상은 우울의 원인이 되고 일부 사람들은 이런 상태에서 벗어나기 위해 부정적인 형태의 자극, 즉 약물이나 도박 또는 여타의 자극적인 행동에 빠지기도 한다. 이처럼 과다한 스트레스는 우리의 신체와 정신에 문제를 가져올 수 있지만 우리가 무엇인가 도전하고 성취하거나 즐거움을 추구하는 활동에 참여하기 위해서는 기꺼이 스트레스에 직면하지 않게 된다. 즉, 적절한 수준의 스트레스는 삶의 활력소가 되지만 정도를 넘어선 스트레스는 정신적 · 신체적 건강을 위협하게 된다.

2) 스트레스의 원인

어떤 사람은 해결해야 할 엄청난 과제를 보고 "이게 바로 스트레스야."라고 말하거나 교통이 정체될 때 스트레스라고 말한다. 이럴 때의 스트레스는 자극 그 자체를 지칭하는 것이다. 이러한 자극은 스트레스를 일으키는 스트레스 원(stressor)이라고 할 수 있지만 최근에는 스트레스의 개념을 반응으로서의 스트레스, 자극으로서의 스트레스 두 가지 모두를 혼용하여 사용하고 있다.

스트레스를 일으키는 자극, 즉 스트레스 원은 앞에서도 살펴본 바와 같이 우리에게 비일상적인 반응을 요구하는 모든 사건과 상황이다. 이러한 스트레스 자극에는 자신이 처한 환경의 불편함과 같은 물리적인 것에서부터 생리적인 것, 심리적인 것 등 다양하다. 그리고 자신이 어느 정도 통제 가능한 것도 있지만 천재지변과 같이 자신이 통제 불가능한 것도 있다. 그리고 자기 스스로 부과한 스트레스 원도 있다(홍순정 · 이규미, 2009)

(1) 물리적 환경조건

고속도로변에 있는 주택의 경우 계속되는 소음은 물리적 환경에서 오는 스트레스 원이 된다. 홍수철만 되면 침수되는 집, 지독하게 더운 날씨, 쓰레기 하치장에서

풍기는 불쾌한 냄새 등 환경조건에서 오는 스트레스 원은 다양하다. 또는 지저분한 집, 쌓여 있는 쓰레기 더미, 고쳐야 할 보일러 등 자신의 물리적 환경조건을 정리정돈하지 못하고 미루기만 한다면 이 또한 커다란 스트레스 원이 된다.

(2) 신체적 문제와 생리적 현상

스트레스는 신체적 긴장과 이상증세를 느끼게 하지만 반대로 신체적 이상은 커다란 스트레스 원이 된다. 다리를 다쳐 걷는 것이 불편한데 집에서 쉴 수도 없는 경우라면 스트레스가 된다. 또한, 자신의 신체적 조건, 즉 키, 몸무게, 얼굴 생김새 등도 자신의 판단에 따라 일상적인 스트레스 원이 되기도 한다.

(3) 일상적인 불편함

스트레스 원은 커다란 사건과 상황에 의한 것만은 아니다. 일상적으로 부딪치는 불편함 모두가 스트레스 원이 될 수 있다. 즉, 앞에서 살펴본 환경조건의 많은 것들이 사소하지만 일상적인 불편함과 관련된다. 우리 주변에는 소음, 공해, 교통체증, 주차 공간 부족, 불편한 사람과의 일상적인 만남 등 일상적인 스트레스 원이 산재해 있을 수 있으며, 이러한 불편함을 어쩌다 만나는 것이 아니라 매일 일상적으로 만나게 되면 이것도 스트레스 원이 될 수 있다.

(4) 심리적 부담

좌절, 갈등, 압력, 경쟁 등의 심리적 부담요인은 모두 스트레스 반응을 일으킨다.

① 좌절

좌절은 자신의 욕구 충족에 장애가 발생하거나, 목표 도달에 차질요인이 발생했을 때 느끼는 감정 상태를 말한다. 부모님의 반대로 결혼이 어렵게 된 경우와 같이 외부적 장애요인에 의한 좌절도 있고, 토익 점수를 목표치까지 올리지 못해 해외연수의 기회를 잃어버리거나 너무 살이 쪄서 원하는 디자인의 옷을 포기해야 하는 자기 내부적인 장애요인에 의한 좌절도 있다. 사람은 좌절하면 이로 인해 스트레스를 받고 그 결과 공격성이나 퇴행적 행동을 보이는 것으로 알려져 있지만, 또 어떤 사람은 좌절을 극복하고 더 크게 발전된 모습을 보이기도 한다. 즉, 좌절은 스트레스 원이 되지만 이를 극복하고 대처해 가는 방법에는 개인차가 있다.

② 갈등

갈등이란, 힘의 세기가 유사한 두 가지 이상의 상호 대립되는 욕구, 충동, 동기가 한 개체 안에서 공존하며 서로 충돌하는 상태로, 개인 내적뿐 아니라 두 사람 또는 그 이상의 사람 간에도 발생한다(강진령, 2008). 갈등은 대상과 관련된 욕구, 충동, 동기의 강도나 유의성이 비슷해서 결정이 어려운 상황에서 일어난다. 또한, 갈등 상황은 결정과 선택의 어려움을 가져오므로 스트레스로 직결된다.

③ 외부 압력과 경쟁

현대인의 스트레스의 주요 원인 중 하나는 과도한 외부 압력과 경쟁이다. 특히, 우리나라와 같이 좁은 면적과 제한된 자원, 그리고 과밀 인구로 구성된 사회에서는 남보다 앞서기 위해 경쟁이 심해지고 부모, 교사, 또는 직장 상사, 사회적 분위기 등 외부의 압력에 시달리면서 스트레스를 받는 경우가 많다. 아이들은 초등학교 시절부터 경쟁에 시달리는가 하면, 성인이 되어서도 늘 남보다 앞선 실적과 업무량을 요구받고 시달림을 당한다. 직장생활을 하는 대부분의 여성은 직장, 육아, 가사 등의 일로 늘 시간에 쫓기듯 산다. 또한, 많은 직장의 경우 요구하는 업무량이 과도하게 많고 이를 성취해 내지 못할 경우 직장에서 도태되는 등의 심각한 상황이 벌어지기도 하므로 경우에 따라서는 지나치게 과도한 압력과 경쟁을 이겨나갈 힘이 없어 고혈압, 위장장애, 심장질환과 같은 신체적인 질병을 경험하고, 일부 과로사와 같은 극단적인 스트레스 반응을 일으키기도 한다.

이러한 스트레스가 학생이나 직장인에게서만 나타나는 것은 아니다. 주부들이 명절이면 겪는 명절 증후군도 일종의 외부 압력에 의한 스트레스 반응이라고 할 수 있다. 명절에 쓸 돈을 마련해야 하고, 교통체증을 경험하면서 장시간 이동을 하고, 연휴 기간 내내 시댁에서 일을 해야 하며, 집에 돌아온 후에도 밀린 일을 해야 한다는 것이 신체적으로나 심리적으로 부담이 되어 생길 수 있는 증세인 것이다. 물론, 현대인이 경험하는 이러한 외부 압력을 각 개인이 어떤 크기로 경험하는지, 그리고 어떻게 대처해 나가는지에 대해서는 개인적인 변인이 크게 작용하기 때문에 이를 자동적인 반응으로 볼 수는 없다.

(5) 생활 사건

앞에서도 살펴본 바와 같이 스트레스란 일상적인 평형 상태를 깨트리는 자극에 반응하는 과정에서 경험하는 것이다. 즉, 이러한 자극은 우리의 신체와 정신에 변화를 요구하는 것들이다. 이러한 자극에는 부정적인 사건이나 상황뿐 아니라 긍정적이고 자발적인 것도 포함되어 있다. 홈즈와 레이(Holmes & Rahe, 1967)는 긍정적이든 부정적이든 생활의 변화와 관련된 사건이 연속해서 발생하면 스트레스가 누적된다고 보고 이를 측정할 수 있는 생활재적응평정척도(Social Reajdustment Rating Scale : SRRS)를 개발하였다. 그리고 이 척도의 각 항목 중 상대적으로 점수가 높은 일련의 사건을 단기간에 경험한 사람은 어떤 형태로든 스트레스로 인한 건강상의 문제를 경험하게 될 가능성이 크다고 주장하였다(부록 참조). 평정점수가 같은 개인 간에도 이를 대처해 나가는 데는 개인차가 있다(홍순정 · 이규미, 2013).

국가건강 정보 포털 사이트(의학정보)에는 스트레스의 원인을 다음과 같이 제시하기도 하였다.

- 외적 요인 : 물리적 환경 - 소음, 빛, 열, 더위, 닫힌 공간 등
  사회적 환경 - 조직의 환경(규칙, 규정, 형식적 절차, 마감 시간 등)
  사회적 관계 - 타인의 무례함, 명령, 공격적 태도, 괴롭힘 등
  개인적 사건 - 중요한 사건(생로병사, 경제적 변화, 실직/사업 실패, 승진, 결혼/이혼/사별/별거 등), 일상적 사건(출퇴근, 기계 고장, 열쇠 잃어버림 등)

• 내적 요인: 생활의 습관 - 카페인 섭취, 흡연, 수면 부족, 과도한 스케줄 등
왜곡된 인지 - 부정적 자기(비관적 생각, 자기 비난, 과도한 분석, 적절한 비판을 넘어 과도하게 부정적으로 생각하는 것, 일상적인 농담조차 비난으로 받아들임, '모 아니면 도' 식의 극단적 사고, 과장, 경직된 사고 등), 개인적 특성(완벽주의, 일 중독 등)

2 스트레스의 증상

1) 스트레스의 주요 증상

스트레스는 신체적 증상과 심리적 반응을 일으키고 이러한 반응의 결과로 인지적 · 행동적 변화까지 일으킨다. 앞에서 살펴본 바와 같이 스트레스는 우리의 몸에 생리적 반응과 긴장 상태를 가져온다. 우리는 변화를 요구하는 스트레스 원을 만나면 이에 적응하고 대처하기 위해 에너지를 집중적으로 사용하는데 이러한 과정에서 몸과 마음은 각성되어 긴장 상태를 경험하게 된다. 이러한 긴장 상태가 오랫동안 지속되거나 과도하여 에너지 고갈 상태에 이르면 신체적으로 저항력이 감소되면서 질병에 걸릴 확률이 높아진다. 스트레스에 대한 일반적인 신체반응은 질병에 대한 저항력의 감소와 특정 신체기관의 과도한 사용으로 인한 병리적 변화이다. 저항력의 감소는 특정 신체기관의 질병과 밀접한 관계를 갖는다. 스트레스 결과 나타나는 대표적인 심리신체적인 증상(psychosomatic symptoms)으로는 위장장애와 소화기장애, 근육긴장과 근육통, 피로, 두통, 피부 문제, 식사 문제, 불면증, 고혈압과 심장병, 감기와 독감, 천식과 알레르기 증상 등이 있다(윤가현 외, 2005).

또한, 스트레스를 경험하면 심리적으로는 긴장하고, 불안과 초조함을 느끼며, 통제가 어렵다고 느낄 경우 자존감의 저하와 함께 무력감과 우울을 경험한다. 이러한 긴장 상태에서 벗어나기 위해 술과 다른 약물의 사용, 자살, 위험한 행동 등을

하는 경우도 있다. 스트레스는 이와 같이 정서적 · 신체적 · 행동적으로 부정적인 결과를 초래할 수 있다.

2) 일반적인 적응 증후군

셀리에(Selye, 1976)는 1930년 초부터 많은 실험을 거쳐 스트레스 반응은 스트레스 원에 따라 달라지는 게 아니고 스트레스 유형이 달라도 동일한 단계를 거쳐 나타난다는 것을 발견하고 이를 일반적인 적응 증후군(General Adaptation Syndrome : GAS)이라고 명명했다. 이 이론의 핵심은 우리가 신체적이든 심리적이든 스트레스를 일으키는 자극을 접하면 이에 대처하면서 생리적 균형 상태를 회복하기 위해 노력하고 이러한 시도에도 불구하고 스트레스가 지속되면 경고, 저항, 소진의 단계를 거치며, 각 단계에 따라 스트레스 증후가 나타난다는 것이다. 그 단계는 다음과 같은 과정으로 나타난다(홍순정 · 이규미, 2009).

(1) 경고단계

이 단계에서는 신체가 스트레스 상황을 위협으로 감지하고 이에 대응하기 위하여 생리적인 각성 수준을 유지하고자 한다. 스트레스 상황에서 안면 홍조, 심장박동, 빠른 호흡 등의 생리적 반응이 나타날 수 있다. 스트레스에 대한 충격으로 피로감, 두통, 식욕부진, 위장장애, 수면장애 등을 경험할 수는 있으나 이는 일시적인 현상으로 회복이 가능하고 신체증상이 지속되는 단계는 아니다. 그러나 스트레스가 가중되면서 이러한 각성 수준이 지속될 경우 다음의 저항단계로 넘어간다.

(2) 저항단계

경고단계를 지나도 스트레스가 지속되면 신체는 이에 대해 적응을 하고 일정 수준 각성을 유지하면서 대처해 나간다. 그러나 이러한 생리적 각성은 정상 수준보다 높은 것이기 때문에 신체의 여러 기관에서는 호르몬의 분비가 왕성해지고 에너지를 과도하게 사용하게 된다. 그 결과 신체적으로는 불균형 상태가 되고 이에 따른 저항력도 저하된다. 이러한 상태가 계속되면 지칠 대로 지친 상태의 신체기관은 있는 힘을 다해 버티면서 신체적 균형을 유지하려고 노력하게 되지만 회복이 잘 되지 않으면서 피로감이 더해져 위궤양, 고혈압 증상이 나타날 수도 있다.

(3) 소진단계

저항단계의 노력에도 불구하고 스트레스가 지속될 경우 우리의 한정된 신체적 에너지는 고갈 상태에 이른다. 따라서 스트레스에 대한 방어 능력과 저항력을 잃고 신체의 면역체계가 약해져서 감기, 소화불량, 근육통이 쉽게 나타나고 급기야 적응의 질병이라고 부르는 위궤양과 고혈압과 같은 병에 걸리기도 한다. 그리고 심한 경우 죽음에 이르기도 한다.

3 스트레스의 관리와 대처

1) 스트레스의 개인차

앞에서 살펴본 바와 같이 적절한 수준의 스트레스는 우리 자신을 각성시켜 더욱 분발하게 만드는 요인이 된다. 우리는 최소한의 불안과 긴장 상태에서 보다 긍정적인 변화를 시도하고 권태와 무료함에서 벗어나 생동감 있는 생활을 한다. 또한, 적절한 스트레스는 이후 다른 스트레스 상황에 대한 면역력을 키우는 데 도움이 되기도 한다. 큰 스트레스 상황을 겪었고 특히 그 스트레스 상황을 잘 대처해 나간 경험이 있는 사람은 웬만한 스트레스 상황에 대해서도 잘 대처할 수 있을 것이라고 생각하고 이를 큰 위협 상황으로 느끼지 않기 때문에 그렇지 않은 사람에 비해 덜 스트레스를 받는다. 반대로 상황변화에 민감한 사람은 스트레스를 더 쉽게 느낄 수 있다.

똑같은 스트레스라도 사람에 따라 느끼는 정도가 다르며, 그에 대한 평가에서도 개인차가 있다. 많은 사람 앞에서 발표를 해야 하는 상황이 어떤 사람에게는 스트레스가 심한 상황이지만 발표에 자신이 있는 사람은 스트레스가 되지 않으며, 자신을 알릴 수 있는 기회라고 생각되기도 한다. 이처럼 스트레스 상황은 그에 대한 개인적 · 인지적 평가 결과에 따라 의미와 크기가 달라지는 특성이 있다.

스트레스에 대한 저항력에 영향을 주는 요인으로는 신체적 건강, 성격, 사회적 지지, 이전의 경험들이 포함될 수 있다(Howarth & Dussuyer, 1998). 이때 도움이 되는 성격으로는 강건한 성격(Kobasa, 1982), 학습된 자원력, 낙천성, 인지적 융통성, 문제해결력, 사회적 기술 등이 포함된다. 또한, 주변 사람들로부터의 정서적 지지(마음을 나누고 공감해 준다), 평가적 지지(현재 처한 상황에 대해 객관적으로 바라볼 수 있도록 돕는다), 도구적 지지(힘든 일에 참여해서 도움을 준다), 정보적 지지(도움이 되는 정보를 전달하거나 구하는 데 도움을 준다)와 같은 사회적 지지를 받을 수 있는 지원망을 확보하고 있는 것도 스트레스에 대한 저항력을 갖게 하는 중요한 변인이 된다.

2) 스트레스 관리

복잡한 현대사회를 살아가면서 스트레스를 경험하지 않고 살 수는 없지만 자신의 심리적 · 신체적 건강 유지를 위해서는 스트레스를 잘 관리하는 지혜가 요구된다. 불가피한 상황에서 큰 스트레스를 경험했을 때일수록 더욱 조심할 필요가 있다. 즉, 어떤 중대한 생활 사건을 경험하면 그와 함께 많은 다른 변화를 경험하게 된다. 그런데 거기에 또 다른 변화를 시도한다면 스트레스 지수는 더욱 가중될 것이다. 따라서 커다란 생활 사건을 겪은 이후에는 가급적 변화를 줄이고 충분한 휴식을 취하는 것이 바람직하다.

정신건강을 위해 스트레스를 관리할 필요가 있다. 예를 들어, 자신이 변화시킬 수 없는 일에 대해서는 안달하고 초조해하기보다 받아들일 줄 안다든가, 한 번에

한 가지씩 가능한 목표를 구체적으로 세우고 세부적으로 처리해 나갈 수 있는 작은 목표를 세운다든가, 가장 중요한 일을 맨 처음 처리하는 등의 노력 등이다(이근후 · 박영숙, 1990).

이외에도 스트레스를 관리하기 위한 많은 방법이 있으므로 자기에게 맞는 방안을 찾는 것이 바람직하다.

몇 가지 아이디어를 제시하면 다음과 같다.

첫째, 스트레스의 개인 내적 요인을 관리하자. 현실적으로 불가능한 비합리적 사고에 빠져 있거나 무모한 도전에 잘 휘말리는 사람은 늘 좌절을 경험할 수밖에 없다. 부정적인 혼잣말 역시 부정적인 자기충족적 예언(self-fulfilling prophecy)으로 작용하여 더 큰 스트레스를 가져온다. 그런가 하면 경쟁적 성격의 소유자 역시 다른 사람보다 스트레스를 더 받지만 사회적 지지는 받지 못하는 어려움을 겪는다. 이러한 개인 내적 요인을 갖고 있는 사람은 이를 해결하기 위해 노력하는 것이 필요하다.

둘째, 스트레스의 원인이 되는 복잡한 주변 환경을 간결하게 정리하자. 문제의 원인을 해결하지 않고 그대로 두면 점점 더 해결하기 어려운 상태가 될 수도 있다. 그러한 문제 중 해결이 어려운 것이 있을 수도 있으나 해결이 가능한 것들은 과감하게 정리할 필요가 있다. 많은 일이 정리를 하기 전에는 정리가 불가능할 정도로 커 보이지만 손을 대는 순간 해결이 가능한 일로 변하게 된다.

셋째, 바쁜 생활에도 지치지 않도록 생활관리를 하자. 즉, 건강한 생활 방식을 갖고 건강관리를 하고, 너무 일이나 몇 가지 일에만 매달리지 않고 취미, 친구관계, 여가활동을 개발하여 생활의 활기를 찾도록 노력하는 것이 좋다. 지지그룹을 만들어 서로 어려움을 터놓고 얘기하고 구체적인 도움을 주고받는 것이나 업무상 능력의 한계를 극복할 수 있도록 새로운 공부를 시도하는 것도 도움이 된다.

넷째, 위기관리 능력을 키우자. 누구에게나 위기는 찾아오며, 이러한 상황은 그 어느 때보다 스트레스를 가중시킨다. 그런데 위기관리 능력이 있고 그에 대한 자기효능감을 갖고 있는 사람은 위기에 대해 비교적 두려움이 적고 위기에 잘 대처해 나가면서 문제를 해결한다. 또한, 위기에 잘 대처하는 사람은 위기 상황을 해결해야 할 과제로 보고 현재 상태에서 해결 가능한 일부터 찾아서 접근해 나간다. 이외에도 종교를 갖는 등 영성(spirituality)을 발전시켜 관조하는 삶의 자세로 사는 것도 도움이 된다.

다섯째, 주변 사람들의 지지망을 활용하자. 스트레스가 쌓일 때 주위 사람들과 대화를 나누면 감정이 해소될 뿐 아니라 위로를 받을 수 있다. 또한, 자신과는 다른 관점에서 문제를 재조명해 주어 관점과 사고의 범위를 넓히는 데 도움이 된다. 또한, 스트레스의 원인을 처리하거나 스트레스를 대처하는 데 힘이 되어 주는 등 직접적인 도움을 주기도 한다. 이러한 지지에는 심리적인 것뿐 아니라 물질적인 지원도 포함이 된다. 이러한 사람들이 주변에 존재하고, 그들과 신뢰를 주고받고 있다는 사실만으로도 어려움을 덜어내는 데 많은 도움이 된다.

3) 스트레스 대처 방식

스트레스에 대한 대처(coping)는 스트레스를 처리하기 위해 취할 수 있는 조치를 뜻한다. 스트레스 대처기술은 한 개인의 정신건강 유지와 적응을 위해 매우 중요하다. 살펴본 바와 같이 스트레스는 우리 생활에서 불가피한 경험일 뿐 아니라 가끔 커다란 양의 스트레스를 해결해 나가지 않으면 안 되기 때문이다. 스트레스에 대해 잘 대처할 줄 아는 사람은 보다 적응적이고 건강한 삶을 사는 데 도움이 되지만 이러한 대처에 실패하면 부적응에 빠질 가능성이 있다.

스트레스에 대처하는 방식은 크게 적응적인 대처와 부적응적인 대처로 구분할 수 있다. 즉, 적응적인 대처가 효과적인 대처 방법을 사용하는 것이라면 부적응적인 대처는 자기파괴적이고 해로운 방법으로 스트레스를 해결하려는 시도인 것이다. 예를 들어, 스트레스가 심할 때 과음을 한다든가 약물남용을 하는 등 쾌락에 탐닉하면서 이를 잊고자 하는 것, 청소년이 다른 또래를 괴롭힘으로써 힘을 느끼고자 하는 것, 자신을 비난하며 우울감에 빠져들거나 사회적으로 도피하는 것 등은 모두 부적응적인 대처 방법이다.

스트레스 대처 방법에 대한 또 다른 분류 방식은 정서 중심적 대처와 문제 중심적 대처로 보는 관점이다. 정서 중심적 대처는 스트레스 상황이나 문제를 해결하기보다 그로 인해 발생된 부정적인 정서를 경감시키려고 노력하는 것이다. 그와는 달리 문제 중심적 대처는 스트레스 상황이나 문제를 해결하는 데 초점을 둔 대처 방식이다.

사람은 스트레스 상황에서 잠시 벗어나 휴식을 취하고자 하거나 스트레스로 인한 부정적인 감정을 날려 보내기 위한 시도를 한다. 스트레스 상황을 뒤로하고 바닷가로 달려가 산책을 하는 것, 또는 노래방에 가서 떠드는 것, 술로 마음을 달래는 것 모두 이런 시도일 것이다. 또한, 인지적인 재평가나 재해석을 통해 부정적인 감정을 경감하려는 노력을 하고, 자신의 감정 상태에 귀 기울여 주고 이해해 줄 누군가를 찾아가 대화를 나누고 위로받고자 한다. 이러한 노력이 정서 중심적 대처 전략인 것이다.

한편, 문제를 정의하고 이를 해결하기 위한 대안을 나열하고 대안을 검토한 후 새로운 시도를 하는 등 계획적인 문제해결 방식을 취해서 스트레스 원인에 접근하는 것을 문제 중심적 대처라고 한다. 예를 들어, 어떤 사람이 승진에서 탈락했다고 하자. 이를 위로받기 위해 친구들과 수다를 떨었다면 이는 정서 중심적 대처이지만, 그 이후 다음의 승진 기회를 놓치지 않기 위해 자신이 부족했던 점을 확인하고 이를 보충하는 공부를 하거나 태도를 변화시키는 등 노력한다면 이는 문제 중심적 대처에 속한다.

정서 중심적 대처와 문제 중심적 대처는 어느 쪽이 적응적이고 어느 쪽이 부적응적이라고 단적으로 구분할 수는 없으며, 과정과 결과에 따라 달라진다. 승진에서 탈락한 어떤 사람이 인사비밀을 빼돌려 방법을 강구한다면 이는 문제 중심적인 방법에 속한다 해도 자신의 목적을 위해 비도덕적인 방식을 취하고 그로 인해 또 다른 스트레스 원인을 만들어 내는 부적응적인 행동인 것이다(홍순정 · 이규미, 2009).

4 직장생활과 스트레스

1) 만족스러운 직장생활

성공적인 직장생활을 하는 데 필요한 요소는 직무 능력, 발전성, 직무 관련 인성, 윤리 의식 등이라고 볼 수 있다. 여기에 바쁘고 스트레스가 따르는 직장생활에 잘 대처해 나갈 건강이 요구된다.

(1) 직무 능력

직무 능력은 성공적인 직장생활의 조건으로 무엇보다 중요하다. 직무 능력은 우선 높은 직무만족, 그리고 유리한 승진조건으로 이어진다. 자신의 일에 대한 능력을 향상하고 늘 점검해서 부족한 부분이 있다면 이를 보완해 나가야 한다.

직무만족은 꾸준한 경력관리를 위해서도, 자신의 삶에 대한 만족을 위해서도 중요하다. 직장에 충실하다 보면 학교에서 배운 것보다 현장에 맞는 많은 직무 관련 기술이 향상되는 이점도 있어서 성실한 근무태도는 자신이 많은 것을 배우는 기회가 되기도 한다.

(2) 발전성(자기개발)

자신의 직무 능력 향상 또는 직업인으로서의 자기개발은 단지 근무 시간에만 이루어지는 것은 아니다. 지속적인 직무 관련 능력 개발 및 자기개발은 성공적인 직장인, 직업인이 되기 위한 필수조건이 되고 있다.

(3) 직무 관련 인성적 자질

직업마다 그 직업에서 특별히 선호되는 인성적 특징이 있으나 여러 사람이 함께 일하는 직장이라는 특성과 관련하여 일반적으로 사회성, 조직문화에 대한 적응력,

변화에 대처하는 능력, 솔선성, 책임감 등이 중요하다. 교사로서의 인성적 자질에 대해서는 뒤에서 자세히 살펴보기로 한다(홍순정 · 이규미, 2009).

① 사회성과 네트워크 능력

많은 사람과 함께 일하고 협력하는 가운데 해결해야 할 문제가 많기 때문에 사회성은 중요한 덕목이 된다. 직장은 한 사람에게 의존하는 것이 아니고 조직 구성원 각자의 자원을 이끌어 내어 종합적으로 사용하는 곳이다. 따라서 각자의 자원을 통합하는 과정에서 구성원 상호 간의 협력적인 활동이 많이 이루어진다. 직장인 대부분은 함께 일할 때 능력뿐 아니라 편하고 안정되어 있으며 협조적인 사람을 원한다.

② 조직문화에 대한 이해와 적응력

직장은 나름의 조직문화를 갖고 있으므로 이러한 특성을 잘 이해하고 이에 잘 적응하는 것이 중요하다. 요즘 직장 중에는 전통적이고 틀이 정해져 있는 조직문화에서 벗어나 보다 자유롭고 수평적인 관계를 이루는 가운데 조직문화까지 구성원들이 만들어 가고 이러한 분위기를 통해 생산성을 높이려는 특징을 갖는 직장도 많다. 그러나 이와는 달리 모든 과정이 규범화되어 있고, 상하 전달체계가 정확하며 복장에 대한 암묵적인 규칙이 존재하고 태도에서 예의범절이 중요시되는 직장문화도 있다. 이러한 직장에서는 전체적인 직장의 신조나 분위기, 규칙, 명령체계, 업무 영역과 구분에 대해 잘 알고 이를 따를 것이 요구된다. 특히, 의사결정과정이나 결정에 대한 책임 등에 있어서 자신의 위치가 어디인지 잘 파악해서 처신하는 것이 현명하다.

③ 변화에 대한 대처 능력

현대사회는 변화에 개방적이고 융통성 있게 대처할 수 있는 사람을 필요로 한다. 대부분의 사람은 익숙하고 편한 것에 안주하고 싶어 하고 또 어떤 사람은 다른 사람에 비해 변화에 더욱 거부적이다. 그리고 어떤 사람은 이러한 변화의 조짐이 있음에도 이를 무시하고 관련 정보에도 둔감하다. 변화를 읽고 이에 대처하는 준비와 노력은 직장에서 잘 적응하기 위함은 물론 자신의 진로개척을 위해서도 필요하다.

④ 솔선성과 책임감

직장은 수동적인 사람보다 적극적이고 솔선하는 사람을 선호한다. 그러한 솔선성은 한 개인의 성격요인이기도 하지만, 또한 직장에 대한 애정과 그 구성원이 된 것에 대한 자긍심에서 나온다. 많은 경우 면접시험에서도 지원자가 각 직장에 대해 그러한 마음을 가질 수 있는지, 평소 해당 직장에 대해 관심과 긍정적인 마음을 갖고 있었는지 물어보는 경우가 많다. 그러한 마음은 업무에 대한 열정으로 나타나기 때문이다.

성공하는 직장인은 자신이 말단 직원이어도 마치 사주나 대표처럼 생각하고 일하는 사람이라고 한다. 마치 내가 주인인 것과 같은 마음으로 일하면 자기 앞에 주어진 일 이상의 성과를 향해 노력할 것은 당연한 일이다. 이러한 태도는 일에 내 마음을 모두 담아 하는 것과 같은 정성이 들어 있다. 그리고 자신이 맡은 바에 충실하기 위해 노력한다. 즉, 책임감이 강한 사람인 것이다. 시키는 일만 겨우 해내고 자신에게 당장 이득이 되는 일에만 관심을 기울이는 사람에게는 새로운 제안이나 협조를 요청하는 데 주저하게 되고 그런 사람은 어느새 직장에서 선택되지 않는 사람이 되기 쉽다.

(4) 도덕성

최근 한 개인의 능력과 가치를 평가하는 데 정서지능뿐 아니라 도덕성도 중요한 요소로 받아들여지고 있다. 직장인은 주어진 업무에서 각자 중요한 역할과 책임을 맡고 있다. 따라서 그러한 역할을 수행함에 있어 도덕성은 지적인 능력만큼이나 중요할 수밖에 없다. 도덕성이 약한 사람은 무절제하거나 기복이 많은 사생활로 직장에 부정적인 영향을 줄 수 있을 뿐 아니라 부적절한 유혹에 빠져 직장에 손해를 끼칠 우려도 크다. 직장생활을 하다 보면 크고 작은 유혹이 많고 이러한 길에 잘

못 들어서면 결국 실패할 수밖에 없기 때문에 자신의 도덕성 관리에 힘써야 한다.

(5) 건강관리 및 스트레스 대처 능력

내가 건강하지 못하면서 직장에서 필요로 하는 사람이 되기는 어려운 일이다. 또한, 직장생활은 장기적인 일인 만큼 평소 늘 건강을 지키고 자기관리를 할 필요가 있다. 이는 교사에게 더욱 중요하다. 하루의 많은 시간을 유아와 함께 보내므로 신체적 · 정신적 건강은 다른 어떤 직장의 경우보다 중요하다. 특히, 직장생활을 하면서 여흥, 술, 담배, 도박 등에 탐닉한다든가, 시간 관리를 잘 못 해서 늘 일에 쫓기는 일이 없도록 해야 한다. 이런 생활은 지각, 결근, 게으름 등으로 나타나 나쁜 평판을 듣게 만든다. 가끔 스트레스 해소나 친목을 위해 직장 동료들과 어울려 즐거운 시간을 갖는 것은 바람직하나 이외에 스트레스 해소를 위한 보다 건전한 방법, 즉 휴식, 운동, 직업과 무관한 취미활동 등을 개발해서 즐기거나 직장 내 동호회 등을 통해 동료애를 다지는 것도 바람직하다. 그리고 무엇보다 가족들과 보다 많은 교류를 갖고 함께 시간을 보내는 것도 자기관리를 위해 바람직한 일이다. 가정이 편해야 직장에도 충실할 수 있으며, 직장에서의 어려움에 가장 든든한 지지자가 되어 주기 때문이다.

(6) 평판 관리

직장에 일정 기간 다니다 보면 사람, 분위기, 일에 익숙해지면서 긴장이 풀리게 된다. 또 어떤 사람은 동료들과 편해지면서 의존심이나 불만을 천진하게 드러내고 그럼에도 수용되기를 기대하지만 직장에서 그러한 기대는 비현실적이라고 할 수 있다. 그리고 당연히 부정적인 평판을 받게 된다. 직장인은 프로다운 자기관리를 늘 고려해야 한다.

2) 직장에서의 스트레스와 위기

직장생활은 여러 가지 보상을 가져다주지만 한편으로는 과중한 업무, 성과에 대한 압박감, 여러 가지 압력으로 스트레스를 안겨 주는 곳이기도 하다. 이러한 스트레스는 불가피한 것이지만, 이외에도 여러 가지 직장 내 부적응 문제가 발생할 수 있다. 예를 들어, 상사나 동료와 심한 갈등관계가 있고 그러한 문제가 쉽게 해결되지 않으면 직장에 출근하는 하루하루가 부담스러워진다. 실제 이직을 생각하는 많은 직장인이 인간관계의 실패를 그 이유로 들고 있다는 조사결과도 있다.

원호택과 박현순(1999)은 직장생활에서 발생할 수 있는 스트레스의 원천을 다음과 같이 나누어 설명하고 있다.

- 업무 내적 문제 : 작업 조건이나 환경에서 오는 스트레스(근무 시간, 잦은 여행, 너무 단조로움, 과중한 부담 등)
- 역할의 모호성 : 자기의 업무 내용과 목표가 분명하지 않고, 동료들의 기대가 모호하거나 일의 규모와 책임이 분명하지 않아 직무상 요구가 상충되어 생기는 역할 갈등
- 인간관계 : 상사, 부하, 동료와의 관계, 특히 동료 간에 경쟁적인 상황에 놓일 경우, 직장 내 따돌림 등
- 직무 개발 : 조직 내 업무의 안정성이 유지되지 않고 업무의 성질이 바뀔 때마다 이에 적응할 것이 요구됨, 순환 보직제를 실시함에 있어서 자신의 능력과는 다른 부서로 옮겨짐, 능력 위주의 승진에서 후배에게 밀림
- 조직구조와 풍토 : 조직의 풍토(통제적, 책임과 자율성 허용, 방임적)에 따라 이에 적응하는 것이 어려울 수 있음

3) 직장 내 스트레스의 예방

직장 내 스트레스 요인이 발생할 때마다 직장인은 스트레스에 시달릴 뿐 아니라 일종의 위기감을 경험한다. 그리고 이러한 스트레스에 장시간 노출되면 소진에 이

르면서 신체적 질병과 심리적 어려움을 겪는다. 직장의 특수성과 관련해서 다음과 같은 사항이 스트레스를 예방하고 해소하는 데 도움이 될 수 있을 것이다.

- 실력을 키우기 위해 장기적인 투자를 하자. 직장인 중 가장 인정받는 사람은 말할 나위 없이 실력을 갖춘 사람이다. 그리고 주변 사람들의 인정도 중요하지만 자신의 만족감과 자기 평가는 근무 만족도를 높이고 성과를 높여 준다. 따라서 자신의 부족한 점, 개선해야 할 점에 대해 '인정해 주지 않는다', '우리 회사는 문제가 있다'는 식의 외부 탓을 하기보다 우선 자신으로부터 원인을 찾아 개선해 나가도록 노력해야 한다. 환경을 바꾸기는 어렵지만 그 환경 속에 있는 나를 변화시킬 수는 있다.
- 직장 내 인간관계를 관리하자. 동료는 하루 중 가장 많은 시간을 그것도 오랜 세월 함께 해야 하는 사람들이다. 일을 함께할 뿐 아니라 개인적으로도 많은 지지원이 될 수 있는 사람들이다. 간혹 의견차가 있고 경쟁상대일 뿐 아니라 이해관계가 달라 갈등관계에 놓이게 될 때도 있지만 평생 잘 지내야 할 사람이라는 것을 의식하고 서로 용서하고 이해를 하면서 관계를 잘 유지하려는 노력이 필요하다. 또한, 직장 내 인간관계는 우연히 만들어지는 것이 아니고 노력과 정성에 의해 얻어지는 것이다. 그러나 매사를 인간관계에 의존해서 해결하려는 태도는 바람직하지 않다. 늘 만나서 술을 마시고, 하위 집단을 형성하고, 동료들의 험담을 하고 서로 결탁해서 매사를 풀어 나가려 한다면 직장의 관계 흐름에 장애를 가져오고, 일의 효율성에 저해요인이 되기도 하므로 주의할 필요가 있다. 이러한 하위 집단은 내부적 균열이나 외부의 제재에 의해 오랫동안 유지되지 못하는 경향이 있으며 부정적인 평가를 받게 된다.
- 직장 외 인간관계 역시 소홀히 하지 말아야 한다. 직장에 매달려 지내다 보면 친구들과 소홀해지게 되는데 이들과 늘 관계를 유지하면서 위안, 정보 제공, 그리고 지지를 받는 것은 스트레스 해소에 도움이 될 뿐 아니라 재충전의 기회가 된다. 소진에 대한 여러 연구는 일과 무관한 관계가 중요함을 강조하고 있다.

- 취미생활을 갖고 재충전의 기회를 갖는 것이 크게 도움이 된다. 프로이트는 건강한 사람은 사랑하고 일하고 놀 줄 아는 사람이라고 했다. 적당한 취미생활은 직장생활에 활기를 준다. 운동, 여행, 동호인 모임 무엇이라도 자신에게 휴식과 즐거움을 될 수 있는 취미생활을 키우고 유지하면 도움이 된다.
- 판단과 책임에 대해 준비하고 대처하자. 직장인은 순간순간 판단하고 결정하고 책임을 져야 하는 상황에 놓인다. 이런 상황에서 어떻게 기준을 정하고 대처하는 것이 좋은지 스스로를 위한 지침을 정해 놓는 것이 좋다. 예를 들어, 어떤 판단과 결정을 할 때 내 입장과 타인의 입장, 그리고 개인의 입장과 조직의 입장이라는 관점에서 다각도로 보고 어디에 비중을 두는 게 바람직한지 생각을 정리해 보는 것이다.
- 개인적으로 책임질 수 있는 일과 체제 내에서 해결할 일을 구분해서 도움을 청하자. 위로 올라갈수록 판단하고 책임질 일이 많아지지만 직장 일의 대부분은 개인적 해결 과제보다 조직원들이 공동으로 해결할 일이다. 이러한 구분을 갖고 독주하기보다 주변의 자원을 잘 활용하고 함께 성공하는 업무 스타일을 선택하는 것이 스트레스도 덜하고 팀으로 일하는 최근의 경향성에도 적합하다. 현대사회에서는 협력관계가 잘 되는 사람이 더 선호되는 경향이 있다.
- 항상 잘해야 한다, 남보다 앞서가야 한다는 생각을 버리자. 늘 일등만 하고 인정받을 수 있는 사람은 없다. 이런 식의 비합리적 신념을 갖고 있는 사람은 독주하고, 쉽게 좌절하고, 스스로 부정적인 감정에 휩싸여 스트레스를 받는다. 최선을 다하지만 여유를 갖고 일하는 자세가 필요하다.
- 뒤로 물러설 줄 알아야 한다. 조직은 한 사람에 의해 움직이지 않는다. 또한, 의견과 가치관이 다른 사람들이 함께 일하고 있으므로 언제나 내 생각만 옳다고 할 수는 없다. 그리고 지위나 입장에 따라 보는 시각이 차이가 있을 수도 있기 때문에 언제나 가치와 견해의 충돌이 일어나는 곳이기도 하다. 따라서 내 관점에서 옳은 것을 무조건 주장하거나 이를 관철하기 위해 매사에 도

전하는 태도를 취하는 것은 옳지 않다. 이해와 타협, 양보, 설득과 같은 다양한 대인관계기술을 활용하고 그래도 본인의 소신에 어긋난다면 그때 중대한 결단을 내리는 게 순서이다. 그리고 포기해야 하는 일에는 포기할 줄 아는 것도 지혜이다.

- 상황에 대한 긍정적인 재해석과 함께 다각적인 관점을 키운다. 모든 상황에는 긍정적인 면과 부정적인 면이 있다. 좌절 상황에서 너무 부정적인 면에만 치우치지 말고 긍정적인 면은 없는지 찾아보고 재해석해 보라. 타인들은 모두 보고 있는 긍정적인 면을 나만 못 보고 힘들다고 할 때도 많다.
- 속마음을 함께 나눌 사람을 갖고 서로 도움을 주고받는다. 사람은 사람으로부터 실망하는 일이 많지만 사람에 의해 위안받고 도움을 받는다. 어려운 일을 겪었을 때 탁 터놓고 얘기해도 비난하지 않고 들어줄 사람이 있는 것만으로도 힘을 얻을 수 있다. 그 대상은 직장 동료, 친구, 가족 중의 한 사람일 수도 있다. 그리고 이러한 관계는 일방적이 되어서는 불가능하므로 평소 진솔하고 서로 존중하며 공감하는 대화를 나눈 사람들 간에만 가능하다(홍순정 · 이규미, 2009).

CHAPTER 12

자기관리

변화하는 사회에서 성장에 나가는 데 있어 자기관리는 현대사회의 적응에 필요하며 중요한 요소이다. 자기관리의 정의는 자아실현, 리더십, 자아효능감과 관련지어 사용되고 있다. 자기관리는 건강하고 행복한 삶과 정신건강을 위한 기본적인 요소일 것이다. 자기관리의 의미를 생각해 보고, 자기관리의 구체적인 방안을 살펴보고자 한다. 또한, 심리적 행복 등과 자기관리와의 관계에 관한 내용과 자기관리 능력의 구성 요소들을 알아보기로 한다.

1 자기관리의 개념

1) 자기관리의 의미

자기관리를 어떻게 정의할 것인가? 자기관리에 접근하는 학문은 경영학, 심리학, 정치학, 사회학 등 여러 측면에서 광범위하게 자아실현, 시간 관리, 리더십, 자아효능감, 자기 이해, 자기 경영 등의 용어로 개념 지어지며 사용되고 있다. 자기관리란 자신을 사랑하는 마음을 가지고, 긍정적인 자아존중감을 구축하고 만족스러운 대인관계 및 세계에 대한 관점을 형성하며 목표를 설정하고 그것을 달성하기 위해 자신의 잠재 능력을 개발하고 때로는 위기와 실패를 경험하며, 이에 대응하는 능력을 개발해 나가며 진정한 삶의 의미와 가치를 추구해 나갈 수 있는 행복하고 만족스러운 성공적인 인생을 살아가기 위한 자신에 대한 노력이라고 정의할 수 있다.

다양화, 세계화, 정보화 사회로 변화함에 따라 사회와 교육에서 요구되는 가치와 능력 또한 변화될 것이 요구된다. 자신의 능력을 스스로 향상시킬 수 있는 능력, 자신의 장단점과 성향을 알고 이해하며 변화시킬 수 있는 능력, 다른 사람과의 상호 협력을 구축해 나갈 수 있는 능력, 다양한 문화와 사회를 이해하고 유연하게 반응할 수 있는 능력, 이를 위해 자신의 지적 활동과 감정, 인간관계 및 활동 등을 관리할 수 있는 능력이 요구되고 있다.

개인의 행복과 성공을 가져오는 요소로서 적극성, 목표지향학습, 창의적, 실천적 지능, 자아인식과 감정이입, 배려 등을 포함하는 정서적 지능, 기쁨, 희망, 사랑, 열정, 관용, 감사, 현실적 낙관, 자존감, 용서, 등과 같은 긍정적 감정들이 매우 중요함이 언급되고 있다(Paula J & Caproni, 2005). 생동감 있고 충만한, 행복하고 가치있는 삶을 추구하기 위해서는 자신을 이해하고 스스로를 성장 · 발달시킬 수 있는 자기관리 능력과 학습 능력이 무엇보다도 중요하게 작용하게 된다. 생활에서의 많은 요구를 관리하는 자기관리 능력이 심리적 안정과 행복, 성취, 생활 방향에 영향을 준다. 반두라(Bandura, 2004)는 이를 자기효능감이라고 정의하며, 효능신념은 아동의 지적 발달의 중요한 요소로 작용하고 직업발달과 건강, 심리적인 행복의 질에 영향을 준다고 하였다.

개인적 효능감을 형성하는 최초의 경험은 가족과 밀접하게 관련되어 있으며, 사회 경제적 요소, 가족과정, 자기효능감은 상호연관이 있다. 복잡한 직업적 역할을 완수하기 위해서는 인지적 · 자기관리적 능력이 요구되며, 기술의 변화와 지식의 증가 역시 지속적으로 자기주도학습을 위한 능력이 요구된다. 생활양식과 습관, 환경적 요소도 건강 상태나 자기효능신념과 같은 기능에 영향을 준다. 즉, 신체적 · 정신적으로 건강한 사람이 가정에서 신뢰로운 가족관계를 형성하며, 자신에 대한 자아상을 긍정적으로 자신감과 자아존중감을 지니게 된다.

자기관리 능력은 자신의 삶의 고유성을 인식하고 자기에게 맞는 선택 가능한 가능성에 대한 인식을 넓혀 자신의 삶을 영위할 줄 아는 능력으로 이를 갖추는 것은 쉽지 않은 일이다. '이것이 자기관리이다.'라고 정확하게 제시할 수 있는 답은 없다. 다만, 자신에 대한 이해를 시작으로 인간관계에서 또 자신이 살고 있는 삶의 과정에서 지속적으로 이루어질 것이다.

2) 자기관리의 중요성

현대사회는 과학기술이 급속하게 발전하는 사회로 컴퓨터 혁명으로 불리우며, 자본주의 사회는 점점 더 물질만능주의로 흘러가고 있다. 모든 성공의 척도가 경제적인 지위로 간주되고 있는 현상도 부정하기 어렵다. 기술이 발달되고 사회가 복잡해짐에 따라 더욱 수준 높은 교육이 필요하게 되었고, 청소년의 의존시기도 길어졌다. 괜찮은 직업을 얻기 위해서는 고등학교와 대학 졸업이 필요하다. 또 오랜 시간 동안 학교에서 보내야만 하고 공부에도 많은 시간을 투자해야 하므로 젊은이가 부모와 함께 사는 비율이 증가하였다. 우리의 사회는 긍정적인 측면의 여러 변화도 있었지만 부정적인 측면의 변화 또한 빠르게 증가되었다. 이러한 사회의 구조와 기능은 개인에게 욕구 충족을 도와주기도 하고 더 많은 긴장과 좌절을 초래하여 새로운 문제를 만들어 내기도 한다. 따라서 사회에 잘 적응하고 사회에서 자신의 목표를 설정하여 성취해 나가는 등의 자기관리 능력은 그 어느 때보다 중요하고 필요하다.

우리가 통제력을 갖추고 저항을 극복하는 법을 배우면 더 많은 능력을 발휘할 수 있다. 관심과 목표에 집중하는 법을 배우면 우리는 삶을 균형 있고 풍요롭게 살 수 있다. 즉, 자기관리 노력이 필요한 것이다.

2 자기관리의 구체적인 방안

'무엇을 위하여 사는가?', '나는 지금 최선을 다하며 살고 있는가?', '나는 지금 행복한가?', '내가 도달할 수 있는 목표는 무엇인가?', '나는 즐거운 인생을 살고 있는가?' 이러한 나를 향한 질문들에 우리는 어떤 대답을 할 수 있는가? 인간은 일생을 통해 나를 둘러싼 주변 환경과 끊임없이 상호작용하면서 나를 평가하고, 위로하고, 나를 스스로 조절하고 관리하며 살게 된다.

자기관리의 구체적인 방안으로 신체적 · 정신적 건강을 유지하는 방법, 가치 있는 목표에 초점을 맞추는 방법, 자신의 시간을 관리하는 방법, 강점을 발견하고 활용하는 방법, 의사소통을 관리하는 방법, 윤리를 유지하는 방법 등으로 나누어 살펴보기로 한다.

1) 신체적 · 정신적 건강의 유지

인생에 있어 제일 중요한 것이 건강이라고 한다. 건강을 유지하는 방법이 꼭 정해진 것은 아니다. 우선 마음의 건강부터 시작해야 할 것이다.

건강한 삶을 위해 첫째, 자신의 건강 상태를 알아야 하며, 둘째, 몸과 마음의 관계를 알아야 하며, 셋째, 건강하기 위한 상식에 대하여 알아야 하며, 넷째, 자신의 식습관을 알아야 하며, 다섯째, 스트레스에 대해 정확히 알아야 하며, 여섯째, 스트레스를 해소하는 방법을 실천해야 한다.

세계보건기구는 건강을 "신체적으로 병이 없는 상태이면서 정신적 · 사회적으로도 안녕인 상태"라고 정의한다. 즉, 건강한 사람은 몸과 마음이 건강해야 한다. 실제로 주변에서 보면 마음이 아픈 사람은 곧 병을 얻게 된다. 반대로 아픈데도 불구하고 너무 바쁘다 보면 아픈 것을 모르고 지나가 완치가 되는 일도 있다. 그러므로 아프다는 것은 몸이 아픈 것이지 마음이 아픈 것이 아니라는 생각을 하며 건강한 삶을 유지해야 할 것이다.

스트레스는 몸에 해로운 정신적 · 육체적 자극이 가해졌을 때, 나타나는 반응을 말한다. 스트레스는 만병의 근원이므로 스트레스를 바로바로 해소시켜야 한다. 스트레스를 해소하기 위해 다음과 같은 방법이 제안되고 있다(전도근 외, 2006).

- 스트레스의 원인을 말로 해 보자. 스트레스 중에서 자신이 하고자 하는 욕구나 감정이 억눌리면 발생하는 스트레스가 있다. 이러한 경우 자신의 억압된 감정을 말로 표현함으로써 해결하는 방법이다.
- 다른 일에 신경을 분산시키거나 전환시킨다. 스트레스 중에는 미래의 불안으로 인해 생기는 스트레스가 있다. 이러한 스트레스는 미래에 발생할지도 모른다는 마음의 강박관념으로 인해 생기는 것이다. 스트레스를 해소하기 위해서는 지금 나에게 주는 스트레스의 원인이나 결과를 단순히 잊으면 되는지 생각해 보고 영화를 보거나 음악을 듣거나 하는 등의 주의를 분산시키거나 전환시켜 그 문제에 대한 생각을 잊게 하는 방법이다.
- 문제를 최대한 빨리 해결한다. 스트레스 유발사건의 원인을 제거해야 스트레스가 풀릴 때가 있다. 이런 스트레스를 해소하기 위해서 최선의 노력을 다하여 문제를 해결해야 한다.
- 명상, 이완, 신체운동을 한다. 특별한 이유 없이 일상에서 받는 스트레스가 있다. 사람은 스트레스를 받게 되면, 심신이 각성되어 몸과 마음이 흥분될 때가 있다. 불안하지도 않지만 그렇다고 마음이 편하지도 않은 상태로 조금 흥분되거나 짜증이 나는 경우가 있다. 이런 스트레스에는 땀을 흘리면서 운동하거나 편안하게 누워있거나 앉아서 명상하는 방법이 효과적이다. 신체가 편안하게 이완되면 마음도 자연스럽게 이완되기 때문에 명상을 하면서 신체를 이완시키면 흥분된 마음도 자연히 가라앉는다.

2) 목표에 초점을 맞추기

공헌할 목표에 초점을 맞추는 것은 목표달성을 위해 중요하다. 이를 위해 자신의 전문분야, 한정된 기술, 그리고 자신이 속해 있는 부서에만 집중하던 관심을 넘어 조직 전체의 성과를 올리는 데로 관심을 확장해야 한다. 또한, 올바른 인간관계를 위해 커뮤니케이션, 팀워크, 자기계발 등의 조건을 마련한다.

3) 자기 시간의 관리

시간을 기록하고 관리하며 통합할 줄 알아야 한다. 우선 시간을 낭비하는 요인을 없애야 한다. 가장 필요한 시간 관리의 도구는 "No."라고 말하는 것이다. 내가 설정한 목표를 도달하는 데 집중한 관심 분야에 해당하지 않는 일은 과감히, 중립적인 목소리로 "No."라고 말할 줄 알아야 한다. 또한, 자신이 할 수 없는 이유를 변명이 아닌 설명을 하는 것이 필요하다.

일반적인 시간 관리 방법으로 마크 포스터(Mark Forster)는 다음과 같이 요약하였다(홍순정 · 이규미, 2009).

- 우선순위는 긴급한 상황이나 절박한 마감시한이 있을 때 사용한다.
- '바로 지금 하기'는 미리 정해진 과업이나 일상적인 것들을 할 때 길을 잡기 위해 사용한다.
- 문제가 발생하면 '왜' 그런 문제가 발생했는지 아는 데 관심을 집중한다.
- 점검표를 작성해 프로젝트에 필요한 행동을 세분하거나 과업이 제대로 완수되도록 한다.
- 예정표를 작성해 다른 사람들의 행동과 자신의 행동을 조화시킨다.
- 흐름과 함께 가고, 해야 할 때에 할 수 있도록 조절하는 것이 필요하다.

시간 관리가 우리에게 시사하는 것은 목표에 대한 지속적인 관심이 중요하다는 점이다. 미루는 습관, 사소한 일과 '쉬운 일'에 시간 보내기, 관심의 분산, 집중되지 않은 걱정, 자주 발생하는 위기와 긴급 상황, 위임하지 않으려는 태도 등으로 나타날 수 있는 저항을 극복하는 것이 목표를 이루고 성공에 도달하는 데 필요하다. 저항을 극복하는 방법으로 저항이 커지기 전에 행동을 하고, 큰 과업을 더 작은 단계들로 나누는 등의 방법이 도움이 된다.

4) 자신의 강점 발견과 활용

설정한 목표를 달성하기 위해 자신의 강점을 파악하고 활용할 것이 필요하다. 강점을 활용하여 좀 더 잘할 수 있는 분야를 선택할 수 있다. 또한, 경력을 높이기 위한 노력이 필요하다. 경력은 일생동안 쌓아 온 학력, 직업, 지위, 이력 따위의 내용을 말한다. 경력 개발은 개인이 설정한 성공을 이루거나 새로운 직종이나 직업을 위해 자신의 직업 능력을 높이거나 해당 분야의 경력을 쌓아가는 것을 말한다.

이를 실천하기 위해서 다음을 생각해 보도록 한다.

- 나는 자신을 정확하게 인식하고 있는가? 나에 대한 정체감은 물론 나의 성격, 특성, 관심 분야 등을 잘 파악해야 한다. 시대의 유행 흐름에 따라서 자격증을 취득하거나 관심 없는 분야에서 경력을 쌓는 것은 인생에 시간 낭비가 될 수 있기 때문이다.
- 나는 가장 잘 할 수 있는 분야를 선택할 수 있는가? 충분하고 지속적인 관심이 있어온 분야인지 파악할 필요가 있고 이에 관한 집중적인 관심과 노력, 연구, 연습 등이 동반되어야 할 것이다.
- 자신의 분야에 전문성을 가질 수 있는가? 자신이 선택한 분야에서 목표를 설정하여 나만의 방법을 갖고 자리매김을 할 수 있도록 노력해야 한다. 시간 관리의 개념은 점차 생활 방식의 관리 개념으로 발전하고 있다.

5) 의사소통의 관리

말은 대인관계에서 매우 중요하다. 말하는 방식에 따라 리더십을 돋보이게 하기도 하고 실망감을 주기도 한다. 일반적으로 화술(스피치)은 주어진 시간과 장소에서 다수의 사람을 대상으로 기술적으로 말하는 것을 뜻한다. 즉, 자기표현의 수단인 것이다. 커뮤니케이션(Communication)은 사회생활을 영위하는 인간과 인간 사이에 이루어지는 사상의 교환과 전달하는 것을 의미한다. 기초적 사회과정으로 개인의 발달 및 집단, 조직의 형성에 필수적이다. 스피치와 커뮤니케이션을 잘하기 위해서는 상대방을 설득하는 방법, No를 Yes로 바꾸는 감성 스피치 전략, 상대방을 다치지 않게 하는 요청과 거절 전략, 관계를 증진시켜주는 칭찬 전략, 상대방을 존중하기 위한 경청 방법, 공포감 해결 방법 등을 알고 이를 실천하여야 한다.

또한, 상대방과의 성공적인 커뮤니케이션을 위한 대화 전략은 다음과 같다. 첫째, 상대방을 한 인간으로 존중한다. 둘째, 상대방에게 성실한 마음으로 대한다. 셋째, 상대방을 공감적으로 이해하려고 노력한다. 넷째, 상대방을 배려하는 대화를 해야 한다. 즉, 나-전달법(I-message)으로 대화해야 한다. 나-전달법을 통한 자기표현은 스피치 뿐 아니라 대인관계에서도 매우 필요한 의사소통 방식이 된다.

6) 윤리의 유지

윤리에 대한 관심이 많아짐에 따라 기업이나 관공서, 전문직에서도 나름대로 윤리선언을 만들어 생활화하려고 하고 있다. 교사에게도 교사의 윤리가 있다. 따라서 개인도 성공한 사람이 되기 위해서는 나름대로 자신의 윤리기준을 만들어서 항상 마음속에 두고 생활화하는 것이 중요하다.

3 자기관리와 다른 요소들과의 관계

1) 직업 및 진로 선택과 자기관리

자신의 미래의 모습에 대해 생각하기 위해서는 우선 자신의 흥미, 적성, 성격, 여가 활용 및 시간 활동 방식 등 원하는 생활 방식에 대한 자신과 관련된 총체적인 검토가 필요하다. 이러한 연습과 반복을 통해 자기 자신에 대한 탐색, 자아정체성의 확립, 자신의 꿈 등을 다듬어 갈 수 있는 것이다. 이를 위한 자기관리의 요소는 다음과 같이 설명할 수 있다.

(1) 자기에 대한 이해

'나는 어떤 삶을 살기를 원하는가?', '내 성격의 장단점은 무엇인가?', '내가 잘할 수 있는 일은 무엇이며, 정말 하고 싶은 일은 어떤 것인가?' 등의 물음에 대한 대답을 찾아보는 것이다. 때에 따라 관련 검사를 받아 봐도 좋다. 다시 말하면 자기 자신에 대한 정보를 수집하고 정리하는 것이다.

(2) 직업 세계에 대한 이해

현대의 특징을 가장 간결하고 설득력 있게 간파한 앨빈 토플러(Alvin Toffler)는 1980년에 이미 농업 사회에 이어 산업 사회가 왔고, 정보화 사회가 도래한다고 밝혔다. 정보화 사회는 컴퓨터와 통신기술이 정보의 생산과 처리, 유통에 영향을 주고, 따라서 정보가 중요한 사회가 된다는 것이다. 정보화 사회는 정치, 경제, 산업, 교육, 의료, 문화, 심지어는 가정과 사회의 모든 부분에서 구조적인 변화를 요구하게 된다. 이처럼 빠른 속도로 변화하는 사회에서 요구하는 직업인의 자질은 첫째, 정보화 사회에서 필수적인 컴퓨터 관련 기능, 둘째, 세계화 · 국제화된 개방 사회에서 활동할 수 있는 외국어 구사 능력과 국제 감각, 셋째, 기술 혁신에 필요한 전문지식과 창의력, 넷째, 환경 변화에 적응할 수 있는 탄력성과 투지, 다섯째, 멀리 볼 수 있는 비전과 통찰력, 여섯째, 조직과 일의 패턴이 변화함에 따라 배경과 이해가 서로 다른 사람들과 원활한 의사소통과 함께 공동 작업이 가능한 능력과 자질이 요구된다(강순화 외, 2004).

(3) 진로 정보 수집과 제공

자신의 진로계획과 선택에 적합한 다양한 정보를 이해하고 수집하여 최선의 의사결정을 할 수 있게끔 훈련하는 것 또한 매우 중요한 일이다. 정보란 개인이 진로 선택 및 적응하는 데 필요한 모든 지식과 이해에 관련된 정보를 말한다.

(4) 진로 의사결정의 중요성

의사결정이란 여러 가지 대안 중에서 한 가지를 선택하는 일종의 문제해결과정이다. 의사결정은 배워서 습득할 수 있는 하나의 기술이다. 어떤 결정을 내리든지 사람은 자신의 이득을 극대화하고 손실을 최소화하는 경제원칙을 사용한다.

2) 자기주도적 학습전략과 자기관리

학습을 한다는 것은 그 내용이 무엇이든 지속적인 노력과 많은 연습을 통해 행동으로 습관화되는 것을 의미하므로 학습전략 또한 대단한 인내와 시간 투자가 필요하다.

자기주도적 학습이 이루어지기 위한 기본 전략으로는 주의집중하기, 스트레스 관리하기, 시간 관리하기 등을 들 수 있다.

(1) 주의집중하기

학습을 위한 첫째 단계는 특정 과제에 대하여 주의집중을 하는 것이다. 효율적인 학습을 하기 위해 의문이나 문제의식을 가지고 학습 과제에 대해 호감을 가지려고 노력하면서 집중한다. 그리고 구체적인 목표를 정하고 끝내는 시간을 정해 자신을 적절한 시간만큼 책상 앞에 앉아 있도록 훈련한다. 자기 스스로 의욕과 학습동기를 키워 주면서 자신감을 가지고 공부해야 한다. 가능하면 같은 장소, 같은 시간에 매일 공부하는 습관을 들이고, 자신에게 집중이 잘 되는 장소와 시간대를 잘 아는 것이 중요하다. 산만하지 않고 능률적인 환경이 되도록 자기 스스로 분위기를 조성한다.

(2) 스트레스 관리하기

학업 문제는 학생에게 스트레스 유발요인 중 가장 큰 요인일 수밖에 없다. 이는 성인도 마찬가지이다. 그러므로 스트레스를 효율적으로 이용하는 것이 필요하다.

(3) 시간 관리하기

목표를 설정하고 연간, 월간, 주간 일일 계획표를 짠다. 실천할 수 없는 계획표를 짜기보다 자신의 실제 생활에 대한 분석을 통해 공부할 시간이 충분히 확보되었는지, 과목마다 적정한 시간 배정이 되었는지, 지금 이대로 유지해도 좋은 활동은 무엇인지, 시간 낭비 요인은 무엇인지 등을 면밀히 살펴볼 수 있다. 학업에서의 실천을 극대화하기 위해서 행동변화를 위해 결심하기, 중요도에 따른 학습 과제 순위 정하기, 과제 수행에 적합한 합리적인 시간 투자하기, 한 번에 한 가지 과제에만 집중하기, 미루는 버릇 멈추기 등을 실천하려고 노력하는 것이 중요하다.

3) 심리적인 행복과 자기관리

심리적 행복을 위한 다섯 가지 영역은 다음과 같다(김유숙 · 박승호 · 김충희 · 김혜련, 2007, 재인용). 자아존중감의 구축, 만족스러운 인간관계 형성, 능력 개발과 성취, 위기와 실패에 대응하는 능력 개발, 삶의 의미와 가치에 대한 분별력 등이다. 심리적 행복의 기능을 좌우하는 이 다섯 가지 영역은 모든 사람이 가지고 있는 요소이지만, 위의 조건을 완벽하게 갖추고 있는 사람은 드물다. 중요한 것은 각각의 영역에서 균형을 이루어 나갈 때 심리적 안녕을 증진시키고 유지시킬 수 있다.

자아존중감은 심리적인 행복 및 안녕을 추구하는 데 가장 핵심적인 요소이다. 한 개인의 자아개념은 삶의 현실 속에서 자신이 어떤 사람이라고 스스로 갖는 느낌과 지각을 기초로 하며, 그 느낌과 지각에 타인의 반응을 통합한 것이다. 자아존중감은 스스로 자신을 평가하는 내용과 타인이 평가하는 내용이 상호작용하면서 생겨나는 것이다. 상황이 어렵거나 변화될 수 없을 때일지라도 자아존중감은 여전히 유지될 수 있다. 긍정적인 자아존중감은 자신의 욕구와 타인의 감정을 명확하게 인식함으로써 균형을 유지하고 있는 사람이라고 할 수 있다.

두 번째 심리적 안녕의 구성 요소는 우정, 결혼, 가족, 이웃, 직장 동료, 취미나 운동을 함께 하는 집단 등의 관계에서 형성되는 만족스러운 인간관계의 형성이다.

세 번째 요소는 일을 성공적으로 마침으로써 느낄 수 있는 성취감과 자신감이다. 로저스는 모든 사람은 자아를 유지하고 향상 시키고 실현하는 경향성에 의해 동기화된다고 하였다. 개인적 또는 직업적 성취를 통한 만족감은 심리적 안녕을 성취함에 있어서 매우 중요한 요인이 되지만 하는 일이나 성취된 결과로 사람을 평가할 수는 없다. 능력과 문제해결기술은 삶의 중요한 부분이다. 하지만 외적으로 드러나는 성취결과와 타인에게 인정받는 것보다 더 중요한 것은 내면세계에서 느껴지는 자신감이다.

심리적 건강을 유지하고 있는 사람과 항상 문제에 둘러싸여 고통당하는 사람의 중요한 차이점은 그들이 무엇을 얼마만큼 했느냐보다 부정적인 경험에 대처해 나가는 능력이 얼마나 있는가에서 나타난다. 인생에는 항상 좋은 것과 나쁜 것이 공존하고 있다. 심리적 행복을 지켜나가는 사람은 좋은 것들을 인정하고 즐기는 동시에 나쁘고 불행한 것에 휘둘리지 않고 현실을 있는 그대로 받아들인다. 이처럼 위기와 실패에 대응하는 능력은 심리적 행복의 중요한 구성 요소이다.

마지막으로 삶의 의미와 가치에 대한 분별력으로 세상에 대한 안정된 신념을 가지고 있는 사람은 삶에서 관심이 많이 가장 큰 방향으로 선택해 나갈 수 있다.

심리적인 행복 및 안녕 추구에 있어 자기관리적 요소를 정리해 보기로 한다.

- 자아충족감을 높이기 위해 노력한다. 자신에 대해 책임감을 느끼는 것, 자신이 가치를 두는 목표를 갖고 일하는 것, 그리고 스스로 보람 있다고 생각하는 활동에 참여하는 것은 심리적 행복을 증진시킨다.
- 자신의 약점을 있는 그대로 수용한다. 완벽이나 무조건적인 행복을 위해 애쓰기보다는 낙관적 태도와 객관적이고 현실적 태도 사이에서 균형을 유지하는 것이 행복을 증진시킨다.
- 신체적인 건강이 심리적인 행복을 촉진한다. 규칙적인 수면 패턴과 적당한 양질의 식사, 알맞은 운동 등의 건강한 습관을 유지하도록 노력해야 한다.
- 직업생활과 가족의 행복은 상호 보완적으로 기능할 수 있도록 관리한다. 둘 중 하나를 선택하는 것이 아니라 두 가지 중요한 영역을 삶 속에서 어떻게 통

합시키고 균형을 이뤄갈 것인가에 관심을 가져야 한다.

- 스트레스는 도전을 위해 필요한 것이다. 변화를 하나의 도전으로 받아들이고 적절한 수준의 스트레스를 유지할 수 있도록 노력한다.
- 위기와 상실에 대처할 수 있는 능력을 기르도록 한다. 즉, 부정적인 경험을 수용하고 대처하는 방법을 배우는 것이 필요하다.
- 삶을 계획하고 선택하는 적극적인 태도를 길러야 한다. 상황마다 적합한 대처과정 및 삶의 기술을 고민하고, 배우고, 삶을 의미 있게 만드는 가치체계를 개발한다(홍순정 · 이규미, 2009).

4 자기관리 능력의 구성 요소

1) 자아개념과 자존감

인간의 발달과정을 살펴보면, 자아가 형성되는 시기는 영유아기부터 이미 시작되며, 긍정적인 자아존중감은 처음 세상과 만나게 해 준 모성과의 관계에서부터 시작된다고 할 수 있다.

자아개념은 신체적 특징, 개인적 기술, 특성, 가치관, 희망, 역할, 사회적 신분 등을 포함한 '나'는 누구이며, 무엇인지 깨닫는 것이다. 자아개념의 발달은 자신은 독특하고 타인과 구별되는 분리된 실체라고 인식하는 데서 시작된다.

스트랭(Strang, 1957)은 자아개념을 네 가지로 분류한다. 첫째, 자신의 능력, 신분, 역할에 대한 전반적인 인식이 전체적 자아개념이고, 둘째, 순간적인 기분에 영향을 받는 일시적 자아개념이다. 예를 들어, 학기말 고사 성적이 나쁘거나 부모님으로부터 심한 꾸지람을 듣고 순간적으로 자신을 가치 없는 인물로 생각하는 것 등이다. 셋째, 다른 사람이 자신을 어떻게 보느냐에 따라 자신을 평가하는 사회적 자아개념이다. 인간은 사회적 동물이므로 자아가 사회적 산물이라는 것은 그리 놀라운 일은 아니다. 넷째, 자신이 그렇게 되었으면 하고 바라는 이상적인 자아개념으로 이상적 자아가 너무 낮으면 성취욕이 없고, 반면 너무 높으면 심한 좌절과 자기모멸에 빠지기 쉽다.

자존감은 자신의 존재에 대한 긍정적인 견해로서 자아개념이 자아에 대한 인지적 측면이라면 자존감은 감정적 측면이라 할 수 있다. 즉, 존재에 대해 인지적으로 형성된 것이 자아개념이고, 자기 존재에 대한 느낌은 자존감이다.

2) 자아정체감

확고한 자아정체감을 지닌 사람은 개별성, 총체성, 계속성을 경험한다. 개별성은 가치나 동기, 관심을 부분적으로 얼마만큼 타인과 공유했다 하더라도 자신은 타인과는 다르다는 인식, 즉 자신은 독특하고 특별하다는 인식이고, 총체성은 자신의 욕구, 태도, 동기, 행동양식 등이 전체적으로 통합되어 있다고 하는 느낌이며, 계속성은 시간이 경과해도 자신은 동일한 사람이라는 인식, 즉 어제의 나와 오늘의 나는 같은 사람이라는 인식이다. 에릭슨은 인간생애 발달과정을 8단계로 나누고 단계마다 성취해야 할 발달과업과 극복해야 할 위기를 개념화하였는데, 그중 청소년기의 발달과업과 위기를 정체감 형성 대 정체감 혼미로 제시하였다. 물론, 정체감은 일생을 통하여 이룩해야 할 중요한 문제이지만, 특히 청년기가 정체감 형성에 결정적이며, 또한 청년기에 정체감 위기를 경험하게 된다고 하였다. 정체감 위기를 성공적으로 해결하지 못한 청년은 정체감 혼미를 경험하게 되며, 정체감 혼미의 개념은 가출 소년, 퇴학생 등을 비롯한 문제 청소년을 이해하는 데 도움이 된다. 에릭슨의 정체감 혼미 개념이 소개되기 이전에는 이러한 청년은 비행 청소년으로 낙인찍혔었다. 그러나 정체감 혼미라는 개념을 통해 청소년이 안고 있는 문제를 조금은 긍정적인 시각에서 보게 되었다. 비행 청소년뿐만 아니라 사실 모든 청소년이 정체감 위기를 경험한다. 단지 어떤 젊은이는 다른 젊은이보다 조금 쉽게 그 위기를 넘길 뿐이다.

3) 청년기 정체감의 위기 극복 방안

청년기는 이전까지 비교적 먼 장래의 일이었던 현실생활에 대한 고민이 비로소 눈앞의 문제로 다가오는 시기이다. 그리하여 기존에 가지고 있던 정체감이 우리가 해야 하는 선택이나 결정에 제대로 해답을 주지 못하는 위기에 직면하게 된다.

청년기의 정체감 위기를 극복하기 위해서는 자기 객관화와 자기수용을 위해 노력하고 자신의 희망과 이상을 실험해 보고 이를 실행할 수 있는 용기를 갖기 위해 노력하며, 주위의 도움을 구하도록 한다.

좀 더 살펴보면 다음과 같다.

첫째, '자기 객관화'란 자신을 있는 그대로 보는 것을 말한다. 자신에 대해 가감 없는 시선을 갖는 것은 내면을 탐색하는 새로운 노력이 요구되는 과제이며, 올바른 자아정체감 확립을 위해 필수적으로 요구되는 과제이다.

둘째, '자기수용'은 자신을 있는 그대로 받아들이는 것이다. 여기에는 자신의 좋은 면뿐 아니라 그렇지 못한 면을 어떻게 다룰 것인가에 대한 도전도 포함된다. 아들러는 부족한 점이 개인의 삶에 발전적 에너지원으로 작용하는 것으로 강조한다.

셋째, 자신의 꿈과 이상을 현실적으로 테스트해 본다. 관념적 가치에 빠지기 쉬운 청년기에 경험을 통해 자신의 가능성을 점검해 보도록 한다. 이는 결정적 시기에 일어날 수 있는 시행착오를 예방하고 더욱 현실적인 판단을 할 수 있는 바탕이 된다.

네 번째, 일을 계획하는 것이 중요하지만, 이를 실제 행동으로 옮기는 데는 불안과 망설임이 따르게 된다. 이를 넘어서기 위한 용기와 지혜가 요구된다.

다섯째, 세상을 살아가면서 필요할 때, 적절한 도움을 줄 만한 사람을 찾아 도움을 청할 줄 아는 열린 마음을 가지는 것은 매우 중요한 개인의 능력이다.

자기관리 능력의 구성 요소로서 건강한 자아상을 가지며 자아존중감, 자아정체성, 자기효능감과 같은 자아에 관한 능력이 건강, 학업, 직업, 리더로서의 목표를 달성하기 위해 요구되는 자기관리 능력의 원동력이 된다.

4) 자아존중감

자아존중감(self-esteem)이란 간단히 말하면, 자신이 가치 있는 존재라고 믿는 것이다. 자아존중감은 그동안 형성해 온 자신의 실제적 자아와 이상적 자아를 비교해 보면 알 수 있다. 실제적 자아가 이상적 자아에 아주 가까이 접근해 있는 사람도 있지만, 대부분은 이상적 자아에까지 이르지 못한다. 완벽주의자는 늘 실제적 자아를 이상적 자아와 비교하여 이상적 자아에 이르지 못할 때 마다 자신을 책망한다. 그럴 때 자존감 또한 낮아지게 된다.

건강한 자아존중감은 자신을 비현실적으로 평가하지 않고 다른 사람에 대해 우월감이나 열등감도 갖지 않는다. 따라서 자존감의 수준은 자신의 긍정적인 특성과 부정적인 특성 그리고 변화하기를 원하는 자신의 모습 안에서 통합적으로 평가되어야 한다(Mckay & Fanning, 1992).

(1) 자아존중감의 특징

첫째, 자아존중감은 성장하면서 변화한다. 자아존중감은 인간이 태어나면서부터 가지고 있는 것이 아니며, 환경과 삶의 경험에 의해 영향을 받는다. 즉, 신체적 · 정신적 · 정서적 발달의 영향을 받으며, 부모님과 선생님, 가까이에서 돌봐주는 사람들, 친구관계에 의해서도 영향을 받는다. 또한, 학업 능력과 흥미 개발을 통해서도 영향을 받을 수 있다.

자존감발달의 가장 중요한 요인으로는 개인의 성공과 실패에 대한 경험과 중요한 타인으로부터 받은 존중과 수용 및 관심이다. 특히, 자존감을 높이는 데 어머니와의 상호작용과 관심이 결정적인 요인이다.

자존감의 핵심이 5세까지 발달하며 그 이후에는 크게 변화하지 않는다고 믿었으나 여러 사회학습이론가와 발달심리학자는 실증적인 연구결과로 볼 때, 자아존중감의 형성이란 전 생애를 통해 계속되는 과정이라고 주장한다. 자아존중감은 인생의 주기에 따라 변화하며, 삶의 변화 과정에서 증가하거나 감소하기도 한다.

자아존중감의 형성은 자신을 독특하고 가치 있는 사람이라고 받아들이는 것이 핵심이다. 이는 영구적인 것이 아니며, 여러 가지 요소에 의해 좌우되는 다양한 요소들의 혼합체라고 할 수 있다. 자아존중감을 유지시킨다는 것은 계속해서 스스로 노력해야 하는 자기관리의 과정인 것이다.

둘째, 자아존중감은 자아정체감을 확립해 가는 데 기여한다. 자아정체감이란 청년기의 급격한 신체적 변화와 함께 자신의 정체성을 확인하기 위해 직업적 · 교육적, 성역할 안에서 새롭게 형성되는 자아의식을 말한다. 이런 자아정체감은 자기 안으로 숨어버리거나, 삶을 공허한 묵상 속에 가두기만 할 경우 발달이 불가능하다. 자존감은 인간의 태도, 행동, 정서의 통합체이기 때문에 실제의 삶에서 지속되는 과정이지 삶의 현실에서 동떨어진 추상적인 것이 아니다. 그렇기 때문에 안정된 자신의 동일성에 대한 자아정체감을 확립해 가는 데 기여할 수 있다.

셋째, 자아존중감에 영향을 미치는 외적 · 내적 요인은 다음과 같다. 교육, 결혼, 직업, 소득, 친구들의 수나 질, 가정환경, 도덕적 또는 종교적 가치 등이 중요한 요소들이 될 수 있다. 자아존중감의 내적인 요소는 인간관계, 유능함과 성취감, 위기와 상실에 대처하는 능력, 삶의 의미에 두는 가치 등이 발달되면서 형성된다. 즉, 외부 현실을 고려하면서 그 현실을 내부적인 기대, 태도, 감정, 가치관과 통합시킴으로써 만들어지는 것이다.

내적 · 외적 요소의 가장 바람직한 균형은 60%의 내적 요소와 40%의 외적 요소로 이루어질 때이다. 즉, 자신에 대해 타인이 인정해 주는 것보다 스스로 내리는 평가가 더 중요한 것이다.

넷째, 자아존중감은 심리적 행복의 핵심적 요소이다. 자아존중감은 자기애적으로 되거나, 자기중심적으로 되는 것을 의미하는 것이 아니라 안정적이고 긍정적인 삶의 완성을 의미한다. 한마디로 자신의 강점과 약점을 수용하는 것이다.

5) 자아성취감

아동 후기부터 청소년은 자신의 유능성을 키우고 확인하기 위한 노력에 정신 에너지를 집중시킨다. '나도 할 수 있다.'는 생각이 아동의 마음을 사로잡는다. 이것은 생활의 여러 장면에 확산된다. 학교에서의 학습 상황, 가정에서의 가사생활, 그리고 무엇보다 중요한 것은 또래 사이에서 진행되는 여러 놀이 상황이다. 다양한 상황에서 자신의 유능성을 확인하며 키워 가는 것이다. 에릭슨은 청소년의 이러한 유능성 확인은 성취감이라는 심리적 속성을 통해서 완성된다고 하였다.

아동기와 청소년 초기의 이러한 성취감은 이후의 생을 진취적 · 창의적 · 효율적으로 이끄는 원천이 된다. 자신은 크게 성취하고 많이 이룰 수 있다는 자기완성감은 정신건강의 기초가 된다. 반면, 이 시기에 생활의 여러 장면에서 좌절과 실패, 그리고 비난과 소외만을 겪게 된다면 열등감에 시달린다. 적정 수준의 발달적 열등감은 도전과 극복을 낳는 원동력이 될 수도 있다. 그러나 그 정도가 너무 심하다든지, 주위 환경으로부터 전혀 격려와 지지를 받을 수 없는 열등감은 비뚤어진 현실 지각과 우울 그리고 냉소적인 성격을 만드는 근원이 된다.

6) 자기효능감

자기효능감은 과제를 수행할 때 자기 자신이 과제를 완수할 수 있는 지식이나 방법을 지니고 있기 때문에 그 과제를 성공적으로 완수할 수 있다는 개인적인 믿음을 의미한다. 이러한 자기효능감은 개개인의 능력과 신념에 직접 관련이 있는 심리학적인 개념이며, 반두라에 의해 발전된 개념이다. 높은 자기효능감을 가진 사람은 목표를 추구하도록 동기화되어 있고, 그 목표를 성공적으로 달성하기 위해 필요한 동기와 기술을 가지고 있다고 생각한다. 그러한 사람은 시간과 노력을 투자하고 과제를 수행해 나가는 과정에서 긍정적이거나 부정적인 피드백을 모두 사용하고 완성될 때까지 끊임없이 노력한다. 이와는 반대로 낮은 자기효능감을 가진 사람은 자신을 무능하다고 느끼고 자기 자신이 부정적인 피드백을 받게 되면 좌절하고 포기하게 되며, 동기를 잃게 된다. 이런 사람에게 실패란 자기 충족예언의 역할을 한다. 높은 자기효능감을 가진 사람은 유능감을 개발하고 동기화되어 있고, 숙련되어 있으며, 부지런히 일하고, 목표를 추구하며, 피드백을 적절히 사용하고, 성공을 인정하며, 실패로부터도 후속 과제 수행을 위해 필요한 것들을 배운다.

7) 자아실현

(1) 자아실현의 이론적 배경

자아실현(self-actualization)의 사전적인 의미는 자신의 계획이나 사상 따위를 사실화하여 현실 속에서 행동으로 실현해 가는 과정을 말한다. 매슬로에 의하면, 자아실현에는 위계적 체계가 있어서 하위 단계가 어느 정도 충족되어야만 다음 단계로 발달한다.

① 생리적 욕구

생존과 직결된 욕구로서 배고픔, 갈증, 성욕, 배설욕, 수면 등이 있다. 생리적 욕구는 가장 기본적이고 강력한 욕구이며, 어느 하나라도 채워지지 않으면 인간은 그 욕구를 충족시키려는 동기에 지배당하게 된다.

② 안전 욕구

매슬로는 생리적 욕구가 해결되면 그다음으로 안전 욕구가 지배적으로 나타난다고 보았다. 안전 욕구란 안전, 평안함, 보호질서, 공포와 불안으로부터의 해방, 그리고 안정성 유지에 대한 욕구를 말한다. 물리적 안전과 심리적 안전을 모두 포함하기 때문에 물리적 침입이나 공격으로부터의 안전과 더불어 심리적 안정감까지 추구하게 된다. 따라서 조직과 질서가 전혀 없는 완전한 허용과 자유는 근원적인 안전 욕구를 위협하기 때문에 오히려 불안감을 일으킬 수 있다.

③ 사랑과 소속의 욕구

그다음 단계는 타인과의 접촉, 모임, 사랑 등에 대한 욕구이다. 이 욕구는 사회적인 욕구로서 생리적 욕구와 안전 욕구가 어느 정도 만족되었을 때 비로소 그 중요성을 느끼게 된다. 외로움과 소외를 싫어하고, 다른 사람들과 사랑을 주고받으면서 긴밀하고 따뜻한 관계를 갖고 싶어 하는 것이다. 그러나 계속적인 접촉과 친밀한 관계 유지를 추구할 수 없게 만드는 바쁜 현대사회는 사랑과 소속의 욕구를 좌절시키고 있다.

④ 자존감의 욕구

생리적 욕구와 안전 욕구 그리고 사랑과 소속의 욕구가 어느 정도 충족되면 자존감의 욕구가 지배적으로 나타난다. 타인이 소중하게 대해 주기 때문에 갖게 되는 자존감과 자신은 가치가 있으며 어떠한 상황에서도 자신은 적절한 존재로 생각하는 자존감이다. 이 욕구가 채워지면 자신의 능력, 가치, 적절함에 대한 확신을 가지는 반면, 이 욕구가 채워지지 않으면 계속해서 인정받기를 원하게 되어 결과적으로는 열등감을 경험하게 된다.

⑤ 자아실현의 욕구

자아실현은 앞의 모든 욕구를 어느 정도 충족시킨 인간이 새롭게 추구하는 욕구로서 자신의 모든 잠재력과 능력을 인식하고 충족시키려는 것을 말한다. 건강한 사람은 이전 단계의 욕구들이 충족되었다고 느끼면 누구나 자기실현의 동기를 강하게 느끼게 된다. 여기서 자신의 잠재력과 재능을 충족시키려는 자기실현은 자신의 소명을 이루고자 하는 형태를 띠기도 하고, 자신의 속성을 더 이해하고 수용하여 증진시키는 형태를 띠기도 하며, 한 인간으로서의 통합을 추구하는 형태를 띠기도 한다. 이렇게 진정한 자기가 되고자 하는 욕구를 자기실현의 욕구라고 한다.

그러므로 비록 자신이 가치 있는 인간이라고 느껴도 자기실현의 욕구를 충족시킬 수 있는 기회를 얻지 못하면 자신에 대한 만족감을 얻을 수 없을 뿐만 아니라 좌절감을 느낄수 있으므로 심리적으로 건강하다고 할 수 없다.

자아실현을 한 사람의 자기관리 요소를 살펴보면 다음과 같다.

- 효율적인 현실 지각 : 주변 세계에 있는 물체와 사람을 자신이 원하거나 필요한 방식으로 보지 않고 선입견 없이 객관적으로 지각할 수 있다.
- 자신과 자신의 본성을 수용함 : 자신의 약점이나 결함에 대해 수치감 또는 죄책감을 느끼지 않으며, 자신의 본성을 있는 그대로 받아들이고 수용한다.
- 자발성, 솔직성, 자연스러움 : 자신의 정서에 대해 가식이 없고 정직하며, 자신의 본성에 따라 자발적이고 자연스럽고 솔직하게 행동한다.
- 시선을 자신이 아닌 다른 곳에 둘 수 있음 : 자신의 일을 수단으로서의 직업이 아니라 마땅히 해야 하는 어떤 것으로 본다. 따라서 일을 사랑하며, 책임감과 소명 의식을 갖고 열정적으로 일할 수 있다.
- 사적인 생활과 독립에 대한 욕구 : 자기만족을 위해 타인에게 의존하지 않고 자신의 동기와 원칙에 따라 스스로 결정할 수 있는 능력이 있다.
- 자율적 기능 : 사생활과 독립에 대한 욕구와 밀접한 관련이 있는 것으로 더 이상 결핍동기에 의해 동기화되지 않고 성장동기에 의해 자기 내부로부터의 만족을 추구한다.
- 계속적인 신선한 감상력 : 자아실현자들은 경험(자연, 음악, 미술 등)을 항상 새롭게 감상할 수 있는 능력이 있다.
- 신비로운 혹은 '절정'의 경험 : 때때로 종교적 경험과 비슷한 절정의 경험을 하는데, 이런 경험을 하는 동안 자아가 초월하면서 자신감과 더불어 무엇인가를 성취할 수 있을 것 같은 심오한 의식을 갖게 된다.
- 사회적 관심 : 모든 인간에게 사회적 관심으로서의 형제애를 가질 수 있으며, 타인에게 강하게 이입된 감정과 애정을 느낄 수 있다.
- 깊은 대인관계 : 보통 수준의 대인관계를 맺는 사람들보다 더 확고하고 깊은 대인관계를 가질 수 있다.
- 민주적인 성격구조 : 사회계층이나 교육 수준, 정치, 종교, 인종에 구애받지 않고 모든 사람에게 관대하고 수용적이다.
- 수단과 목적, 선과 악의 구별 : 수단과 목적을 분명하게 구별할 줄 알며, 수단

보다는 목표나 목적을 훨씬 중요하게 여긴다. 또한, 선과 악, 옳고 그른 것을 구별할 수 있다.

- 적대감 없는 유머 감각 : 비웃거나 냉소적인 것이 아닌 따뜻한 유머 감각을 가지고 있다.
- 창의성 : 모든 활동 속에서 창의성과 독창성, 자발성을 발휘하며, 실수를 두려워하지 않는다.
- 문화적 동조에의 저항 : 문화적 동조에 휩쓸리지 않고 초월하기 때문에 특정한 틀을 강요하는 문화에 저항하거나, 사회적 관례를 고의적으로 모욕하지 않는다.

8) 생활습관과 학습 능력

자신에 대한 이해 측면 이외에도 기본생활습관, 학습 능력, 건전한 세계관 등의 요소들이 자기관리 능력의 발달에 작용하게 된다. 이들을 좀 더 살펴보기로 한다.

(1) 기본생활습관

자신의 목적과 희망과 꿈을 이루기 위해서는 이를 위한 활동을 하루의 일시적인 것으로 생각하는 것을 넘어서서 지속적으로 유지되어야 한다. 자신의 열정과 꿈을 위한 활동이 매일 지속될 수 있도록 생활을 시스템화하는 것은 자기관리 능력에서 매우 중요하다. 자신의 목적에 맞추어서 생활을 체계화한다면 우리의 에너지와 시간이 효율적으로 활용될 수 있기 때문이다. 건강한 식습관과 운동습관이 형성된다면 건강에 대해 매일 고민하지 않아도 될 것이며, 매일매일의 학습 시간과 활동이 습관화되어 있다면 학습에 임하기 위해 많은 시간을 준비하고 노력하지 않아도 자동으로 학습에 임할 수 있게 된다. 어린 시기의 바람직한 생활습관과 학습습관은 중요하다. 더 많은 에너지와 노력을 목적에 초점을 맞출 수 있기 때문이다.

건강한 신체발달, 안전의 유지, 자기존중감과 정서적 · 정신적 안녕의 유지, 다른 사람과의 협력 등은 기본적인 생활습관을 통해 바람직하게 형성되어 간다.

(2) 평생학습태도와 자기주도적 학습 능력

스턴버그(Sternberg)는 사람들의 성공을 예측하는 데 지능은 4~25% 정도이며, 다른 요인들이 더 크게 작용한다고 말한다. 주요한 요인으로는 모호한 상황을 다루는 융통성, 창의적인 사고, 위험을 감수하려는 의지, 학습하고자 하는 욕망, 상호지원관계를 형성하는 능력 등을 포함하고 있다. 자신을 변화하고 이를 위해 지속적으로 학습할 수 있는 능력은 현대와 미래사회에서 특히 요구된다. 주도적으로 학습하며, 즐겁게 학습하며, 함께 학습할 수 있는 능력이야말로 개인의 성장 발달을 이끄는 힘이 될 것이다.

이와 관련하여 자신이 무엇을 알고 있으며 어떤 방식으로 학습하는지 이해하고 이를 효율적으로 개선할 수 있는 능력이 함께 다루어질 수 있다. 급격히 변화하는 사회 속에서 학습은 학교에서 멈추는 것이 아니라 직업과 일상 속에서 지속될 것이 요구된다. 자율적인 학습 태도와 능력은 평생학습 사회 속에서 요구되는 기본적인 능력이다. 평생학습의 기술, 정보 습득과 처리의 기능을 익히고 자율적, 탐구적 학습 태도를 갖추는 것이 중요하다.

(3) 건전한 세계관의 형성 : 행복, 일, 가정, 건강의 통합

행복한 삶을 영위하기 위해서는 자신의 신체적 · 정신적 · 정서적 건강과 복지가 보장될 필요가 있다. 자신의 신체적 · 정신적 건강을 돌보고 즐겁고 충만한 삶을 영위할 수 있는 생활양식을 학습하고 습득하는 일은 학교교육의 경험 속에서 중요하게 다루어져야 하리라고 본다. 또한, 이 사회에서 함께 살아가는 공동체 의식과 배려와 관용, 평화의 가치는 학교교육의 전 과정에 반영되는 것이 바람직하다.

자기관리 능력은 자신의 삶의 고유성을 인식하고 자기에게 맞는 선택 가능한 가능성에 대한 인식을 넓혀 자신의 삶을 영위할 줄 아는 능력으로 다양한 관점으로 정의되고 있다. 자신에 대한 이해를 시작으로 인간관계에서, 또 자신이 살고 있는 삶의 과정에서 바람직한 적응과 통합이 중요하다.

5 생활 속에서의 자기관리법

자신을 성장시키고 스스로 변화할 수 있는 능력은 건강하고 충만된 삶을 키워 가는 데 매우 중요하다. 이에 도움이 되는 생활 속에서의 자기관리법들을 몇가지 살펴보기로 한다.

1) 자신의 주변과 계속 미루고 쌓여 있는 미완성의 것을 정리하자.

무엇인가를 하기로 결정하고 계획하고 시작하게 되면 그 일을 계속해서 끝내고 완성하면 다른 과제로 갈 수 있다. 계획했던 일의 완성이 주는 성취감, 만족감, 기쁨 또한 크다. 자신감도 커지게 된다. 그러나 우리는 여러 일을 계획하고 시작하지만 이런저런 이유로 끝내지 못하고 유보 상태로 두는 경우가 태반이다. 이렇게 우리 곁에 놓여진 일은 우리의 에너지를 비생산적인 방법으로 마구 빼앗아 간다. 완성하지 못하는 이유를 생각해 보고 완성하기 위한 길을 찾도록 한다. 계획한 대로 추진하거나, 아니면 그 일을 할 수 있는 누구에게 위임하는 방법도 있다. 또한, 적절한 기간 동안 미루는 것도 도움이 된다. 아니면 아예 버리는 방법이다. 이 네 가지 방법 중 어느 것이 자신의 미완성 과제에 적절한지 생각해 보고 조치할 일이다. 그래서 새로운 일을 위한 심리적 · 물리적 공간을 마련할 수 있다.

다시 새로운 일에 들어가기 전에 미완성의 일을 완성하기 위한 방법을 보기로 한다. 3개월마다 다음의 주요 미완성 일들을 정리하는 것이 좋다.

- 이전의 사업 활동
- 지키지 않고, 인정하지 않고, 재조정하지 않은 약속들
- 빚
- 입지 않는 옷으로 넘쳐 나는 옷장
- 낡은 것들로 꽉 찬 정리 안 된 창고

- 정리 안 된 세금 고지서
- 마감해야 할 고지서와 은행 일들
- 사용할 수 없는 것들로 가득 찬 서랍
- 없어지고 변질된 열정
- 사용하지 않은 것으로 가득 찬 다락
- 쓰레기로 가득 찬 자동차 트렁크
- 끝내지 않은 자동차 수리
- 버릴 것들로 가득 찬 정리 안 된 지하실
- 완성된 또는 실천 안 된 프로젝트 상자
- 실행 안 된 채 남겨진 파일
- 저장되어야 할 컴퓨터 파일 등
- 정리 안 된 책상
- 앨범에 넣지 않은 가족사진들
- 수리하거나 버려야 할 것들
- 말하지 않은 후회, 또는 감사 등의 개인적 관계
- 용서해야 할 사람들
- 함께 해야 할 사람들과 보내지 못한 시간
- 미완성 과제 또는 해결이나 피드백 없이 전달된 과제
- 해 주거나, 요청해야 할 인정

우리 일상에서 무엇이 우리의 신경을 쓰이게 하는지 생각해 보자. 매일 신경 쓰이는 것들이 우리의 주의집중을 뺏어 가고 성취와 성공에 부정적 역할을 하게 된다. 혼자 어려울 때는 정리 전문가의 도움을 고려해 보는 것도 좋다.

2) 미래를 환영하고 과거를 완료하자.

우리의 과거를 바꿀 수는 없으나 미래를 바꿀 수는 있다. 잊기 어려운 많은 일을 정리하고 앞으로 나가기 위해서는 진심으로 있는 그대로를 인정하고 필요하다면 용서를 바라고 용서를 하는 과정이 있어야 한다. 용서의 단계와 목록들을 만들고 용서를 확인하는 것도 앞으로 나아가기 위해 필요한 일이다.

3) 잘 안 되는 일에 직면하라.

우리는 우리에게 불편함을 주는 일, 불쾌한 일, 원하는 대로 되지 않는 일들은 피하고만 싶다. 그러나 그러한 것을 무시한다고 해서 사실이 없어지는 것은 아니다. 그런 일들을 바로 앞에 놓고 어떻게 할지 진지하게 고민하고 우리의 가치에 따라 해결하려 한다면 길이 있을 것이며 몸과 마음이 한층 가벼워질 것이다. 우리의 삶은 우리가 기회를 취할 때만 향상된다. 어쩌면 우리가 취할 수 있는 가장 어려운 모험은 우리 자신에 정직해지는 일일지도 모른다. 주변에서 보이는 경고의 싸인들을 기억하고 무엇인가를 추진할 때인지 포기할 때인지 생각하도록 한다. 부인하고 회피하는 것의 기저에는 두려움이 자리하고 있다. 어떠한 방향이든 행동하지 않으면 아무것도 일어나지 않을 것이다. 올바른 일이라고 판단했다면 지금 행동을 취하자.

4) 변화를 환영하라.

- 성장 아니면 죽음과 다를 게 없다.
- 성장해야 할 부분이 무엇인지 생각한다.
- 변화를 환영하는 법에 익숙해지자.

5) 우리의 내적 비판을 내적 코치로 전환하라.

사람은 그가 생각하는 바로 그 존재이다. 우리가 가지고 있는 부족함과 한계도 우리의 모습이기에 우리의 한계에 대해 논쟁하고 이의 극복을 생각할 필요가 있다.

- 스스로 걱정하여 죽음에 이르는 일이 없도록 한다.
- 너 자신에게 승리자처럼 말하라.
- '나는 그런 애야.' 등과 같은 자포자기나 한정된 생각을 근절하라.
- 항상 '결코~할 수 없다.' 등의 사고에서 벗어난다. 또한, 부정적 측면에 집중하는 것, 최악의 시나리오만을 예상하는 것, 다른 사람의 마음을 미리 짐작하는 일, 죄의식에 걸려 넘어지는 것에서 벗어나자. 무언가 해야만 한다고 느끼면 이내 우리는 그에 대한 내적 저항을 만들게 된다. 죄의식은 결코 생산적이지 못하다. 이런 정서를 없애자.
- 이름 붙이기(Labeling)를 활용하자. 바보, 무책임 등 대신 스마트, 뛰어남 등의 용어를 사용한다. 모든 의미는 스스로 창조한 것임을 기억하자.
- 개인적인 의미를 부여한다. 그러나 이때 다른 사람의 행동에 대해 잘못 의미를 부여할 수 있음을 유의할 필요가 있다.
- 내면의 비판을 내면의 코치로 전환하자. 스스로 한 비판이라도 대책이 없는 비판은 마음의 상처를 주기도 한다. 그러나 이를 자신을 변화시키는 코치의 역할로 전환한다면 도움이 된다.

6) 일 년에 적어도 4개의 새로운 성공 습관, 좋은 습관, 자신을 키울 수 있는 습관을 개발하자.

- 좋든 나쁘든 습관은 언제나 결과를 초래한다는 것을 기억하자.
- 좋은 습관을 개발하도록 노력한다.
- 새로운 성공 습관을 통해 무엇을 할 수 있는지 생각한다.

7) 더 크기 위해 더 배우자.

우리가 더 이상 배우지 않는다면 우리의 존재는 성장을 멈출 것이다. 극단적으로 표현한다면 끝난 것이다. 배우기 위한 노력에 도움이 되는 일을 생각해 보자.

- TV 시청 시간을 줄이자.
- 지도자는 독서자이다(Leaders are Readers). 언제나 책을 읽자.
- 더 많이 읽기 위해 빨리 읽는 방법을 익히는 것도 도움이 된다.
- 주 단위 체제로 생활 계획을 세워 본다.
- 위대한 사람들의 생활을 연구한다.
- 자신이 관심이 있는 성공 모임, 콘퍼런스, 재교육 등에 참여한다.
- 가르침을 받을 준비 상태를 유지하자. 우리는 겸손할 때 더 잘 배울 수 있다.
- 기회가 왔을 때 준비되어 있어라.
- 준비되어 있기 위해 필요한 것으로는 잠재력 훈련 프로그램에 참여하는 일, 치료와 상담 기회를 갖는 일, 평생학습에 참여하는 일 등이 있다.

8) 시간을 재편성해 보자.

요즘 바쁘지 않은 사람이 있는가? 누구나 바쁘다. 우리를 둘러싼 이런 회오리 속에서 자신의 중심을 지키고 몸과 마음의 여유를 갖기란 그리 쉽지 않다. 기왕에 아무것도 하지 않아도 바쁜 시대라면 우리가 하고 싶은 공부를 하면서, 우리의 마음속 깊은 곳에 있는 희망의 빛을 찾아서, 꿈을 향해 가는 일을 하면서 바쁜 게 더 낫지 않을까? 우리에게 주어진 시간을 좀 더 자신의 리듬에 맞게 편성하고 지켜 나간다면 의무적으로만 해야 했던 시간에 대한 마음의 저항을 좀 줄일 수 있을지도 모른다.

- Focus days : 이날은 80% 자신이 하고 싶은 일을 하는 날이다. 이런 포커스 데이를 더 많이 갖도록 계획하자.

- Buffer days : 이날은 무엇인가를 계획하고 준비하는 자유의 날이다. 새로운 것 배우고, 자신을 지원해 주는 팀들을 훈련하는 등의 일이다.
- Free days : 모든 일로부터 자유로운 날이다. 세미나, 사업 전화, 이메일, 전문특허 등으로부터 자유롭다. 이러한 자유일에는 자녀와도 따로 있는 것이 필요하다. 이러한 자유의 날은 일을 더 열심히 하게 해 줄 것이다.

이외에도 휴가 시간을 잘 활용하는 일, 스케줄링을 효과적으로 하는 일 등이 도움이 된다.

9) 서로를 위한 성공 팀을 형성하자.

혼자서 할 수 있는 일은 조금이다. 여럿이 함께할 수 있는 일은 훨씬 많고 크다. 혼자서 하면 고된 일도 함께하면 재밌고 즐거운 놀이가 되기도 한다. 공부나 일에 함께하는 작전을 충분히 활용한다면 더 크고 보람 있는 일을 할 수 있을 뿐만 아니라 서로를 키우는 보람과 기쁨도 가질 수 있을 것이다.

10) 열정을 가지고 자신이 좋아하는 일을 추진하자.

누구나 열정을 가지고 있는 일이 있고 생기기도 한다. 그러나 열정을 그대로 유지하는 건 또 다른 문제이다. 열정을 개발하고 유지하는 방법에도 관심을 가질 필요가 있다. 자신의 핵심역량에 초점을 맞추고 매일의 일상에서 그것을 발전시키기 위한 일을 조금씩이라도 한다. 습관이 되도록 말이다. 자신이 좋아하는 일을 하다 보면 풍부한 많은 것이 따라올 것이다.

부록

〈부록 1〉 보건복지부 중앙보육정보센터(2010)에서 제시한 아동학대 관련 내용

* 출처 : 보건복지부 중앙보육정보센터(2010). pp.2-10.

1) 아동학대의 이해

우리나라도 「영유아보육법」, 「아동복지법」, 「유아교육법」 등을 통해 육아지원기관의 영유아 권리 증진을 위한 정책적인 노력을 해왔다(유해미 · 김은설 · 황옥경 · 김채원, 2011). 특히, 어린이집에 종사하는 자는 아동학대 신고의무자로서 아동학대 신고의무자는 직무상 아동학대를 알게 되면 즉시 아동보호전문기관 또는 수사기관에 신고해야 한다고 규정하고 있다(「아동복지법」 제26조 제2항). 또한, 보육교사가 영유아의 권리 존중을 보육 현장에서 실현할 수 있도록 이와 관련된 교육을 실시하고 있다(한국보육진흥원, 2013a).

최근 보육교사 또는 원장에 의한 어린이집 영유아학대 사례가 빈번하게 발생하면서 이에 영유아의 권리 보호뿐만 아니라 영유아의 안전에 대한 우려가 매우 큰 상황이다. 물론, 일부 보육교직원의 문제가 전체 어린이집에서 아동학대가 이루어지는 것처럼 매도되어서는 안 되며, 현장에서 영유아의 보육을 위해 노력하고 있는 많은 보육교사의 전문성까지 의심받아서도 안 된다. 그럼에도 불구하고 아동학대를 예방하고 이를 신고해야 하는 의무가 있는 보육교직원에 책임이 있다고 보았을 때, 단 한 건의 아동학대 사건도 결코 무시할 수 없다(보건복지부, 중앙보육정보센터, 2010). 반복해서 발생하고 있는 아동학대를 예방하기 위해 아동학대가 일어나는 요인을 어린이집, 보육교사, 사회적 요인으로 나누어 살펴보면 다음과 같다(황해익, 2015).

어린이집 요인	보육교사 요인	사회적 요인
• 인성과 자질을 갖춘 보육교사 채용의 어려움 • 교사교육의 미비 • 영유아 문제 지도방안에 대한 어린이집 내 논의 부족 • 영유아 문제해결을 위한 전문기관과의 연계 부족 • 영유아발달에 부적합한 환경	• 많은 업무와 스트레스 • 아동발달과 보육에 대한 지식 부족 • 그릇된 아동관 및 보육관 • 미성숙 • 아동에 대한 지나친 기대 • 어릴 때 학대받은 경험 • 낮은 자아존중감 • 감정 조절의 무능력 • 불안, 우울, 기타 정신질환	• 신체적 처벌에 허용적인 문화 • 아동을 존중하지 않는 문화 • 자녀에 대한 소유 의식 • 폭력에 대한 가치와 규범

출처 : 박재진(2014). p.110; 보건복지부, 어린이집안전공제회 · 중앙육아종합지원센터(2014). p.75. 재구성.

교사가 무심코 아동에게 한 말이나 행동이 아동학대일 수도 있다. '절대'가 아니라 '혹시'라는 마음으로 아동학대란 무엇이며, 어떻게 아동학대를 예방할 수 있는지 함께 살펴보자(보건복지부 · 중앙보육정보센터, 2010).

아동학대란 보호자를 포함한 성인에 의해 아동의 건강 · 복지를 해치거나 정상적인 발달을 저해할 수 있는 신체적 · 정신적 · 성적 폭력 또는 가혹행위 및 아동의 보호자에 의하여 이루어지는 유기와 방임을 말한다(「아동복지법」 제2조 제4호). 따라서 아동학대는 단순한 신체적 체벌 외에도 가르친다는 명목 아래 야단치는 강압적 훈육, 영유아에게 상처를 주는 말 한마디, 제때 음식을 제공하지 않는 행동도 포함된다. 이러한 학대는 눈에 잘 띄지 않고 당장 그 결과가 심각하게 나타나지 않지만 신체적 손상뿐만 아니라 심리적 · 정신적 후유증을 남기게 되므로 더욱더 주의해야 한다. 아동학대의 종류와 징후, 보육기관의 아동학대 사례에 대해 구체적으로 살펴보면 다음과 같다.

〈아동학대의 종류와 징후〉

종류	정의	신체적 징후	행동적 징후
신체 학대	아동의 신체에 손상을 주거나 신체의 건강 및 발달을 해치는 신체적 학대행위	• 설명하기 어려운 상처, 화상, 골절, 절상 • 머리카락이 없어진 부분, 스트레스로 인한 원형탈모 • 흔들린 아기 증후군 • 두뇌 손상 • 사망 등	• 어른과의 접촉 회피 • 다른 아동이 울 때 공포를 나타냄 • 공격적이거나 위축된 극단적 행동 • 부모에 대한 두려움 • 집에 가는 것을 두려워함 • 위험에 대한 지속적인 경계
정서 학대	아동의 정신건강 및 발달에 해를 끼치는 정서적 학대행위	• 성장장애 • 신체발달 저하 • 언어장애	• 특정 물건을 계속 빨고 있거나 물어뜯음 • 반사회적, 파괴적 행동장애 • 신경성 기질장애(수면장애, 놀이장애) • 정신신경성 반응(히스테리, 강박, 공포)
성 학대	아동에게 음란한 행위를 시키거나 이를 매개하는 행위 또는 아동에게 성적 수치심을 주는 성희롱 등의 성적 학대행위	• 신체적 지표 • 생식기의 증거 • 항문 증후 • 구강 증후	• 성적(性的) 지표(나이에 맞지 않는 성적 행동, 동물·장난감을 대상으로 성적인 상호관계 등) • 비(非)성적인 행동지표(위축, 환상, 혼자 남아 있기를 거부, 특정 유형의 사람들 또는 성에 대한 두려움 등)
방임·유기	자신의 보호·감독을 받는 아동을 유기하거나 의식주를 포함한 기본적 보호·양육·치료 및 교육을 소홀히 하는 방임행위	• 지속적인 배고픔, 열악한 위생 상태 • 계절에 맞지 않는 부적절한 옷차림 • 의학적 치료와 치과 치료의 불이행 • 지속적인 피로, 불안정감 • 사망 등	• 수업 중 조는 태도 • 음식을 구걸하거나 훔침 • 비행 또는 도둑질 • 학교에 일찍 등교하고 집에 늦게 귀가함 • 분노와 두려움, 대인관계에서의 신뢰감 상실 등

2) 아동학대의 사례

(1) 신체학대

유아가 말을 듣지 않는다고 친구들 앞에서 벌을 세우거나 심하게 매를 드는 교사가 있으며, 기저귀에 대소변을 자주 보거나 설사를 하는 영아에게 귀찮고 냄새난다고 엉덩이를 때리는 교사도 있다.

(2) 정서학대

한 어린이집에서 영유아가 말을 듣지 않는다고 추운 날씨에 여자아이를 밖에 세워 둔 경우, 보육교사가 영유아에게 소리 지르거나 심한 욕설을 퍼붓고 좁은 공간에 감금하는 행위, 즉 "너 말 안 들으면 아무도 없는 교실에 혼자 들어가 있어."라고 명령하는 경우와 교실 밖이나 어린이집 밖으로 내쫓겠다고 위협 및 협박을 하거나 거부적인 언어("저리 가.", "넌 왜 늘 그 모양이니?", "네가 할 수 있는 게 뭐야?")를 사용하는 행위도 포함된다.

평소에 대소변을 가리지 못한다는 이유로 5세 된 유아를 친구들 앞에서 무안을 주고 대소변을 본 속옷을 들고 벌을 세우는 경우가 있었으며, 아이들이 말을 듣지 않는다고 위협하는 경우와 젖은 기저귀를 갈아주지 않는 경우, 나들이 시 짝을 지어 주지 않고 아이 혼자 줄을 서게 하는 경우 등이 있다. 또한, 교사가 유아와 대화하지 않거나 안아주지 않는 경우 등 영유아가 필요로 하는 기본적인 애정 표현과 적절한 정서적 지지가 제공되지 않을 때, 즉 영유아가 칭찬받을 행동을 하였어도 못 본 척 무시해 버리는 행동을 하는 경우, 교사가 영유아와 신체적 접촉을 피하고 영유와의 약속을 소중히 생각하지 않는 경우도 포함된다.

〈언어적인 위협을 통한 정서학대〉

- "어린 반으로 보내 버린다."
- "네가 실수했으니 네가 치워."
- "토한 음식 네가 다 치우든지, 먹어."
- "이것 다 먹어야 다음 놀이할 수 있어."
- "너 한 번 배 터지게 먹어 볼래?"
- "잘못했으니 한쪽 벽 보고 서 있어. 싸운 두 친구 서로 얼굴 바라보고 있어."
- "너에게 냄새가 나. 씻지 않아서 못생겼어."

(3) 성학대

외부인에 의한 사고로는 어린이집의 오후 통합보육 시간에 한두 명의 영유아가 남아 있는 경우, 아이들에게 비디오를 관람하게 한 후 교사들끼리 교재교구를 제작하거나 회의를 위해 모여 있는 시간에 외부에서 초등학생이나 성인 등 전혀 모르는 사람이 들어와 영유아를 데리고 나가 성폭행하는 경우가 있다.

내부인에 의한 사고로는 어린 유아를 대상으로 큰 유아들이 교사가 없는 틈을 이용하여 어린 여아의 성기를 장난삼아 만지거나 화장실에서 남자아이가 여자아이들의 치마를 들춰 보는 경우, 원장 선생님, 사무장, 차량기사에 의한 상습적인 성추행 사례가 있다. 영유아를 대상으로 한 구체적인 사례를 살펴보면 유아에게 성인의 성기나 신체를 접촉하게 하거나 성인이 유아의 성기를 만지는 행위, 유아 앞에서 옷을 벗고 자신의 성기를 만지는 행위 등이 있다.

(4) 어린이집에서의 방임

어린이집에서 방과 후나 오후 통합보육 시간에 영유아들끼리만 교실에 방치하고 교사들끼리 한곳에 모여 이야기를 하고 있는 경우, 그리고 현장견학 시 어느 어린이집에서는 유아들끼리만 모여 점심을 먹게 하고 교사들끼리 식사를 하는데 점심식사를 먼저 한 유아가 공원의 분수대에 가서 놀다가 분수대에 빠져 사망한 사례가 있다.

또한, 한 가정어린이집에서는 시간연장반 7명의 아이를 70세 노모에게 맡기고 원장 선생님과 교사는 1년 넘게 교회에 가던 중 관리 · 감독기관으로부터 행정처분을 받은 사례가 있다. 영유아가 열이 많이 나거나 설사 및 복통을 호소할 때 교사가 이에 대한 대응과 조처를 하지 않고 그냥 두었을 경우도 포함된다.

아동권리 존중보육(아동학대 예방) 동영상(http://central.childcare.go.kr/)을 참고하도록 한다.

3) 아동학대 신고의무자의 역할

(1) 신고의무자의 규정

「아동학대범죄의 처벌 등에 관한 특례법」 제10조에 의하면, 누구든지 아동학대를 알게 되면 아동보호전문기관 또는 수사기관에 신고할 수 있으며, 신고의무자는 직무상 아동학대를 알게 되면 즉시 아동보호전문기관 또는 수사기관에 신고해야 한다고 규정하고 있다. 또한, 신고인 신분이 보호되어야 함을 명시하며, 비밀보장의 원칙을 기본으로 하고 있다.

(2) 신고의무자의 역할

교사는 아동발달에 대한 풍부한 지식과 경험을 갖고 있으며, 아동과 신체적으로 접촉하고, 아동의 가정환경을 알아볼 수 있는 기회가 많기 때문에 아동학대 발견에 중요한 역할을 한다.

- 아동학대 징후를 보이는 아동이 있는지 관심 있게 지켜본다.
- 부모면담을 통해 아동학대 가능성을 파악한다.
  - 부모가 자신의 아동을 비난하거나 낮추어 볼 때
  - 다른 형제나 자매에 비해 매우 비판적으로 볼 때
  - 아동을 '나쁜 아동', '악마', '사탄'으로 표현할 때

- 아동에 대해 좋게 말하는 것이 없거나 좋아하지 않는 것 같을 때
- 아동에 대해 무관심한 것처럼 보일 때
- 부모가 특별한 이유 없이 약속한 면담 시간을 지키지 못하거나 아동에 대해 이야기하기를 거부할 때
- 부모가 술을 자주 먹는 것처럼 보일 때
- 부모가 이상하고 비합리적인 행동을 보일 때

• 아동학대라고 의심되는 경우 가능한 한 많은 정보를 기록하여 즉시 아동보호 전문기관에 신고한다.

(3) 신고요령

① 언제 신고할까?

• 아동학대가 의심될 때 신고한다.
  - 기본적인 의식주를 제공받지 못하는 아동을 보았을 때
  - 반복적인 상처와 부상을 입은 아동을 보았을 때
  - 보호자가 아동의 상처, 질환에 대한 치료를 거부할 때
  - 친족 성학대, 성매매가 의심되는 아동을 보았을 때

② 어디에 신고할까?

- 국번 없이 112, 또는 129(보건복지부 콜센터)
- 전국아동보호전문가 홈페이지

③ 어떻게 신고할까?

• 신고자는 피해아동, 학대행위자, 신고자에 대한 정보를 제공한다.
  - 피해아동(이름, 성별, 나이, 전화번호, 주소, 학대 의심 내용 등)
  - 학대행위자(이름, 성별, 나이, 전화번호, 주소, 피해아동관계, 직장 등)
  - 신고자(이름, 전화번호, 주소, 피해아동관계, 학대사실을 알게 된 경위 등)

〈부록 2〉 생활재적응평정척도(Social Reajdustment Rating Scale : SRRS)

생활 사건	평균값	생활 사건	평균값
배우자의 사망	100	자녀의 출가	29
이혼	73	친척과의 문제	29
별거	65	뛰어난 개인적 성취	28
수감	63	배우자의 취직이나 퇴직	26
가까운 가족의 죽음	63	입학이나 졸업	26
개인적인 상해나 질병	53	생활조건의 변화	25
결혼	50	개인적인 습관의 변화	24
해직	47	상사와의 문제	23
부부간의 화해	45	근무 시간과 근무 조건의 변화	20
은퇴	45	주거 변화	20
가족의 건강문제	44	전학	20
임신	40	레크리에이션 습관의 변화	19
성적인 장애	39	교회활동의 변화	19
가족의 증가	39	사회활동의 변화	18
직업의 재적응	39	적은 부채나 담보	17
경제 상태의 변화	38	수면습관의 변화	16
친한 친구의 사망	37	모이는 가족 수의 변화	15
전업	36	식사습관의 변화	15
부부간의 언쟁 횟수 변화	35	휴가	13
중요한 부채 또는 담보	31	크리스마스	12
부채로 인한 권리상실	30	사소한 법규위반	11
책임의 변화	29		

- 이 척도는 스트레스 생활 사건들과 신체 질병 간의 관계를 근거로 하고 있다. 조사는 수천 명의 결핵환자를 대상으로 질병이 발생하기 전에 일어난 사건들의 종류를 알아보는 것으로 이루어졌다.
- 지난 1년간 경험한 사건들의 점수를 합산하면 스트레스 점수가 된다.

- 점수가 250점 이상이면 새로운 변화의 시도를 유보하는 것이 바람직하고, 300점 이상인 경우에는 스트레스 질병에 걸릴 가능성이 크다는 조사보고가 있다(원호택 · 박현순, 1999).
- 이 척도는 여러 가지 제한점이 있으며, 특히 여성의 자녀 양육 문제, 신체, 성학대 등과 관련된 스트레스 요인들이 간과되어 남성 중심적인 내용이라는 비판을 받기도 하였다(홍순정 · 이규미, 2009).

참고문헌

강남구보육정보센터(2008). 유아기본생활지도 프로그램. 서울: 강남구보육정보센터.

(다음의 지식백과)(위인동화꿈담의 방정환)참고사진 및 참고자료: 브리태니카 〈박동진: 중앙일보 인물정보에서 인용〉 위키백과.

강문숙 · 황해익(2008). 보육교사의 직무에 대한 내용분석. 보육지원학회, 4(2), 57-80.

______(2008). 어린이집 교사의 직무에 대한 내용분석. 한국교육지원학회지. 4(2), 57-80.

강순화 · 김명권 · 김영란 · 박태수 · 양명숙 · 오세덕 · 유계식 · 윤관현 · 이수용 · 천성문 · 하형진(2004). 상담전문가 11인의 만남과 치유: 집단상담사례 및 해설. 서울: 학지사.

강영자 · 박성옥 · 양명숙 편역(1997). 아동의 스트레스. 경기: 양서원.

강정원 · 계영애(2001). 유아 인성교육을 위한 인성적 덕과 교수전략에 대한 교사들의 인식 연구. 유아교육학논집, 5(1), 55-75.

강정원 · 김순자(2006). 유아의 부적응 행동과 교사의 교수적 스트레스 및 교사-유아 관계. 아동학회지, 27(1), 17-30.

강진령(2008). 상담심리 용어 사전. 서울: 양서원.

계영애 · 강정원(2001). 유아인성교육을 위한 인성적 덕목과 교수전략에 대한 교수들의 인식연구. 유아교육학 논문집, 5(1), 55-75.

교육과학기술부(2007). 유치원 교육과정 해설: 총론. 교육과학기술부.

______(2012). 유아 인성교육을 위한 부모 훈련 프로그램 및 연수 자료집. 서울: 교육과학기술부.

교육과학기술부 · 보건복지부(2013). 3~5세 연령별 누리과정 해설서. 교육과학기술부.

교육인적자원부(2011). 5세 누리과정 교사용 지침서. 교육과학기술부, 보건복지부.

______(2011). 5세 누리과정 해설서. 교육과학기술부, 보건복지부.

국가 건강정보 포털 사이트(의학정보)

궁수정(2010). 영유아보육교사의 근무환경과 근무안정성 향상방안 - 서울시 도봉구 영유아교사를 중심으로-, 한성대학교 행정대학원 석사학위논문.

권미랑(2013). 예비유아교사의 교사 되어감에 대한 문화기술적 연구. 유아교육연구, 33(1), 95-114.

권석만(2011). 인간의 긍정적 성품. 서울: 학지사.

권수현 · 이승연(2011). 유치원 교사가 인식하는 역할갈등 및 역할 수행에 미치는 영향분석: 회복탄력성 상하집단을 중심으로. 유아교육연구, 31(2), 311-331.

김명순 외(2005). 표준보육과정연구. 여성가족부.

김명순 · 이기숙 · 이옥(2005). 한국 유아교육 · 보육과정의 역사와 미래. 한국 유아교육과 보육의 자리매김. 한국유아교육학회 학술대회 자료집. 한국유아교육학회.

김미애(2011). 보육과 여성: 어린이집 교사들의 보육에 대한 이해. 유아교육연구, 31(6), 25-50.

김보들맘 · 신혜영(2000). 어린이집 교사의 직무 스트레스에 관한 탐색적 연구. 유아교육연구, 20(3), 253-276.

김성숙(2012). 예비유아교사의 성격 강점과 행복과의 관계. 유아교육연구, 32(4), 35-53.

______(2015). 초등학생의 자기관리 능력 함양을 위한 도덕교육 방안 연구. 서울교육대학교 교육전문대학원. 초등윤리교육전공. 석사학위논문.

김숙자 · 장갑희(2012). 유아인성교육에 대한 교사의 인식, 실태 및 요구분석. 유아교육학논집, 16(6), 27-48.

김신덕(2000). 유아교사의 효능감과 역할수행능력인식, 이화여자대학교 석사학위 논문.
김영숙(2006). 유아교육기관에서의 생활예절 지도를 위한 기초연구, 한국유아교육학회 정기학술대회, 한국유아교육의 미래를 위한 새로운 지평, 283-284. 서울: 한국유아교육학회.
김영옥(2002). 유아를 위한 다문화교육: 반편견, 세계이해 교육의 현장 적용. 서울: 정민사.
김영옥 · 송혜린 · 이현미(2007). 21c 변화에 적합한 영유아인성프로그램. 서울: 다음세대.
김영옥 · 장명림 · 유희정(2009) 유아인성교육 프로그램 개발 및 효과. 열린유아교육연구, 14(5), 297-324.
김옥희(2006). 어린이집 교사의 근무실태, 교사복지 및 재정운영에 관한 시설장과 교사의 인식. 창원대학교 대학원 석사학위 논문.
김유숙 · 박승호 · 김충희 · 김혜련(2007). 자기실현과 정신건강. 서울 : 학지사.
김윤숙 · 조희숙(2011). 영아 초기적응과정에서의 교사-영아, 교사-부모와의 관계에서 드러난 교사의 어려움. 유아교육연구, 31(6), 121-146.
김은설 · 박수연(2010). 보육시설장 · 교사윤리강령 개발 연구, 한국보육시설연합회, 육아정책연구소, 수탁보고 210-10.
김은영(2006). 유치원 교사의 직무수행 빈도, 중요도, 난이도에 대한 인식. 유아교육학 논집, 11(2), 285-309.
김은영 · 박은혜(2006). 유치원교사의 직무분석. 한국교원교육연구, 23(2), 303-323.
김재은(1997). 가정교육, 이렇게 하세요. 서울: 샘터.
______(2009). 인성발달론, 인성교육지도사 양성과정 특강: 성적보다 아름다운 인격. (주최: 숙명여자대학교 평생교육원, 후원:퇴계학 연구원).
김정신 · 정해은 · 조희진(2004). 유아예절교육. 경기: 교문사.
김정휘(1992). 교사의 직무 스트레스의 정신, 신체적 탈진과의 관계. 중앙대학교 대학원 박사학위 논문.
김정휘 · 고홍화(1994). 교사의 직무스트레스 연구. 서울: 배영사.
김지연(1995). 유치원 교사의 직무스트레스와 교육활동에 관한 연구. 숙명여자대학교 석사학위 논문.
김치곤 · 채영란(2013). 유아 인성교육 프로그램의 연구동향. 유아교육학논집, 17(6), 305-333.
김현정 · 김숙자 · 윤나리(2013). 동화를 활용한 인성교육 활용이 유아의 자아개념과 친사회적 행동에 미치는 효과. 한국영유아교원교육학회. 유아교육학논집, 7(3), 31-53.
김회용(2007). 좋은 교사의 자질. 교육철학, 38, 27-46.
나혜선(2016). 가정연계를 통한 유아 배려교육 프로그램 개발 및 적용 효과. 중앙대학교 대학원 박사학위 논문.
남궁달화(1999). 인성교육론. 서울: 문음사.
________(2003). 교과를 통한 인성교육의 접근. 한국실과교육학회 학술대회 논문집, 1, 1-28.
단현국(2014). 책임감 교육과 유아의 자기와 타인과의 관계 맺기 실행. 한국유아교육연구, 16(2), 1-23.
류청산 · 진홍섭(2006). 인성교육을 위한 인성덕목의 요인분석. 경인교육대학교 교육논총, 26(1), 139-166.
류칠선(1998). 유치원 교사 이미지 평가 척도 개발. 아동학회지, 19(2), 183-192.
르네 보르보누스 저(2011). 김세나 옮김. 존중력 연습. 서울: 더난출판사.
문용린(1990). 유아시기의 민주시민 교육. 교육과학연구, 18, 37-56.

______(1997). 인성 및 시민교육. 서울: 한국교육개발원.

박리나(2014). 부모와 교사가 지각한 유아품성에 관한 연구. 부산대학교대학원.

박병춘(2002). 배려윤리와 도덕교육. 서울: 울력.

박선미 · 홍창남(2012). 유치원 교원의 목소리를 통한 유아교육 책무성의 의미 탐색. 유아교육연구, 32(1), 321-341.

박순호 · 고은미(2008). 유치원 교사와 어린이집교사의 경력에 따른 직무수행 비교 연구. 유아교육논총, 12(6), 195-213.

박은주 · 문태형(2011). 유아교사가 지각한 직무스트레스 교사 효능감, 사회적 지지가 조직 효과성에 미치는 영향. 유아교육연구, 31(2), 75-99.

박은혜(2013). 유아교사론. 서울: 창지사.

박인현(2015). 인성교육진흥법상 핵심가치, 덕목과 법교육. 한국법과 인권교육학회, 8(3), 25-52.

박찬옥(2010). 유아교육에서 인성교육 개발 방안. 한국열린유아교육학회, 2010(11), 581-588.

박해용(2013). 존중의 도덕적 가치에 대하여. 사회와 철학, 25(4), 1-28.

박화윤 · 마지순 · 안라리(2011). 교사가 지각한 교사-유아관계, 유아 자아개념 및 리더십의 관계. 유아교육연구, 31(6), 75-94.

백승선(2010). 좋은 교사의 특성에 대한 보육교사의 인식. 중앙대학교 석사학위 논문.

백혜리(1990). 유아교육교사의 전문성에 관한 연구. 이화여자대학교 석사학위 논문.

보건복지부(2003). 전국 보육실태 조사결과.

________(2015). 어린이집 아동학대 근절 대책안, hhttp://cetral.childcare.go.kr.

보건복지부 · 교육과학기술부(2013). 3~5세 연령별 누리과정 해설서.

보건복지부 · 어린이집 안전공제회 · 중앙육아종합지원센터(2014). 어린이집 보육 교직원 안전 교육: 어린이집 내 사고와 안전관리, 아동학대 예방, 어린이집 안전공제회.

보건복지부 · 육아정책연구소(2013). 0~2세 제 3차 어린이집 표준보육과정 해설서.

보건복지부 · 중앙보육 정보센터(2010). 보육시설에서 아동학대 예방하기, htpp://central.childcare.go.kr/

살럿 그레이(2005). 세계를 이끄는 사람들 테레사. 서울: 교원.

삼성복지재단(2005). 삼성어린이집 영아 프로그램 총론. 서울: 다음세대.

__________(2006). 삼성어린이집 영아프로그램, 1세. 서울: 다음세대.

성영혜 · 이은진(1993). 보육교사의 직무스트레스와 보육활동과의 관계. 생활과학연구지, 14(1), 143-159.

신은수 · 박은혜 · 조운주 · 이경민 · 유영의 · 이진화 · 이병호(2011). 유치원 교원 핵심역량 구성 방향 탐색. 유아교육학논집, 15(5), 203-226.

신지음(1990). 유치원 교사의 직무만족도에 관한 연구. 서울시를 중심으로. 중앙대학교 교육대학원 석사학위 논문.

신현주(1998). 유아교육 실습지도교사의 역할인식과 수행에 관한 연구. 서원대학교 교육대학원 석사학위 논문.

안옥련(2010). 효사랑 체험활동을 통한 효행의 생활화 방안 연구. 한국효학회 효학연구. 139-101.

양정실(2013). 교과교육을 통한 인성교육 구현 방안. 한국교육과정평가원. 연구정책세미나. 1-485.

어린이집 · 유치원 통합 정보 공시 사이트 (http://www.childinfo.go.kr)

엄정애 외(2011). 유치원 기본과정 내실화를 위한 인성교육 프로그램. 서울: 교육과학기술부. 서울특별시 교육청.

여성가족부(2007). 보육사업안내. 여성가족부 보육정책국.

_________(2007). 보육프로그램 총론. 육아정책 개발센터.

_________(2007). 표준보육과정의 구체적 교육내용 및 교사지침, 여성가족부 고시 제2007-1호.

여성부(2005). 2004년도 전국보육교육실태조사: 보육시설 실태조사보고 2005.

염지숙 · 이명순 · 조형숙 · 김현주(2013). 유아교사론. 파주: 정민사.

영유아교육법 시행규칙. 보건복지부령 제228호 (일부개정 2015.1.5.).

영유아교육법. 법률 제 12251호 (일부개정 2014.5.28.). 35-59.

영유아보육법(1991). 1991.1.14. (법률 제4328호).

영유아보육법(2004). 2004.1.29. (법률 제7120호).

오성삼(2000). 교육연구의 이해. 서울: 양서원.

오은영(2012). 아이의 스트레스. 경기: 웅진리빙하우스.

우영효(2010). 영유아 인성교육의 이론과 실제. 서울: 양서원.

원혜경 · 임승렬(2011). 보육교사의 자아상 척도개발 및 타당화 연구. 유아교육연구, 31(2), 57-74.

원호택 · 박현순(1999) 인간관계와 적응: 삶을 위한 심리학. 서울: 서울대학교 출판부.

유니세프 한국위원회 web site (http://www.unicef.or.kr)

유미나 · 신나리(2013). 보육교사의 소진과 관련된 직무만족도와 직장 내 사회적 지지. 한국생애학회지, 3(2), 73-85.

유아교육영역별연구회(1991). 유아교육교원 자율연수교재. 서울: 동양문화사.

유효순 · 홍순정(2006). 유아사회교육. 한국방송통신대학교 출판부.

유희정 · 이미화(2004). 보유교사의 근무환경 및 직무실태 분석. 서울: 한국여성개발원.

유희정 · 이연승 · 강민정(2012). 어린이집 설립유형에 따른 유영 및 교사처유 실태에 대한 분석: 부산광역시 보육실태조사를 중심으로. 유아교육연구, 32(4), 181-202.

윤가현 · 권석만 · 김문수 · 남기덕 · 도경수 · 박권생 · 송현주 · 신민섭 · 유승엽 · 이영순 · 이현진 · 정봉교 · 조한익 · 천성문 · 최준식(1993). 심리학의 이해. 서울: 학지사.

윤성혜(2007). 교사의 심리적 안녕감과 스트레스 대처방식 및 직무 만족도와의 관계, 경성대학교 일반대학원 석사학위논문.

이경민 · 이정화 · 이경선(2006). 유아인성교육에 대한 유치원교사들의 인식 및 실태조사. 미래유아교육학회지, 13(1), 169-193.

이경순 · 노진형(2013). 유아교육기관 원장의 변혁적 리더십이 교사효능감과 직무만족에 미치는 영향. 육아지원연구, 8(1), 269-284.

이경우 · 이인용(2010). 당신도 유능한 부모가 될 수 있다. 서울: 창지사.

이규호(1989). 현대인을 위한 10가지 덕성론. 서울: 문우사.

이근후 · 박영숙(1990). 사회적응을 위한 인간관계. 서울: 하나의학사.

이기향(2001). 어린이집 보육교사의 직무환경과 직무만족에 관한 연구. 동국대학교 행정대학원 석사학위 논문.

이미나(2000). 정보사회에 뒤처진 학교, 김호권, 이성진, 이상주 엮음, 학교가 무너지면 미래는 없다. 서울: 교육과학사.

이상금(1993). 2000년을 향한 유아교육 장 · 단기 발전방향. 서울: 한국유아교육학회.

이성호(2014). 미국학교 인성교육의 동향과 시사점. 한국교육, 41(3), 35-59.

이수련 · 이정호(2011). 어린이집 원장의 경영형태가 보육교사의 직무만족도에 미치는 영향. 유아교육연구, 31(4), 165-181.

이영애 외(2015). 교직실무. 한국방송통신대학교 출판문화원.

이영애 외(2015). 유아교사론. 경기: 정민사.

이영자 · 유효순 · 이정욱(2001). 유아사회교육. 경기: 교문사.

이원영 · 방인영 · 박찬옥(1992). 유치원의 기본생활 교육에 관한 연구. 유아교육연구, 12, 71-89.

이원희 · 박영무 · 허숙 · 박천환 · 한승희 · 장성모 · 조주연 · 황윤한 · 박승배 · 김영첨 · 조재식 · 장인실(2010). 교육과정. 서울: 교육과학사.

이윤옥(1998). 유아를 위한 인성교육 프로그램. 서울: 창지사.

이은상 · 김명희 · 김보현 · 민광미 · 배정호 · 성소영 · 이소정 · 이완희 · 홍자영(2013). 보육교사론. 서울: 공동체.

이은화 · 배소연 · 조부경(1995). 유아교사론. 서울: 양서원.

이재완(2004) 보육교사와 유치원교사의 자존감과 직무 만족도에 관한 비교연구. 한국영유아보육학, 37, 127-149.

이종목(1989). 직무스트레스의 원인, 결과 및 대책. 서울: 성원사.

이화여자대학교 사범대학 부속 이화유치원편(2002). 이화유치원 교육과정. 파주: 교문사.

임수진 · 여은진 · 이혜원(2013). 영유아교사의 직무 만족, 교사 효능감, 조직 몰입이 행복에 미치는 영향에 대한 연구. 유아교육연구, 33(3), 301-318.

임승렬(1998). 유아교사의 전문성과 교사교육방향에 대한 토론, 제5회 유아교육학술 대회자료집, 147-153, 서울: 중앙유아교육학회.

임승렬 · 김연미 · 이은정(2014). 보육교사론. 경기: 파워북.

임원신 · 이진화(2013). 어린이집 교사의 셀프리더십, 조직시민행동과 조직역량 간의 관계. 육아지원연구, 8(1), 285-304.

임주희(2004). 걸음마기 영아교사의 역할에 관한 문화기술적 연구. 건국대학교 석사학위 논문.

임찬민(2010). 그림책에 나타난 도덕적 덕목 분석, 카톨릭대학교 교육대학원 석사논문.

장미아(1996). 유치원 교사의 직무 스트레스와 대처방법, 이화여자대학교 대학원 석사학위논문

장사형(2011). 공교육을 통한 인성교육 강화방안. 교육철학, 43, 193-222.

장선영 · 박인우 · 김명량 · 엄미리(2008). 교사 역량에 대한 교사와 예비교사의 인식에 대한 연구, 교육문제연구, 30, 79-107.

장혜순(2006). 유아사회교육의 이론과 실제. 서울: 창지사.

전도근 · 권영복 · 최승완 · 황태옥(2010). 스트레스, 역설의 건강학. 서울: 책과 상상.

전수진 · 조희선(2010). 유아예절교육을 위한 교사연수 프로그램 개발 및 효과-7차 유치원 교육과정 중심으로. 성균관대학교 생활과학연구소. 생활과학, 13, 35-62.
전윤숙(2013). 유치원 교사가 인식하는 원장의 이미지 분석. 유아교육연구, 33(1), 345-359.
정범모(2001). 한국의 가정문화, 이연섭, 김호권 엮음(2001), 흔들리는 가정과 교육. 서울:교육과학사.
______(2001). 창의력. 경기: 교육과학사.
정범모(2004). 한국의 내일을 묻는다. 국력, 국격, 교육. 서울: 나남출판.
정선아 · 조대연(2013). 유아교사의 직무역량 요구 분석. 유아교육연구, 33(1), 299-321.
정옥분(2002). 아동발달의 이해. 서울: 학지사.
정윤경(2015). 인성교육 활성화를 위한 교사의 인성교육. 교육의 이론과 실천, 20(2), 77-104.
조경자(2007). 예비교사들이 인식한 좋은 유아교사의 특성. 미래유아교육학회지, 14(4), 561-586.
조난심 · 윤현진 · 이명준 · 차우규(2003). 도덕교육학 신론. 서울: 문음사.
조대연(2009b). 교사 발달단계별 직무역량 요구 분석: 서울 초등교사를 대상으로. 한국교원교육연구, 26(2), 365-385.
조방제(2003). 어린이집 교사의 역할 수행 요구 분석을 통한 양성교육 프로그램 개선을 위한 연구. 아동교육, 3(1), 79-94.
조부경(1997) 유치원 교사의 역할지각과 역할 수행에 관한 한 · 미 비교 연구. 비교교육학연구, 7(1), 235-258.
조성연(2004). 보육교사의 직무만족도와 직무스트레스. 한국영유학보육학, 36. 23-44.
조성연 · 구현아(2005). 보육교사의 직무스트레스와 자기 효능감. 아동학회지, 26(4), 55-70.
조현규(2009). 동양교육사상. 서울: 학지사.
조혜진(2011). 유아교육기관 경력교사를 위한 멘토 교육프로그램 모형 개발. 유아교육연구, 31(6), 331-352.
중앙육아종합지원센터(2013). 어린이집 및 보육교사 윤리강령(http://central.childcare.go.kr).
최상근 외(2009). 학교인성교육 실태분석연구. 학국교원개발원 연구보고. RR 2009-09.
최석란(2008) 보육교사의 전문성과 교사교육. 사회과학논총, 15, 101-115.
최윤정 · 이경민(2012). 유아교사의 행복교육프로그램 개발 기초연구: 강점개발을 중심으로. 유아교육연구, 32(1), 395-415.
최정조(2001). 도덕과 교육에 있어서 정의적 학습강화에 의한 근면성 내면화 연구. 부산대학교 교육대학원 석사논문.
최지현 · 권경숙(2012). 미혼 초임교사의 영아반 적응과정 탐색. 육아지원연구, 7(2), 75-102.
토드휘태커 저 · 송형호 외 역(2009). 훌륭한 교사는 무엇이 다른가?: 그들의 14가지 특성에 대한 탐구. 서울: 지식의 날개. 한국방송통신대학교 출판부.
하정해(1998). 어린이집 보육교사 근무실태에 관한 연구: 대전광역시 어린이집 보육교사를 중심으로, 한남대학교 지역개발대학원 석사학위 청구논문.
한국 보육시설 연합회(2000). 아동보육 종합정도(Educare-Net)(http//www.educare.or.kr).
홍순정(1998). 유아의 자아개념과 정서발달에 관한 연구, 한국방송통신대학교 논문집, 제 26집.
______(2007). 평화교육 탐구. 서울: 에피스테메.

______(2009). 글로벌 시대 다문화 교육, 2009 안산시 다문화지도사 양성과정. 9-24.

______(2013). 글로벌시대 영유아 교육과정. 경기: 양서원.

홍순정 · 강경희 · 박정자 · 오윤례 · 이숙희 · 전방실 · 정미자(2013). 전생애 인성교육. 경기: 양서원.

홍순정 · 강경희 · 박정자 · 전방실 · 정미자 · 조경선(2011). 인성교육의 기초: 유아품성지도. 서울: 창지사.

홍순정 · 김재춘(2012). 교육과정. 서울: 한국방송통신 대학교 출판부.

홍순정 · 김희태(2010). 유아사회교육. 서울: 공동체.

홍순정 · 이규미(2009). 정신건강. 서울: 한국방송통신대학교 출판부.

홍순정 · 이기숙(2013). 유아교육과정. 서울: 한국방송통신대학교 출판문화원.

홍순정 · 최석란 · 신은수(1999). 평화를 사랑하는 어린이: 평화적 갈등해결 교육 프로그램. 서울: 학지사.

황산성(2013). 영아인성교육에 대한 보육교사들의 인식과 지도. 한국방송통신대학교 대학원 유아교육과 석사학위 논문.

황해익 · 김미진 · 탁정화(2012). 직장 어린이집 보육교사의 직무스트레스 인식수준 및 대처방안 연구. 유아교육 연구, 32(2), 211-240.

황해익 · 송연숙 · 정혜영 · 남미경 · 정혜영 · 유수경(2015). 보육교사론. 파주: 정민사.

황해익 · 송연숙 · 정혜영 · 유수경(2014). 교직실무. 파주: 정민사.

Ainsworth, M. D., Belhar, M. Waters, E. & Wall, S. (1978). *patterns of attachment*. Hillsdale, N.J. Erlbaum.

Almy, M. (1975). *The early childhood education at work*. N.Y.: McGraw-Hill.

Balse, J. J. (1982). A social-psychological grounded theory of teacher stress and burnout. *Educational Administration Quarterly*, *18*(4), 92-113.

Bandura, A. (1986). *Social foundation of thought and action: A sdcial cognitive theory*. Englewood Cliffs, N.J.: Prentice-Hall.

__________ (2001) 자기 효능감과 삶의 질 [Self-efficiency: The exercise of Control](박영신, 김의철역) 서울: 교육과학사.

Bank, J. A. (1994). *An introduction to multicultural education*. Boston: Allyn & Bacon.

__________ (1995). Multicultural education and curriculum transformation. *Journal of Negro Education*, 65(4), 390-400.

__________ (2000). *Cultural diversity and education(4th ed.)*. Boston: Allyn & Bacon.

__________ (2008). *An introduction to multicultural education(4th ed.)*. N.Y.: Pearson Education Inc.

Bar-On (2000). Emotional and social intelligence: Insight from the emotional quotient inventory. In R. Bar-on & J. Parker(Eds.), Handbook of emotional intelligence: *Theory, development, assessment, and application at home school, and work place*(pp. 363-388). San Francisco: Jossey Bass.

Bennett, W. J. (1993). *THE BOOK OF VIRTUES: A Treasury of Great Moral Stories*. N.Y.: Simon & Schuster.

Bowlby, J. (1969, 1981). *Attachment and loss. Volume 1, Attachment*. N.Y.: Basic.

________ (1973). *Attachment and loss. Volume 2, Separatim*. London: Hogarth press.

Bredekamp, S., & Copple, C.(1997). *Developmentally appropriate practice in early childhood programs*(rev. ed.). Washington, D.C.: NAEYC.

Burns, Robert B. (1982). *Self-concept development and education*. N.Y.: Holt, Rinehart & Winston.

Canfield, J.(2007). *The Success Principles*. N.Y.: Harper Collins Publisher.

Caprani, P. J. (2005) *Management skills everyday life*. N.J.: Pearson Prentice Hall.

__________ (2005). *Management Skills for everyday life*. N.J.: Pearson Prentice Hall.

Carlsson-Paige, N., & Levin, D. E.(1985). *Helping young children understand peace, war and the nuclear threat*. Washington, D.C.: NAEYC.

Cataldo, C. Z.(1982). Very early childhood education for infants and toddlers. *Childhood Education, 58*, 149-154.

Character Education Partnership(2008). *Performance Values: Why They Matter and What Schools Can Do to Foster Their Development*.(A position paper). N.W.: CEP.

Decker, C. A., & Decker, J. R.(2005). *Planning and administering early childhood programs*(8th ed.). Columbus, Ohio: Charles, E. Merrill Publishing Co.

Derman-Sparks, L., & A. B. C. Task Force(1989). *Anti-bias curriculum: Tools for empowering young children*. Washington, D.C.: NAEYC.

DeRoche E. F. & Williams, M.(1998). *Educating Hearts and Minds: A Comprehensive Character Education Framework*. Thousand Oaks. CA: Corwin Press.

Dotson, A. C. & Wisont K. D. (1997). *Teaching Character: A Teacher's Idea Book*. Chapel Hill. NC: Character Development Group.

____________________ (2000). *The Character Education Handbook*. Chapel Hill. NC: Character Development Group.

Elicker, J., & Mathur, S.(1997). What do They do All Day? Comprehensive Evaluation of Full-Day Kindergarten. *Early Childhood Research Quarterly, 12*, 459-480.

Erikson, E. H. (1963) *Childhood and society*. N.Y.: W. W. Norton & Co.

Frey, D. & Calock, C. J.(1991) Enhancing self esteem, Muncie, In: Accelerated Development Inc.

Frymier, J., Cunningham, L., Duckett, W., Gansneder, B., Link F., Rimmer, J., & Scholz, J. (1995). *Values on Which We Agree*. Bloom ington, IN: Phi Delta Kappa Inter · national.

Gardner, H. (1993). *Multiple intelligences: The theory in practice*. N.Y.: Basic Books.

Goleman, D. (1995). *Emotional intelligence*. N.Y.: Bantam Books.

Harris, I. M. & Morrison, M. L. (2003) *Peace Education, London*. McFarland & Commpany, Inc., Publishers.

Havighurst, R. J. (1953) *Human development and education*. N.Y.: Longmans.

Hellison, D. (1995). *Teaching responsibility through physical activity*. Champaign,IL: HumanKinetics.

Howarth, I., Dussuyer, I. D. (1998) Hoping people cope with the long-term effect of stress. In S. Fisher

& J. Reason(eds.), Handbook of life stress. John Wiley & Sons Ltd.

Katz, L. G. (1972). Development stages of preschool teachers. *Elementary School Journal*, *73*, 50-54.

Keenan, M. (1998). Making the Transition from Preschool to Infant/Toddler Teacher. *Young Children*. *53*(2), 5-12.

Kendall, P. C. & Wilcox, L. E. (1979). Self-control in children: Development of a rating scale.

Kohlberg. L.(1969) "Stage and Sequence: The Cognitive Developmental Approach to Socialization." In D. Goslin(ed.) Handbook of Socialization Theory and Reach, Chicago: Rand McNally.

Lickona, T. & Davidson, M. (2005). *Smart and Good High Schools: Integrating Excellence and Ethics for Success in School, Work and Beyond*. Cortland, N.Y.: Center for the 4th and 5th Rs; Washington D.C.: Character Education Partnership.

Lickona, T. (2001). *What is Effective Character Education?* Cortland: The Stony School Symposium on Character.

__________ (1991). *Educating for character:How ourschools can teach respect and responsibility*. N.Y.: Bantam

Macnair, R. M.(2003) *The Psychology of Peace*. London: Praeger Publisher.

Maslow, A. M.(1954) *Motivation and personality*. N.Y.: Harper & Bros.

Mckay, M. & Fanning, P. (1992). *Self-Esteem*. Oakland, CA: New ltarbinger Publication, Inc.

Morrison, G. S.(2001). *Early childhood education today*(8th ed.). N.Y.: Macmillan, Publishing Company.

National Association for the Education of Young Children(1991). Guidelines for appropriate curriculum content and assessment in programs serving children ages 3 through 8. *Young Children*, *36*, 21-67.

Peters & Klinaing (1990). The content of early childhood teacher education programs. In B. Spodek & O. Saracho(Eds.), *Yearbook in early childhood education*(Vol.1., pp. 67-81). Teachers College Press.

Read, H. (1943). *Education through Art*. N.Y.: Random House.

Saracho, O. N.(1988) A Study of the roles of early childhood teachers. *Early Childhood Development ana Care*, *38*, 43-56.

Schwartz, S. L., & Robinson, N. F. (1982). *Designing curriculum for early childhood*. Boston: Allyn & Bacon Inc.

Seefeldt, C. (1974). *A curriculum for child care centers*. Charles E. Merrill Publishing Co.

__________ (1980). *A curriculum for preschool*. Columbus, OH: Chares E. Merrill.

Seley, H. (1976), *Stress in health and disease*. Woburn, M.A.: Butterworth.

Spodek, B. (1988). Conceptualizing Today's Kindergarten Curriculum. *Elementary school Journal*, *89*(2).

Strang, R. (1957). *The adolescent views himself*. N.Y.: McGraw-Hill.

Wood, D., McMahon, L., & Cranstoun, Y.(1980). *Working with under fives*. Ypsilanti, MI: High/Scope.

저자소개

홍순정

이화여자대학교 사범대학 및 대학원
미국 University of Hawaii 대학원 (철학박사)
East-West Center 연구
영국 런던대학, 캐나다 UBC, Univ. of Toronto 교환교수
한국교육개발원
한국방송통신대학교 유아교육과 교수
현재: 한국방송통신대학교 명예교수
인성교육문화연구소 대표

저서: 『사회도덕성 발달』, 『지능과 창의성』, 『창의성과 감성교육』, 『글로벌시대 유아교육과정』, 『정신건강』, 『평화교육탐구』, 『유아품성지도, 전생애 인성교육』, 『유아인성교육』 외 다수.

인성교육을 위한

영유아 교사 인성론

초판 1쇄 인쇄 2017년 2월 21일
초판 1쇄 발행 2017년 2월 23일

지 은 이 | 홍순정
펴 낸 이 | 김기섭
편 집 인 | 이혜란
펴 낸 곳 | 창지사 www.changjisa.com
08589 서울시 금천구 가산디지털 1로 83 파트너스타워 1차 9층
전화 (02)719-2211~3
팩스 (02)701-9386
등 록 | 1977년 4월 28일 · 제1-421호

ISBN 978-89-426-0924-6 (93370)

값 18,000원

이 도서의 국립중앙도서관 출판예정도서목록(CIP)은 서지정보유통지원시스템 홈페이지(http://seoji.nl.go.kr)와 국가자료공동목록시스템(http://www.nl.go.kr/kolisnet)에서 이용하실 수 있습니다(CIP제어번호: CIP2017004599)